SIEGFRIED WEYR

WIENER LEUT'
WIENER LEID

BEI HOF UND AUF DER GASSEN

Mit 16 Bildtafeln

PAUL ZSOLNAY VERLAG
WIEN · HAMBURG

Alle Rechte, insbesondere das der Übersetzung, vorbehalten
© Paul Zsolnay Verlag Gesellschaft m. b. H., Wien/Hamburg 1973
Umschlag und Einband: Doris Bernatzik
Druck: Josef Müller, Wien
Bindearbeit: Hermann Scheibe, Wien
Printed in Austria
ISBN 3 552 02536 7

INHALT

IM SCHATTEN DER HOFBURG 9

Erzherzog Johann: Der stille Revolutionär 11
Erzherzog Maximilian: Die Geschichte eines reinen Toren . . 17
Herzog von Reichstadt: „Verlegenheitsgeschöpf der Welt-
geschichte" 24
Elisabeth, Kaiserin in der Ferne 32
Orientalisches Zwischenspiel 53
Die Büchse der Pandora öffnet sich 59
Ischl: Residenz *en miniature* 65

SCHICKSALE AUS DER BELETAGE 81

Nachwuchspflege im alten Wien 83
Eduard Weyr: Vom „Kappelbuam" zum Kavalier 88
Adel verpflichtet nicht 95
Anselm von Grüber: Militärkarriere als Anfang vom Ende . . 99
Klemens Fürst von Metternich: Sein Tod und sein Leben . . 111
Joseph Kriehuber: Der Leichtsinnige 122
Ferdinand Georg Waldmüller: Der Mutige 127
Hans Makart: Der Sinnliche 131
Wiener Faschingsträume 137
Frau Anna Sacher: In deinem Lager ißt Österreich 155

AUF DER GASSEN 169

Armsein in Wien 171
Die Zwillingssklaven 179
Die ersten „Gastarbeiter" 184
A Hetz muß sein 191
Sein Name war Mayer... 200
Hans-Jörg Grasel: Ein Räuber- und Gendarm-Spiel 207
Tragödien auf der Ringstraße 212

EINE KLEINE SCHICKSALSSYMPHONIE 241

BILDERVERZEICHNIS

1 Das Opernhaus und seine Umgebung. Lithographie von Franz Alt, um 1875.

2 Am Graben. Grisaille von Wilhelm Gause. 1888.

3 Rendezvous beim Sirk. Aquarell von Karl Feiertag. Um 1900.

4 Frühling auf der Ringstraße. Grisaille von Wilhelm Gause. Um 1895.

5 Radfahrerinnen beim Blumenkorso. Grisaille von Wilhelm Gause. 1897.

6 Franz Joseph und Kronprinz Rudolf im Jagdwagen. Aquarell von Gottfried August Wilda. 1887.

7 Besuch der Kaiserin Elisabeth in der Volksküche. Gemälde von August Mansfeld. 1876.

8 Johann Strauß in Ischl. Tempera von Theodor Zasche.

9 Bildnis der Katharina Schratt. Um 1875.

10 Josef Kriehuber.

11 Georg Ferdinand Waldmüller.

12 Makart-Karikatur. Aquarell von Hans Canon.

13 Haus und Atelier des Malers Hans Makart. Aquarell von Theodor Hörmann.

14 Der Hofball. Aquarell von Wilhelm Gause. 1900.

15 Der Wäschermädlball. Ölgemälde von Wilhelm Gause. 1898.

16 Bildnis der Anna Sacher. Photographie, aquarelliert, mit hinzugemaltem Hintergrund. 1898.

17 Sektfrühstück im Sacher. Zeichnung von Karl Karger.

18 Die Kellner. Sepia von Felician Myrbach. Um 1895.

19 Verkehrsgefahren der Ringstraße. Kolorierter Holzschnitt von Karl Klič. Um 1890.

20 Die erste Volksküche in Wien. Federzeichnung von Josef Eugen Hörwarter. 1873.

21 Die Angabe. — Studentenwohnungswechsel. Aquarell von Gustav Zafraunek. Um 1890.

22 Tanzende Wäschermädln. Zeichnung von Josef Engelhart. 1894.

23 „Die rote Bestie". Aquarellierte Tuschzeichnung von Moritz Jung.

24 Der Brand des Ringtheaters. Kolorierter Holzstich, Zeitungsausschnitt.

Die Bilder scheinen zwischen den Seiten 160 und 161 auf.

Foto: Historisches Museum der Stadt Wien.

IM SCHATTEN DER HOFBURG

ERZHERZOG JOHANN:
DER STILLE REVOLUTIONÄR

Mit zehn war er ein Waisenkind, denn im selben Jahr starben ihm Vater und Mutter: Leopold II., römisch-deutscher Kaiser, und Marie Luise, eine spanische Bourbonin. Er war das dreizehnte von sechzehn Kindern, und bei dieser Riesenfamilie hat er elterliche Liebe, elterliche Wärme wohl kaum zu spüren bekommen. Zur Welt kam er 1782 in Florenz, im Palazzo Pitti, denn sein Vater war zu dieser Zeit Großherzog von Toskana.

Kammerfrauen haben den Johann Baptist Joseph Fabian Sebastian in bigott-mittelalterlicher Atmosphäre aufgezogen. Drei Sprachen lernte er als kleines Kind: Italienisch, Französisch, Deutsch. Und dann bekam er seinen Ajo, den General Freiherr von Hager, der ihn sporenklirrend und unter Kommandogebell zu formen begann. Die Eltern im Hause Habsburg-Lothringen kümmerten sich nicht um ihre Kinder.

Wie liebeleer muß Johanns Kindheit gewesen sein! Bald trat der um vierzehn Jahre ältere Bruder Franz an die Stelle der Eltern. Was für ein gefühlskalter Mann der war! Im Sommer nahm er Johann nach Schönbrunn hinaus, im Winter ließ er ihn in der Hofburg wohnen, und alle möglichen Offiziere in weißen, flaschengrünen oder lichtblauen Röcken unterrichteten ihn. Vor Franz hatte Johann zeitlebens große Furcht. Nur zitternd näherte er sich ihm, und diesen Komplex hat er nie mehr verloren. Die Furcht erwies sich allerdings als begründet.

Den Fünfzehnjährigen machte Franz zwar zum Obersten eines Dragonerregiments, was für ein armes, verhemmtes

Kind er aber war, wird aus der Bemerkung des Barons Hager deutlich, der ihm und seinem Bruder Anton — als die beiden zum erstenmal bei Hoffestlichkeiten erschienen — zuraunte: „Aber, *monseigneurs,* reden Sie doch und stehen Sie nicht da wie Stöcke."

Als Taschengeld bekam er zehn Dukaten im Monat, das lehrte ihn sparen.

Der Graf Kinsky ließ den Herrn Obersten exerzieren wie einen Gemeinen. Von vier Uhr früh bis acht Uhr morgens in der Kavalleriekaserne, von sechs Uhr bis acht Uhr abends in der Infanteriekaserne. Johann lernte Jurisprudenz, ging brav in die Kirche und betete fleißig. Dennoch erwachte in dem schüchternen, ewig herumkommandierten Kind schon damals die Opposition gegen das ganze „System".

Achtzehn Jahre war Johann alt, als Anfang September 1800 der Palatin Erzherzog Joseph beiläufig bemerkte, er solle sich bereithalten, übermorgen mit Kaiser Franz nach Deutschland in den Krieg zu reisen. Johann hielt das für Gerede und wollte eben ins Leopoldstädter Theater fahren, als ihn Kaiser Franz wirklich rufen ließ. Er nahm den Fassungslosen am 6. September 1800 in den zweiten Koalitionskrieg mit und ernannte ihn in Alt-Ötting in Bayern zum General der Kavallerie, zum Oberbefehlshaber gegen die Franzosen, denn mit Erzherzog Karl gab es wieder einmal Differenzen. Johann mußte versprechen, alles zu unterschreiben, was ihm der alte Feldzeugmeister Baron Lauer vorlegte, der der eigentliche Kommandant und eine Kreatur des Außenministers Thugut war.

Nun, im Dezember 1800 schlugen ihn die Franzosen bei Hohenlinden. Johann entging mit seinem Stab nur knapp der Gefangennahme. Das Oberkommando ging wieder an Erzherzog Karl. Der Bub wurde dafür zum Generaldirektor der Fortifikationen und des Geniewesens, zum Direktor der Ingenieursakademie in Wien sowie der Wiener Neustädter Militärakademie ernannt, und da er nachher siebzehn Tage in Tirol umherreiste, wählte ihn die Innsbrucker Universität

zum „Beständigen Rektor", zum *rector magnificentissimus.*
Aber irgendwie hatte Johann die Art des Kaisers Joseph,
seines Onkels, geerbt; er bestieg hohe Berge, was zu dieser
Zeit sehr ungewöhnlich war, redete mit den Bauern, inter-
essierte sich für die noch sehr primitive Industrie, küm-
merte sich um die Wirtschaft. Schon damals war er ein
Erzherzog ganz ungewöhnlichen Stils. 1802 kletterte er
persönlich auf den Schneeberg, und 1804 veranlaßte er den
Jäger Joseph Pichler, vulgo Josele, die Ortlerspitze zu er-
klimmen. Ganz anders als die übrigen Mitglieder des allerhöchsten Kaiserhauses fühlte er sich schon als junger Mensch
zu Intellektuellen hingezogen. Mit achtzehn lernte er den
berühmten Historiographen Joseph von Hormayr kennen,
von dem er nicht mehr ließ. Im Krieg von 1805 kommandierte er neun Tage in Italien, dann in Tirol, mußte beides
räumen und bekam dafür das Kommandeurkreuz des Theresienordens. Mit dem Kommandieren hat er überhaupt wenig
Glück gehabt: zur Schlacht von Wagram ist er zu spät gekommen. Aber man hat ihm trotzdem das Großkreuz des
Theresienordens verliehen, so wie dem Erzherzog Karl.
Johann war auch mit Andreas Hofer bekannt und hat bei
der Tiroler Erhebung von 1809 eine wichtige Rolle gespielt.
Die französische Staatspolizei konnte die Verschwörung der
Tiroler sehr rasch aufdecken, und der vor Schreck erblas-
sende Kaiser Franz ließ alle Beteiligten umgehend einsper-
ren. Es hieß, man habe Erzherzog Johann zum König von
Rätien ausrufen wollen. Franz machte seinem Bruder des-
wegen eine schreckliche Szene. Johann durfte den Boden
Tirols bis 1832 nicht mehr betreten. Franz erließ an den
Generaladjutanten Grafen Nimptsch folgendes Handschreiben:
„Beweggründe der größten Wichtigkeit erwägen mich, Ihnen
den Auftrag zu geben, darauf zu wachen, daß sich mein
Herr Bruder, Erzherzog Johann, nicht von hier entferne,
ohne daß ich von einem ähnlichen, nicht ohne meine Erlaubnis zu vermutenden Schritte bei Zeiten unterrichtet
würde. Diese Obsorge sowohl als die Haltung des strengsten

Geheimnisses über den gegenwärtigen Auftrag gegen meinen Herrn Bruder wie gegen jedermann macht es Ihnen zur Pflicht und ich lege das eine wie das andere auf Ihre Verantwortung."

Dieses Donnerwort verbannte Johann dazu, in Wien oder auf seinem niederösterreichischen Schloß zu leben. Nur einmal, im Jahre 1815, bekam er den Auftrag, die Belagerung der französischen Festung Hüningen bei Basel zu kommandieren, die er dann auch zur Kapitulation brachte. Sonst lebte er fern vom Hof, verkehrte mit Bürgern, Künstlern und Intellektuellen, voll lebendiger Anteilnahme am Leben der Steiermark, in der er sich schließlich niederließ. Eine Reise nach England und Schottland ließ ihn die industrielle Revolution erleben und machte ihn zum Schöpfer der steirischen Industrie, des ganzen neuen geistigen Lebens der Steiermark, der er mit der Schaffung des „Joanneums" das geistige Zentrum gab. Wie gesagt mied er die aristokratische Gesellschaft, ging aber nicht nur mit dem gebildeten Bürgertum um, sondern auch mit dem Bauernvolk. Alles das war unerhört für einen Erzherzog.

In diesen Kreisen lernte er die Ausseer Postmeisterstochter Anna Plochl kennen, mit der ihn ein seltsam-schüchterner Liebesroman verband, der Jahre dauerte, bis 1823 vom Kaiser Franz folgendes Schreiben kam: „Für die Beruhigung Deines Gewissens von mir erbetene eheliche Verbindung mit der Jungfrau Anna Plochl von Aussee in Steiermark, ertheile ich hiermit meine Zustimmung, jedoch nur unter der ausdrücklichen Bedingnisz, dasz dadurch weder ihr noch den aus dieser Ehe entstehenden Kindern ein Anspruch von was immer für einer Art auf Deinen Namen, Stand und Versorgung von Seite des österreichischen Staates und von Seite unseres Hauses erwachsen dürfe."

Wie es die Art des Kaisers Franz war, schob er die endgültige Heiratserlaubnis jahrelang hinaus. Der gehemmte Johann wagte lange Zeit nicht, weitere Schritte zu unternehmen, bis er sich endlich aufraffte und die „Nanni" als

Haushälterin engagierte. Sie übernahm alsbald die Verwaltung seiner Besitztümer und wurde überall in der Steiermark als seine Frau angesehen. Im Februar 1829 gab Franz endlich nach, und wenige Tage später heirateten die beiden romantisch um Mitternacht in der Kapelle von Erzherzog Johanns Besitzung. Zwei Bürgerliche waren die Trauzeugen.

Diese romantische Heirat begründete die politische Karriere des Erzherzogs. Er, der schon längst der Augapfel des steirischen Bürgertums war, wurde durch seine Eheschließung für die ganze deutsche Bourgeoisie zum Ideal eines Fürsten. So ist es kein Wunder, daß die deutsche Nationalbewegung von 1848 ihn durch eine Deputation der Frankfurter Nationalversammlung zum „unverantwortlichen Reichsverweser" machte.

Es war ein von vornherein hoffnungsloser Posten, auf den ihn das „deutsche Volk" setzte, und die Worte, die Johann bei seinem Eintreffen in Frankfurt am Main am Abend des 11. Juli 1848 sprach, ließen die ganze Ahnungslosigkeit des liberalen Idealisten erkennen:

„Wenn das Vaterland ruft", sagte er, „so ist es Pflicht, seine letzte Kraft, seine letzten Jahre demselben zu weihen. Da habt ihr mich, ich gehöre zu euch!"

Nicht minder ahnungslos war das „deutsche Volk", in dessen Namen ihn ein Anonymus in dem Stuttgarter *Morgenblatt* folgendermaßen überschwenglich anhimmelte:

Komm herab von deiner Alpen schneebedeckten Riesenkuppe,
Tausche mit dem Fürstenmantel die bequeme graue Juppe,
Steig empor zu höher'm Fluge, sag' der Felsenburg Tirol
Und dem jungen Horst von Schenna, deutscher Adler, Lebewohl!
Ja, das Schicksal übt Vergeltung! Den einst von des Thrones Stufen,
Einst aus seines Lagers Mitte Neid und Argwohn abgerufen,

Den die alte Zeit verbannte, diesen hat die neue Zeit,
Hat das freie Volksvertrauen heut zum Führer eingeweiht!

Die chaotische Entwicklung der deutschen Nationalversammlung führte dazu, daß Erzherzog Johann am 20. Dezember 1849 sein Amt als Reichsverweser niederlegte, denn es war keine Reichsverfassung zustande gekommen, und als einziger Ausweg blieb die Wiederherstellung des Bundestags. Er kehrte aus einer heute kaum mehr zu verstehenden fiebrigen Atmosphäre nach Graz zurück. Ein vornehmer alter Herr, eine aus dem Josephinismus in die Zeit des geschlagenen Liberalismus seltsam hineinragende Gestalt.

Erzherzog Johann widmete sich wieder ganz seiner zutiefst schöpferischen Tätigkeit für die Steiermark. Anna Plochl war in den Adelsstand erhoben worden, zur Gräfin von Meran. Die Erzherzoge und Erzherzoginnen hatten sie schon längst als ihresgleichen anerkannt. Die Zeit des Nachmärz verlebte Johann mit seiner Familie ruhig, wenn auch im Innersten wohl tief kritisch.

Er hat den Anbruch einer neuen Zeit in Österreich nach der Schlacht von Solferino nicht mehr erlebt, denn er starb an einer Lungenentzündung, die er sich auf einem zugigen Bahnhofsperron geholt hatte, am 11. Mai 1859 gegen neun Uhr morgens in Graz.

Daß Erzherzog Johann sich nicht in der Kapuzinergruft beisetzen ließ, sondern in Schenna, seiner Tiroler Besitzung, war der letzte Protest dieses vorzeitig-modernen Habsburgers gegen das *ancien régime,* das er schon seit seiner frühesten Jugend abgelehnt hatte.

ERZHERZOG MAXIMILIAN:
DIE GESCHICHTE EINES REINEN TOREN

Erzherzog Ferdinand Max, Sohn des Erzherzogs Franz Karl und der Erzherzogin Sophie, war um zwei Jahre jünger als sein Bruder Franz Joseph. Und deshalb wurde Maximilian, nur fünfunddreißig Jahre alt, auf einem öden, staubigen Platz vor der Stadt — einer kleinen, stinkenden Landschaft in Mexiko — wie ein toller Hund niedergeschossen, während Franz Joseph, Kaiser und Apostolischer König, in seinem Bett zu Schönbrunn mit sechsundachtzig Jahren an einer Lungenentzündung sanft hinüberschlummern durfte.

Seit ihrer Kindheit gab es ständig Spannungen zwischen den beiden Brüdern. Max unternahm alles, um gegen seinen Bruder, der mit Sicherheit einmal Kaiser von Österreich werden würde, aufzutrumpfen. Er war beweglicher, begabter, intellektueller, bestrickender als Franz Joseph. Wobei man ihm allerdings keine überragenden Qualitäten zuschreiben darf. Aber Max konnte besser reiten als Franz Joseph, er lernte leichter und mehr und hatte für den Kommißdienst, der Franz Joseph so viel bedeutete, wenig übrig. Er las gern und schrieb sogar Gedichte. Franz Joseph dagegen hat sein Leben lang kaum ein schöngeistiges Buch in die Hand genommen, er war ein kühler Mensch mit wenig Phantasie, aber starkem Pflichtgefühl. Er sah sich selbst immer als den ersten Hocharistokraten seines Reiches an, gab in seinen jüngeren Jahren kaum jemals einem Bürgerlichen die Hand und erschien niemals in bürgerlicher Kleidung. Maximilian dagegen zog die Uniform nur mit Unwillen an und verkehrte mit Künstlern und Gelehrten. Er konnte glühendes Interesse und Begeisterung zeigen, Franz Josephs Anteilnahme blieb immer nur temperiert. Und so kam es, daß sich Maximilian wie ein Liberaler fühlte und auch so benahm. Das Volk liebte Erzherzog Maximilian, der Kaiser war zu jener Zeit, in den fünfziger Jahren des 19. Jahrhunderts, wenig populär, was seine Zuneigung zum Bruder nicht gerade erhöhte.

Erzherzog Max diente nicht beim Heer, sondern bei der Kriegsmarine, was damals eine unerhörte Sache war, unüblich und gar nicht „schick". So kam er in jungen Jahren weit in der Welt herum. Er liebte das Meer und haßte die Gemsenjagd, die das einzige wirkliche Vergnügen des Kaisers gewesen ist.

Mit dem Wiener Hof stand Erzherzog Max nie gut. In der Nähe von Triest baute er sich in dem wunderlichen Raubritterburgenstil jener Zeit das Schloß Miramare, dort lebte er als Sonderling mit seiner schönen Frau Charlotte, einer belgischen Prinzessin, in den Tag hinein. Auf die Dauer sah der Prinz keine Betätigungsmöglichkeit im Reich seines Bruders, er war aus der Kriegsmarine entfernt, seiner Stelle als Generalgouverneur des lombardisch-venezianischen Königreiches 1859 enthoben worden. Die Parasitenexistenz als „apanagierter" Prinz hat den geistig beweglichen Mann sehr gekränkt.

Um diese Zeit, zu Beginn der sechziger Jahre, trug sich viele tausend Meilen von Miramare, im fernen Mexiko, eine der größten politischen Intrigen zu: Der — klerikale — Präsident von Mexiko, Miramon, hatte im Februar 1859 mit dem Schweizer Bankhaus Jecker & Co. in Paris einen Staatsanleihevertrag geschlossen, bei dem Jecker Miramon 3,750.000 Franken in bar auszahlte, wofür er Bons im Gesamtbetrag von 75,000.000 Franken erhielt, die die Republik Mexiko in gewissen Zeitabständen einzulösen hatte. Dieser Vertrag wurde aber nicht eingehalten.

Ein stiller Teilhaber des Bankhauses Jecker war der Stiefbruder des Franzosenkaisers Napoleon III., der Herzog von

Mourny. Er jammerte um den Wuchergewinn, der ihm zu entgehen drohte. Schließlich sandte sein Bruder eine Interventionsarmee nach Mexiko, das zu dieser Zeit von dem liberalen Präsidenten Juarez, einem Vollblutindianer, regiert wurde. Und der kam für die Verbindlichkeiten seines Vorgängers nicht auf.

England und Spanien, die anfangs mit Napoleon III. mitgehalten hatten, zogen sich bald zurück, und die französische Armee hatte es allein mit dem Widerstand des empörten Landes zu tun. Die Franzosen besetzten wohl die Hauptstadt und eine Reihe größerer Städte, eine wirkliche Herrschaft über das Land vermochten sie jedoch nicht auszuüben. Napoleon geriet in Verlegenheit. Wie kam man zu Jeckers Wuchergewinn? Wer zahlte die Kosten der Intervention? Der beste Ausweg war, eine neue Regierung zu errichten, und zwar eine Monarchie! War doch Mexiko einst ein indianisches Kaiserreich gewesen, und nach der Losreißung von Spanien hatte hier Anno 1822 ein Operettenkaiser namens Iturbide ein Jahr lang regiert.

Napoleon verfiel auf den Erzherzog Ferdinand Max als Kaiser. Er kannte ihn schon lange, wußte um seine Unzufriedenheit mit seiner Existenz, wußte, daß er ein naiver Romantiker war, dem man leicht etwas vormachen konnte. Man täuschte Maximilian die Existenz einer monarchistischen Partei in Mexiko vor, die es nicht gab. Seine Frau Charlotte, die Tochter des Königs der Belgier, von Kaiserin Elisabeth seit jeher kalt behandelt, war Feuer und Flamme für den Plan. Maximilian, der sich aus Österreich fortsehnte, ließ sich also von Napoleon täuschen und nahm an. Kaiser Franz Joseph hätte als Chef des Hauses seinem Bruder die Teilnahme an diesem Abenteuer verbieten können. Er tat es nicht. Die Monarchie unterstützte allerdings das Unternehmen nicht, Maximilian durfte nur ein Freiwilligenkorps anwerben, sechstausend Mann.

Die Tätigkeit Maximilians in Mexiko währte drei Jahre, von 1864 bis 1867. Drei martervolle Jahre. Maximilian fehlte die Begabung für diese exotische und abenteuerliche Rolle völlig, in die er sich aus der Heimat geflüchtet hatte. Er hatte keine politische Begabung und keine militärischen Fähigkeiten. Er war ein zarter, blonder Mann mit blauen Augen und fliehendem Kinn, das er durch seine Barttracht verdeckte. Eine etwas feminine Natur von großer Güte, anlehnungsbedürftig. Er gewann alle, die ihn persönlich kennenlernten, durch seinen Charme. Aber er war schwankend und unfähig, Entschlüsse zu fassen.

Dieser liebenswürdige Schöngeist hatte sich nun einem gefährlichen Abenteurer wie Napoleon III. ausgeliefert. Napoleon hielt keine seiner Versprechungen, aber Maximilian bezahlte dem famosen Herrn Jecker immerhin zwölf Millionen Franken zurück.

Und dann beschloß Napoleon, seine Truppen aus Mexiko zurückzuziehen. Auch der größere Teil der Österreicher sollte mitgehen, und das arme Kaiserpaar hätte sich wehrlos der erdrückenden Mehrheit des mexikanischen Volkes gegenübergesehen, das die Fremden stets als Usurpatoren behandelt hatte. Man hält sich nämlich in Europa nicht genügend vor Augen, daß die republikanische Regierung des Präsidenten Juarez die legale war und nicht das phantastische und landfremde Kaisertum.

Als die Lage sich immer mehr zuspitzte, reiste Charlotte nach Europa. Vielleicht konnte sie bei Napoleon noch etwas ausrichten...

An einem heißen Augusttag des Jahres 1866 spricht sie mit ihm. Stundenlang. Er bedauert. Ein Lakai tritt ein, bringt eine Flasche Orangeade. Wie das? Charlotte reißt die Augen auf. Napoleon bittet sie, zu trinken. Trinken? Nein, sie will nicht. Nein, nein. Dreimal muß sie der Kaiser bitten, dann trinkt sie. Aber sie erreicht nichts, alles ist umsonst. Napoleon, dessen Thron durch den himmelschreienden Skandal der mexikanischen Affäre bereits erschüttert ist, bleibt bei seinem Nein. Seine Soldaten müssen nach Hause zurück.

Der mexikanische Kaisertraum des Habsburgers und der Koburgerin ist ausgeträumt.

Schon sieht Charlotte in ihrem Pariser Hotel die Reiter der Apokalypse, die ihr der Papa in der Kinderzeit auf Dürerschen Holzschnitten gezeigt hat.

Fort, fort. Zum Papst, zum Heiligen Vater. Er wird helfen.

Sie schreibt immer wirrere Briefe. Sie prophezeit Österreichs Untergang. Sie sieht schrecklich aus... langsam, aber unaufhaltsam kommt der Wahnsinn. Am 27. September ist sie beim Papst und erzählt ihm, daß alle, die draußen stehen, Giftmörder sind, von Napoleon gekauft.

Zwei Tage später dringt sie des Nachts weinend in den Vatikan ein: Zum Heiligen Vater, er solle helfen, man wolle sie vergiften! Die Kardinäle erbleichen: Charlotte will im Vatikan übernachten. Seit Jahrhunderten hat hier keine Frau mehr übernachtet. Doch man gibt ihr ein Zimmer, und sie wird ruhig, verläßt schließlich den Vatikan. Aber sie ist verloren, denkt die Arme, sie muß Napoleons Vergiftern zum Opfer fallen. Am 1. Oktober 1866 schreibt sie an Max diesen letzten erschütternden Liebesbrief: „Innig geliebter Schatz! Ich nehme von Dir Abschied, Gott ruft mich zu sich. Ich danke Dir für das Glück, das Du mir stets gegeben hast. Gott segne Dich und mache Dir die ewige Seligkeit gewinnen. Deine Dir treue Charlotte."

Immer schrecklichere Tage. Drei lebende Hühner sind an den Fuß ihres Tisches im Hotelzimmer gebunden, und die Kammerfrau muß sie selbst vor Charlotte nach und nach schlachten, zerteilen und kochen. Eine Katze ist gekauft worden, die von jeder Speise kosten muß... endlich kommt Charlottes Bruder, der Graf von Flandern. Er bringt sie nach Miramare, von dort kehrt sie, unheilbar wahnsinnig, nach Belgien zurück, wo sie — allerdings erst sechzig Jahre nach dem Tod ihres Mannes — stirbt.

Acht Monate lang kämpfte in Mexiko das Kaiserreich einen heroischen und wahnsinnigen Kampf gegen die Republik, schlug Schlachten, in denen meist keine Gefangenen gemacht wurden. In der Provinzstadt Queretaro hat „Massimiliano di Absburgo", wie ihn Juarez immer nannte, die Waffen gestreckt. Dem Dschungelgesetz der südamerikanischen Bürgerkriege gemäß wurde er vor ein Kriegsgericht gestellt, das ihn, im Stadttheater tagend, zum Tode verurteilte.

Am 19. Juni 1867 stand Erzherzog Ferdinand Max, königlicher Prinz von Ungarn und Böhmen, um drei Uhr morgens auf, hörte die Messe und trat dann auf den Gefängnisgang vor die Zellentüren seiner Generale Mejia und Miramon, die mit ihm zum Tode verurteilt worden waren. „Sind Sie bereit, meine Herren? Ich bin schon fertig!" ruft er durch die Türen. Er ist in Zivil und sagt eine Menge „letzte Worte". So wie es sich bei einem Heldentod gehört. Diese „letzten Worte" nehmen gedruckt den Raum von zehn Zeilen ein.

Kein Mensch aus seiner Jugend, seiner Heimat ist bei ihm, als sie ihn in einer Equipage auf den Hinrichtungsplatz führen. Aber nein — ein Lakai, sein Koch Tüdös, ein armes ungarisches Bäuerlein, ist schluchzend dem Wagen nachgelaufen und steht, als die Equipage hält, neben dem Schlag. Der einzige Europäer, der seinen Tod gesehen, der die letzte politische Ansprache Maximilians überliefert hat. Sie ist die Ansprache eines Märtyrers, der weiß, daß er einer ist.

Dann aber, als die Schüsse krachen, fällt Maximilian auf das Gesicht. Und nun spricht er sein letztes, sein allerletztes Wort, das jeden erschüttern muß, der es heute liest. Leise sagt er vor sich hin: „Mensch..." Er sagt es auf spanisch, nicht auf deutsch!

Welch eine Flucht in der Sterbeminute aus der Muttersprache, aus der Heimat, aus allem, was seine Welt einst war! Dann wendet der Offizier des Hinrichtungspelotons mit dem Säbel den zuckenden Körper um und zeigt auf das Herz. Ein Soldat hebt sein Gewehr und zielt auf dieses Herz. Ferdinand Max ist tot...

Sechs oder sieben Jahre später ritt Kaiser Franz Joseph bei der Kaiserparade auf der Schmelz die Front der Wiener Garnison ab. Da kam er zu einem Infanterieregiment, und der Hauptmann der ersten Kompanie, einstiger Offizier der österreichischen Freiwilligen in Mexiko, trug auf der Brust den Guadelupe-Orden Maximilians. Eine Grimasse des Ärgers überzog das Gesicht des älteren Bruders, und er sagte laut: „Verflucht, überall diese mexikanischen Abenteurer!" Dann wendete er und ritt davon, ohne das Regiment zu besichtigen.

HERZOG VON REICHSTADT: „VERLEGENHEITSGESCHÖPF DER WELTGESCHICHTE"

Am 20. März 1811 alarmierte Kanonendonner die Pariser. Als der letzte der hundertein Schüsse verhallt war, liefen die Bürger auf die Straße, warfen die Hüte in die Luft und stießen ohrenbetäubende Vivatrufe aus. Alles begann zu tanzen. Das Volk wurde durch die Nachricht, daß Marie Louise Napoleon einen Sohn geboren habe, in einen wahren Freudentaumel versetzt. Die „Aeronautin" Madame Blanchard stieg in einem Ballon auf und ließ vom Himmel Zettel herabregnen, auf denen die Freudenbotschaft zu lesen war, viele Häuser wurden illuminiert, man trank in allen Schenken auf das Wohl des soeben geborenen „Königs von Rom".

Wir wissen, daß dem so Ersehnten, so freudig Erwarteten, dem späteren Herzog von Reichstadt, ein tragisches Schicksal beschieden war. Er hatte vor allem die schwere Bürde eines großen Namens zu tragen, und er, der Knabe, tat es mit einer seine Umgebung überzeugenden Würde. Man hat ihm dies keineswegs leichtgemacht, denn dieser Name, vor dem einst die ganze Welt erzitterte, ja in den Staub niedersank, hatte sich, als die Geschichte gegen Napoleon entschieden hatte, zu einem Symbol des Hasses verwandelt: Ein Parvenü, der sich die Kaiserwürde angemaßt hatte, riefen die nun wieder Kühngewordenen im Chor. Folgten ja auf den jähen Aufstieg des Generals der Revolution, auf das Konsulat und auf Napoleons zahllose militärische Erfolge die Niederlagen in Rußland, Leipzig, dann Elba, die Hundert Tage und schließlich Sankt Helena.

Der Sohn des Korsen lebte nach dessen Sturz unter der Obhut seines Großvaters Franz I. in Wien, während Marie Louise, die Mutter, noch zu Lebzeiten Napoleons ihre Gunst einem Offizier ihrer Suite, dem Grafen Adam Adalbert Neipperg, geschenkt hatte, dem sie dann auch zwei Kinder gebar. Sie lebte meist fern dem Wiener Hof, in Parma, während ihr Sohn der Erziehung mehrerer Beauftragter Metternichs überantwortet wurde, die den begabten, bildhaft schönen Jüngling beargwöhnten, bespitzelten, auf Schritt und Tritt bewachten. Wir wissen, daß der „junge Aar" — ein der Kraft seiner Schwingen beraubter Aar — an einem Lungenübel litt, das man allerdings damals noch nicht richtig zu diagnostizieren vermochte. An diesem Leiden ist der Herzog von Reichstadt dann auch im Alter von erst einundzwanzig Jahren am 22. Juli 1832 gestorben.

Mancherlei Legenden wurden um die Person Reichstadts gewoben. Die Bonapartisten wollten wissen, man habe diesen „Gefangenen der eigenen Familie", dieses „Verlegenheitsgeschöpf der Weltgeschichte", nach alten Vorbildern mit Gift aus dem Wege geräumt. Der mit seiner Überwachung und „Erziehung" betraute Graf Moritz Dietrichstein, sein „Ajo" und zugleich sein „böser Geist", habe ihm das Leben zur Hölle gemacht.

Eine anonyme Quelle (1842) lenkte den Verdacht, Vollstrecker des „Mordes" gewesen zu sein, auf den Obersten Anton Prokesch-Osten, auf denselben Prokesch, der dem Herzog von Reichstadt wie kein zweiter am Wiener Hofe zugetan war.

Er schrieb zum Beispiel in seinem Tagebuch:

25. Juni 1830. Audienz beim Kaiser. Da zu viel Menschen, so gehe ich zuerst zu Reichstadt. Sehr interessantes, mehrstündiges Gespräch mit diesem höchst geistesscharfen und festen jungen Manne. Ich drücke den Wunsch aus, daß er nach Griechenland käme. Er meint, hiezu ein paar Jahre zu jung zu sein, weil man ihn nicht allein lassen wolle... In einigen Minuten, die wir allein sind, das heißt ohne

Moritz [Dietrichstein], entwickelt sich ein höchst lebhaftes, fast leidenschaftliches Gespräch über seine Zukunft und über seinen Vater. Ich habe so viel Ernst und Verstand nicht erwartet.

28. Juni. Ich gehe um 10 Uhr zum Herzog... Sprechen viel über Napoleon. Der Prinz nennt mich seinen Posa. Er wiederholt dringend die Bitte, daß ich bei ihm bleibe. Ich sage, daß dies nur unter zwei Bedingungen sein kann: Fürs Leben und für ein großes Leben...

Es wurde auch behauptet, Metternich habe Napoleons Sohn mit Hilfe einiger Lebemänner zu einem ausschweifenden Leben verleiten lassen, man erzählte sich von amourösen Abenteuern mit der Tänzerin Fanny Elßler, mit der Sängerin Therese Peche, mit einer schönen Kirgisin, die ein Graf Pisani von Zigeunern „gekauft" und nach Wien gebracht habe, von Bürgerstöchtern und Damen der Halbwelt. Prokesch, der Intimus, aber beteuerte, Reichstadt habe mit der Elßler niemals auch nur ein Wort gewechselt, sei der Peche nur in Gesellschaft begegnet, ja er sei ins Grab gesunken, ohne je eine Frau berührt zu haben. Mag sein, daß Prokesch übertrieben hat, man darf aber auch nicht übersehen, daß Reichstadt immer wieder von der Krankheit niedergeworfen wurde. Einer Frau — wir werden noch von ihr hören — fühlte er sich allerdings verpflichtet, ja innig verbunden.

Es war an einem überschwenglich zärtlichen Julitag des Jahres 1832, und in den langen Alleen Schönbrunns, die durch den pädagogischen Eifer eines Gartenkünstlers das Bild militärischer Diszipliniertheit boten, wogten die Scharen der Wiener. Wenn sich der junge Herzog aus dem Fenster beugte, konnte er den Wachtposten am Tor sehen, der mit sorgsam gemessenem Schritt und in starrer Haltung seiner Pflicht nachkam, begafft von den Bürgern, die sich an dem Schauspiel erbauten. Nun hatte die Menge den Jüngling am Fenster entdeckt.

„Der junge Napoleon!" rief einer aus den Reihen der Zaungäste, und alles zog devot die Hüte. Grüßend winkte er den Vivatrufern. Es waren besonders die Frauen, die ihrer Sympathie für Reichstadt Ausdruck verliehen. Zweifellos lag darin eine Art bewußter Demonstration, denn längst schon hatte sich in der Stadt das Gerücht verbreitet, daß man den liebenswürdigen Sohn des Korsen in entwürdigendem Gewahrsam halte. Man sprach von Intrigen seines „Kerkermeisters" Metternich, von einem bösen Lungenübel, das den Vielgeliebten befallen hatte, und die bösen Zungen machten selbst vor seiner Mutter, der Tochter des Kaisers, nicht halt, die, galanten Abenteuern hingegeben, ihr Kind in den Banden einer ehrlosen Hofkamarilla verschmachten ließ.

Der Jüngling wandte sich vom Fenster ab. Der Geruch der Rosen, der den Raum für eine Zeit erfüllt hatte, wich dem Dunst der Krankenstube, dem Odem des Verfalls, der sich hier allen Dingen mitteilte. Reichstadt liebte diesen Raum. Hier das schmucklose Feldbett, dort der Betschemel, all das Mobiliar war geheiligt und verbreitete einen festlichen Glanz. Hier hatte kurze Zeit sein Vater gelebt, dessen Namen auch er selbst am Hof nur flüstern durfte, um nicht Argwohn zu erregen und die Spitzel zu mobilisieren.

Unangemeldet trat der Adjutant ein: Baron Moll gehörte zu den Menschen ohne Physiognomie. Er trug ein Gesicht wie andere Menschen. Zweifellos. Aber man war außerstande, sich diese Physiognomie aus der Erinnerung zu rekonstruieren. Eine „Uniform" von Gesicht.

„Sie haben jetzt schlimme Tage bei mir, Baron", meinte der Herzog mit schwacher Stimme. „Ich fühle mich elend, mir kann nur der Tod helfen. Meine Geburt und mein Tod sind meine ganze Geschichte. Zwischen meiner Wiege und meinem Sarge ist ein großer leerer Raum."

Der Hofbeamte suchte mit ein paar tröstenden Phrasen die Verzweiflung des Kranken zu bannen, aber in seinen Worten klang die Verlegenheit mit, die man Tatsachen gegenüber empfindet, die nicht mehr wegzudenken sind und vor deren Unabänderlichkeit man kapitulieren muß. Moll sprach von der endlichen Erfüllung langgehegter Reisepläne. Von einem Besuch Italiens, von bevorstehenden Jubeltagen unbändigen Genießens, von einem Meer der Wonnen in südlicher Sonne. Von alten Palästen, buntbewegten Gassen, von Musik und Gondelfahrt. Moll wußte, daß eine Reise nach dem Süden zu den Lieblingsträumen des Schwindsüchtigen gehörte, der bei diesem Anlaß seinen alten Freund Oberst Prokesch-Osten wiederzusehen hoffte, den Metternich, in Kenntnis ihrer Verbundenheit, aus purer Rachsucht in politischer Mission nach Italien (und später nach Griechenland) gesandt hatte.

„Ich werde Prokesch nie wiedersehen!" seufzte der Herzog und winkte mit müder Geste ab.

Der Schein der Kerzen ließ sein Gesicht nur noch blasser erscheinen. In die Einsamkeit huschten Bilder der Erinnerung. Mit raschem Griff holte er unter einem Kissen des Feldbettes, das einst auch sein Vater in Schönbrunn benützt hatte, ein Medaillon hervor. Es zeigte eine junge Dame in Reitdreß, eine lichte, schlanke Mädchengestalt. Unter dem Jagdhut quollen wilde Locken hervor. Herausfordernde Schelmenaugen, eine Spitzbubennase und ein kleiner, frecher Mund.

Wo war er ihr zuerst begegnet? Müßige Frage. Nie würde er die Stunde vergessen! Wie hatte er gegen diese Leidenschaft angekämpft, weil sie ja letzten Endes sinnlos war und nur zu einem Skandal führen mußte! Aber was vermag das Herz gegen die Maximen der Vernunft, dieser kalten, grausamen Schänderin des Glücks?

Und doch mußte es ein Recht auf Liebe geben, das über allen Gesetzen der Menschen stand. Hatte ihm Nandine nicht schon am ersten Tag gestanden, daß sie ihren Gatten, den Grafen Ludwig Károlyi, nicht liebe, damals, als er in übermütiger Faschingsnacht mit „Freund" Moritz Esterházy maskiert in ihrem Haus gewesen war? Noch fühlte er im Jubel des Tanzes ihren Arm an seinem Nacken, er hörte ihr silberhelles Lachen nahe dem Ohr, ein Lachen, so ver-

28

schwiegen, daß es die Umstehenden nicht hören konnten. Und dann das stumme Geständnis innigen Verstehens.

Seit Monaten hatte der Jüngling nichts mehr von ihr gehört. Vermutlich hatte Metternich den Gatten durch einen seiner willfährigen Intriganten von dieser Beziehung wissen lassen, denn das Ehepaar Károlyi war plötzlich auf seine ungarischen Güter abgereist. Kein Brief seither, kein Sterbenswörtchen.

Tage vergingen. Immer wieder befiel Reichstadt eine lähmende Schwäche. Ein häßlicher Husten schüttelte seinen Körper, ließ seinen Atem stocken. Er suchte das Fenster zu erreichen. Die Füße versagten den Dienst. Ein Zittern durchlief seine Glieder. Es wurde Nacht um ihn. Als er wieder erwachte, sah er sich dem Arzt gegenüber und den bekümmerten Gesichtern der Diener.

„Ich gehe unter — ruft meine Mutter!" hauchte er.

Marie Louise kam. Nichts ließ darauf schließen, daß sie die hilflose Lage ihres Sohnes irgendwie erschütterte. Sie nahm das tragische Geschick wie ein unvermeidliches Elementarereignis hin, peinlich bedacht, ihre Seele nicht allzusehr zu inkommodieren. Reichstadt nickte ihr, des Sprechens nicht mehr fähig, dankbar zu.

Die Nachricht vom Sterbelager des „jungen Napoleon" verbreitete sich mit Windeseile in der Stadt. In Scharen kamen Wohlgesinnte, um an den Fenstern des Schlosses vorbeizupromenieren. Es war fast eine demonstrative Kundgebung der Wiener für den „Gefangenen der Hofkamarilla".

Man hatte den Hofkaplan ans Krankenlager gebeten. Der Schein der Kerzen strahlte in ein Greisengesicht: der Tod hatte in das zarte Gesicht des Kranken seine unerbittlichen Finger gegraben... Man vernahm das Flüstern des Delirierenden. Aus manchen Augen sickerten Tränen. Dann sank sein Haupt aufs Kissen, Reichstadts Herz war verstummt.

„Es war eine finstere, schwarze Nacht. Hie und da von starken Blitzen durchleuchtet. Im Schloß, in dem bewohnten Flügel, alles dunkel und still, die Höfe mit Menschen angefüllt, aber man hörte keinen Ton", berichtete die „Hofdame" Baronin Sturmfeder über die Einsegnung des Toten am 23. Juli 1832. „Nun schlug die Glocke zehn Uhr — da sah man die Geistlichen, als sie aus der Kapelle gingen, in langem Zuge mit Kerzen, um ihn in seinem Zimmer einzusegnen. Dann blieb alles wieder still und dunkel, bis die große Türe der äußeren Treppe geöffnet wurde, und dann kamen die Geistlichen wieder und hinter ihnen der Sarg."

Am 23. Juli 1832 erhielt das Kaiserpaar, das sich damals in Linz aufhielt, die Nachricht von dem — keineswegs unerwarteten — Tod seines Enkels. Moll, der als Kurier in die Landeshauptstadt gereist war, staunte, mit welcher Sachlichkeit der Souverän die Trauerbotschaft entgegennahm. Der Kaiser, der den Enkel durchaus liebte, habe — so berichtet Moll in seinem Tagebuch — geäußert, daß ihn der Tod seines Enkels wohl sehr betrübe, aber man müsse sich fragen, ob sein Hinscheiden für die Monarchie nicht doch ein Glück bedeute. „Sein Leben", hat der Kaiser betont, „hat den Grund gegeben, alles Üble zu befürchten. Solange ich lebe, ist nichts zu befürchten, aber meinen Kindern hätte er viel Verdruß machen können." Und im Hinblick auf die demokratischen Neigungen des Prinzen habe der Kaiser erklärt: „Er hatte politische Gesinnungen, die ganz pervers waren und von denen man nicht wußte, wo er sie her hatte." Dann fügte er noch hinzu: „Er hat die Souveränität des Volkes verteidigt."

Reichstadt wurde in der Wiener Kapuzinergruft zur letzten Ruhe gebettet. Angeblich hat sich schon Napoleon III. um die Überführung des Leichnams seines Cousins nach Paris bemüht, die Berater Kaiser Franz Josephs wiesen aber dieses Ansinnen zurück. Schließlich war Reichstadt ja der Sohn einer Habsburgerin...

Eines Tages aber wurde es mit der „Heimkehr" des „Aiglon" wirklich ernst. Man schrieb das Jahr 1940, die deutsche Armee war in Frankreich eingedrungen; alle Bastionen waren gefallen, das Volk aufs tiefste gedemütigt.

Vergeblich bemühte sich die Schar der Kollaboranten um Pétain um die Wiedererlangung ihres Ansehens. Da kamen ihnen die Machthaber des Dritten Reiches zu Hilfe. Man glaubte, durch eine Geste, durch einen symbolischen Akt das ramponierte Prestige der Jasager zu festigen. Wie könnte man dies besser als durch eine propagandistisch aufgezogene Überführung des Leichnams des Prinzen, sagten sich die Initiatoren dieses Unternehmens.

In der Nacht vom 14. auf den 15. Dezember 1940 war es dann so weit. Eine Abordnung von Repräsentanten des Pétain-Regimes holte den schlichten Bronzesarg, in dem Reichstadt ruhte, aus der Kapuzinergruft. Er wurde durch die schweigenden Straßen zum Westbahnhof gebracht. Es herrschte grimmige Kälte, nur wenige waren Zeugen dieses makabren Schauspiels.

In Paris bettete man dann den Sarg auf eine Lafette und brachte ihn, von Munizipalgardisten flankiert, in den Invalidendom, in dem seit 1840 Napoleon I. in einem Porphyrsarg seinen ewigen Schlaf hält. Trompetensignale, Präsentiermarsch der Tamboure, eine mächtige Trikolore wurde entfaltet, Gebete und Tränen. *„L'Aiglon était revenu près de l'Aigle."*

Das geschah fast auf den Tag hundert Jahre nach der Rückkehr des toten Korsen aus Sankt Helena.

ELISABETH, KAISERIN IN DER FERNE

Er war elegant und schlank, seine Haltung war vornehm, der Glanz seiner blauen Augen bezaubernd. Er vereinte alles in sich, was den *beau* der Krinolinenzeit ausmachte, mit der lässigen Anmut eines Troubadours — er, der junge Kaiser Franz Joseph.

Längst verwelkt und verweht ist der Zauber dieses Jünglings im hechtblauen Generalsrock. Unwahrscheinlich und fremd blickt uns dieses sein Jugendantlitz von Lithographien und Ölbildern an. Geblieben ist dem Österreicher von heute allein die Erinnerung an „den alten Herrn, sorgenschwer".

Und wenn man von der Kaiserin Elisabeth spricht, muß alle Betrachtung, muß alles Erinnern von ihm ausgehen, dem Mann ihres Schicksals.

Kaiserin Elisabeth war ein Weihnachtskind. Sie wurde am 24. Dezember 1837 im bayrischen Schlosse Possenhofen geboren, als Tochter eines aristokratischen Bohemiens, dem sie — anders als ihre vielen Schwestern — ganz und gar nachgeraten ist. Dieser Herzog Max in Bayern — in Bayern und nicht von Bayern, weil er zu einer Wittelsbacher Nebenlinie gehörte — ist wohl bayrischer General gewesen, besaß aber das Zeug zu einem begabten Journalisten, war ein richtiger Literat. Er schrieb und publizierte viel und stand geistig außerhalb seines Lebensraumes. Er war ein Sonderling, eine Spitzweg-Figur, ganz und gar eine Erscheinung des Biedermeier. Statt eines Adjutanten begleitete ihn stets der Hofmusikant. Das war ein Wiener Wirtssohn namens Johann Petzmacher, ein meisterhafter Zitherspieler.

Als die beiden einst schweißüberströmt und keuchend auf der Spitze der Cheopspyramide anlangten, mußte der Petzmacher die Zither aus dem Etui nehmen und dem Herzog einen Ländler vorspielen. Ja — so und nicht anders war der Herzog Max!

Diesen Vater, der immer im Bauerng'wand herumlief, liebte Elisabeth heiß. Er imponierte ihr, sie machte alles nach, was der geliebte Vater trieb: klettern, reiten, marschieren, turnen. Alle möglichen Sportarten in einer Zeit, die das Wort Sport noch kaum kannte. Ein Bubenmädel war sie, das sich zu einer atemberaubenden Schönheit entwickelte, über der aber immer ein stiller Ernst lag.

Im Jahr 1853 sollte ihre Schwester Helene verheiratet werden, an den Sohn der Tante Sophie, den jungen Kaiser von Österreich. Kein Mensch dachte an die Sisi — so hieß Elisabeth in der Familie —, die ein schlimmes Kind war, denn sie tat nie das, was die Mama wollte. Sisi pritschelte im Wasser herum, fütterte die Gäule und unterstand sich, mit den Lakaien zu diskutieren. Ganz wie der Vater! Aber die Mama nahm sie nach Ischl mit, weil die andern Mädeln noch zu klein waren. Übrigens war brieflich schon alles ausgemacht zwischen der Herzogin Ludovica, der Mutter Elisabeths, und deren Schwester, der Erzherzogin Sophie, der Mutter Franz Josephs.

Der junge Kaiser war allerdings obstinat gegen die durchlauchtigste Frau Mutter gewesen und hatte gemurrt, daß er nur der Stimme seines Herzens folgen wolle.

Am 15. August 1853 kommt der junge Kaiser nach Ischl, um sich die Kusine Helene anzuschauen. Zu viert wird gespeist. Die Sisi darf nicht herein, sie ist nicht brav genug. Während dieses Mittagessens hört man Sisis Stimme aus dem Nebenzimmer, denn sie hat mit der Gouvernante Krach. Aufgeregt kommt sie herein, ganz rot im Gesicht. Unbefangen begrüßt sie den Kusin Franz Joseph.

Im selben Augenblick entschied sich das Geschick des Kaisers. In sein schlichtes, unkompliziertes Herz schlug plötzlich die Flamme der Liebe. Der Liebe seines Lebens, die fünfundvierzig Jahre glühen sollte — was kein romantisches Märchen, keine Phrase, keine Lesebuchgeschichte ist, sondern erschütternde, tieftragische Wahrheit.

Nach wenigen Wochen m u ß der Monarch, der schon als Jüngling keinen Menschen an sich heranließ, Elisabeths Bild einem Minister während des Vortrages zeigen, er hält es einfach nicht aus. Die Liebe zersprengt die Brust des jungen Mannes, des unromantischesten, des vernünftigsten Habsburgers, den es je gab! Grantig hat es der Polizeiminister Kempen notiert...

Und dann die Fahrt durch die Wachau zur Märchenhochzeit nach Wien! „Rose aus Bayerland" haben die literarischen Hofschranzen die Siebzehnjährige genannt. Eine poetische Phrase, die weit hinter der Wirklichkeit zurückblieb. Heute noch durchschauert es einen, wenn man die langsam vergilbenden Photographien der jungen Kaiserin betrachtet, vor der Unwahrscheinlichkeit solcher Schönheit.

Die Hochzeit fand am 24. April 1854, einem Montag, statt: War das ein Aufsehen in der Wienerstadt! In der *Presse* waren eine Menge Damenkleider für die festliche Gelegenheit inseriert, von den „Carrierten Modekleidern" zu zwei Gulden über die feinen französischen „Barège-Kleider" zu sechs Gulden bis zu den teuren „Volantkleidern" zu neun Gulden.

In der kahlen Augustinerkirche wurde die Hochzeit gefeiert. Unter Kaiser Joseph II. waren ihre gotischen Herrlichkeiten so weit verschwunden, daß nichts als das architektonische Gerüst geblieben war. Für diese Hochzeit wurde sie nun ganz besonders geschmückt.

Vor allem wurden einmal zehntausend Apollokerzen aufgehängt. War das ein Licht! Die Hochzeit fand abends statt. Der obere Teil des Hochaltars sowie die Wände des Presbyteriums waren bis zur höchsten Höhe der Wölbung mit rotem, golddurchwirktem Samt behängt, die ganze Kirche steckte sozusagen in einem Luxusfutteral, denn die Schiffe waren ebenfalls ganz mit rotem Damast ausgeschlagen, über dem zahllose Gobelins aus der berühmten Gobelinsammlung des „allerhöchsten Erzhauses" hingen, die aber nur Szenen aus der biblischen Geschichte darstellten. Man hatte ganz genau darauf geachtet, daß sich ja keine „nakkerten Urscheln" aus der griechischen Mythologie zeigten!

Dicht vor dem Altar befand sich — unter einem von der Decke des Presbyteriums herabreichenden Baldachin — der für das Brautpaar bestimmte Betschemel, mit goldgesticktem weißem Samt überzogen. Hinter diesem standen unter einem Thronhimmel die Armstühle für die Mitglieder des „Erzhauses" und die Wittelsbacher. Links davon war das Oratorium für den hohen Klerus aufgestellt, und diesem gegenüber eine geräumige Tribüne für das diplomatische Corps, dann eine zweite für verschiedene Landesdeputationen und den Bürgermeister von Wien. Für den Nuntius war ein separater Fauteuil vorhanden. Auf der Chorseite waren in amphitheatralischem Anstieg die „apartmentfähigen" Damen, die Kämmerer und Geheimen Räte versammelt. Die Generale und Offiziere — unter ihnen viel „bürgerliche Bagasche" — drängten sich im Hintergrund. Für die Obersthofmeisterinnen der „höchsten Frauen", der Erzherzoginnen, waren in der Nähe des Hochaltars Kniebänke aufgestellt. Mit einem Wort: niemand vom Volk hat gesehen, wie Franz Joseph Elisabeth geheiratet hat.

Aber draußen auf der Straße drängten sich die neugierigen Wiener als „Komparserie", obwohl Franz Joseph damals gar nicht populär war. Herrschte er doch nur durch Polizei, Gendarmerie, Ketten und Galgen. Wenn man von Wien nach dem hundertzwanzig Kilometer entfernten Amstetten fuhr, brauchte man zahllose Polizeivisa und Genehmigungen. Die Leute mußten — für die damalige Zeit — hohe Steuern zahlen. Man denke, eben war die Zuckersteuer eingeführt, die Branntweinsteuer und die Grundsteuer erhöht worden, die Silbergulden verschwanden aus dem Verkehr, jeder füllte damit seine Strümpfe.

Der Augustinergang, durch den der Hochzeitszug von der Burg in die Kirche zog, war bis zu den in die Kirche führenden Stufen ein duftender Blütenhain aus den Hofgärtnereien, in dem die Zöglinge der Wiener Neustädter Militärakademie vor einem Hintergrund aus Orangen- und Zitronenbäumen das Gewehr präsentierten, sobald der Hochzeitszug sich näherte.

Es war sechs Uhr abends, als die von Diamanten und Gold starrenden Hofschranzen sich in den „Apartments" der Hofburg versammelt hatten. „Nachdem über Meldung des kaiserlich-königlichen Ober-Ceremonienmeisters, daß alles bereit sei, Seiner Apostolischen Majestät durch den ersten Obersthofmeister Fürsten Karl Liechtenstein der Kirchendienst angesagt worden war, setzte sich der allerhöchste Brautzug sogleich in Bewegung, und zwar in folgender Ordnung: zuerst zwei kaiserlich-königliche Hoffouriere, dann die Edelknaben, dann zwei kaiserlich-königliche Kammerfouriere, die Truchsessen, Kämmerer, Geheimen Räte und die obersten Hofämter, sodann folgten ihre kaiserlich-königlichen Hoheiten, die Durchlauchtigsten Herrn Erzherzoge, von ihren Obersthofmeistern zur Seite begleitet. Zunächst hinter den Prinzen schritt Seine Majestät der Kaiser in Feldmarschallsuniform mit dem Band des königlich bayerischen Hubertusordens, allerhöchstwelchem der kaiserlich-königliche Oberstkämmerer, der kaiserlich-königliche Trabanten-Leibgarde Hauptmann und der kaiserlich-königliche erste Generaladjutant die Begleitung leistete. Unmittelbar darauf kam Ihre königliche Hoheit die Durchlauchtigste Braut; ihr zur Rechten die Erzherzogin Sophie und zur Linken ihre Mutter, die Herzogin Ludovika in Bayern, dann Ihre kaiserlichen und königlichen Hoheiten, die übrigen höchsten Frauen..."

Atemlose Spannung herrschte unter den Anwesenden, als

36

die Durchlauchtigste Braut die Schwelle der Kirche übertrat... Ihre königliche Hoheit trug ein Schleppkleid und einen Mantel von Moiré antique, prachtvoll mit Gold und Silber gestickt. Auf ihrem Haupt glänzte das nämliche Diadem, welches ihre Durchlauchtigste Schwiegermutter, die Erzherzogin Sophie, an ihrem Vermählungstag getragen hatte, Diamanten und Opale. Über die Schultern der kaiserlichen Braut wallte ein Spitzenschleier herab, und die Brust schmückte ein frischer Rosenstrauß..."

Unter Trompeten- und Paukenschall traten sie in die Kirche, und alles wickelte sich ab wie heute nur noch im Film. Großartig in Bischofsmütze und Goldmantel kam Kardinal Rauscher auf sie zu. Die anwesenden Erzbischöfe, Bischöfe und infulierten Äbte gruppierten sich malerisch auf den Stufen des Hochaltars. Der „hochwürdige Copulant" nahm die Auswechslung der Ringe vor, und in diesem Moment fiel ein furchtbarer Donnerschlag. Elisabeth zuckte zusammen. Das auf dem Lobkowitzplatz aufgestellte Grenadier-Bataillon gab die Generaldecharge, und bumm, bumm, bumm, folgten die Kanonen auf den Wällen.

Rauscher ließ den melodischen Singsang seiner Trauungsrede hören: „Friede und Einigkeit... Das Band der Liebe ... da strömt das Glück... Sie können ihm Ihr Herz mit Vertrauen auf seine unerschütterliche Liebe... Ihre Freude und Ihre Hoffnung, Ihr Stolz und Ihre Ehre ... vom Bodensee bis zu den Grenzen Siebenbürgens, vom Po bis zum Weichselstrand blicken achtunddreißig Millionen voll Liebe ... die Last, die auf seine Schultern gelegt ist... Sie sind berufen..."

Die Sängerknaben brachten den Ambrosianischen Lobgesang, die Kanonen auf den Basteien krachten von neuem, und es war halb acht Uhr abends, als das ganze „Cortège" sich wieder umdrehte und in die Burg zog, wo ein Empfang dem andern folgte. Die Botschafter, die Generale, die „hohen" und die „höchsten" Herrschaften. Es ist für das sechzehnjährige Kind Sisi eine rechte Qual gewesen. Wie auch — dem Hofklatsch zufolge — die Hochzeitsnacht. Und erst das Familienfrühstück am nächsten Morgen, wo Sisi nach der Defloration erscheinen mußte! Weinend und nervös ist sie davon zurückgekehrt. Die Deputation von Großhändlern aus Smyrna, die unter Führung des Bankiers Themistokles Baltazzi zur Hochzeit nach Wien gekommen war, hat sie wohl nicht gesehen. Wahrscheinlich hat Franz Joseph ein paar Worte an die Griechen gerichtet, deren Führer er später baronisierte. Die Tochter Baltazzis war noch klein und sollte erst nach Jahren den Baron Vecsera heiraten, die Mutter Mary Vecseras werden, die in Mayerling so schrecklich geendet hat.

Sisi hatte von ihrem Papa, dem Herzog Max in Bayern, der ein „armer Schlucker" war, nur 50.000 Gulden Mitgift bekommen. Franz Joseph hatte versprochen, das Heiratsgut mit 100.000 Gulden zu „widerlegen" und außerdem eine „Morgengabe" von 12.000 Dukaten zugesichert. Das war jenes Geld, das nach uraltem Barbarenbrauch aus der germanischen Vorzeit der Ehemann der Gattin am Morgen nach der Brautnacht als Entschädigung für die verlorene Jungfernschaft zu überreichen hatte. Zu ihrem persönlichen Verbrauch hatte er ihr außerdem ein „Spennadelgeld" von 100.000 Gulden ausgesetzt sowie einen Witwenunterhalt von ebenfalls 100.000 Gulden.

An Ausstattung hat sie 168 Hemden — 12 davon aus Batist, mit „entzückenden" Valenciennesspitzen —, 168 Paar Strümpfe von feinster Seide bis zu schwerer Winterwolle, 72 Unterröcke, 60 Beinkleider — die langen, die bis zur halben Wade reichten — und 240 Paar Handschuhe in allen Sorten und Farben mitbekommen.

Elisabeths Ischler Märchentraum, als Franz Joseph sich Hals über Kopf in sie verliebte, war nur zu bald ausgeträumt. Sisis Mutter und Franz Josephs Mutter waren Schwestern. Sisi und Franz Joseph waren Vetter und Base gewesen, aber welch eine Welt trennte den gemütlichen Schlendrian des Lebens in Sisis Heimatschloß Possenhofen von dem zutiefst spießbürgerlich-beschränkten Dasein in der Wiener Hofburg!

Franz Joseph hat seine Frau schon am 2. Mai 1854 auf den Josefstädter Exerzierplatz geschleppt und hat die ganze Wiener Garnison unter dem Gedröhn zahlloser Regimentsmusiken zwei Stunden lang vor ihr defilieren lassen. Kein Wunder, daß sie am 8. Mai 1854 „gedichtet" hat:

> Oh, daß ich nie den Pfad verlassen
> Der mich zur Freiheit hätt' geführt.
> Oh, daß ich auf der breiten Straßen
> Der Eitelkeit mich nie verirrt!

> Ich bin erwacht in einem Kerker,
> Und Fesseln sind an meiner Hand,
> Und meine Sehnsucht immer stärker —
> Und Freiheit! Du mir abgewandt!

> Ich bin erwacht aus einem Rausche
> Der meinen Geist gefangenhielt
> Und fluche fruchtlos diesem Rausche
> Bei dem ich Freiheit! dich verspielt!

Das Kind des fürstlichen Bohemiens auf einmal in der strengen Begrenztheit des Habsburger-Hofes, der trotz des uralten spanischen Zeremoniells, trotz großartiger Geste und Kulisse seit Kaiser Franz I. der Hort solidesten, bürgerlichen Lebensstils war: das konnte nicht gut ausgehen!

Alles an Elisabeth war Geist und künstlerisches Lebensgefühl, nichts an ihr war Konvention, nichts Alltäglichkeit. Alles war Weite, Freiheit, originelle Ungewöhnlichkeit. Und die Tragik in Franz Josephs Leben ist, daß er sie liebte, sie lieben mußte, sie liebte bis in die letzte Faser seines Herzens. Sie, die nicht seines Geistes, wohl aber seines Blutes war. Die Fremde.

Franz Joseph war dieser Frau im erhabensten Sinn treu,

weit über die Begrenztheit von Körper, Raum und Zeit. Nur verstehen konnte er sie nie...

Sophie, Tante und Schwiegermutter Elisabeths, hat die fast unüberwindlichen Schwierigkeiten dieses Eheproblems nicht zu mildern gesucht. Im Gegenteil, sie wollte Elisabeth formen, wie sie ihren Sohn geformt hatte. Aber über Elisabeth war ihr keine Macht gegeben, obwohl Wittelsbacher Blut in den Adern von Tante und Nichte rollte. Sophie zerbrach schließlich an Elisabeths passiver Resistenz, die sie nicht zu überwinden vermochte. Allerdings traf sie die junge Frau ins Herz, als sie ihr eines der Kinder nach dem anderen wegnahm, um deren Erziehung selbst zu überwachen.

Franz Joseph brachte es nicht fertig, in diesem entscheidenden Punkt Partei für Sisi gegen die Mutter zu nehmen. Nie mehr erholte sich Elisabeth von dem furchtbaren Schock der Auseinandersetzung mit ihrer Schwiegermutter, nie wieder von dem Schmerz, daß ihr Gatte zuerst der Mutter gehörte, nicht ihr.

Mit vierundzwanzig Jahren geht sie zum erstenmal auf Reisen. Sie ist blaß und abgemagert, ein Schulbeispiel der Psychosomatik, die erst in unserer Zeit entdeckt worden ist, jenes geheimnisvollen Zusammenhanges zwischen der Krankheit des Körpers und der Verstörtheit der Seele.

Kein Schiff ist für sie da, das sie nach Madeira bringen kann, denn dort in der Ferne, nur dort, so hat sie es sich in den Kopf gesetzt, kann sie Genesung finden. Königin Viktoria von England, die die Meere beherrscht, wird gebeten und stellt sofort ihre Jacht zur Verfügung. Diese Jacht wird in Antwerpen auf Elisabeth warten. Alle europäischen Höfe summen wie Bienenkörbe von dem Gerede über die Flucht der Kaiserin, die ewigen Krachs am Wiener Hof und die Furienhaftigkeit der Mutter des Kaisers.

Die Jacht „Osborne" hat eine stürmische Überfahrt, das ganze Gefolge liegt stöhnend vor Übelkeit in den Kabinen. Kein Mensch kommt zum Essen, nur die kranke Kaiserin leidet nicht unter dem Seegang.

Funchal sieht eine ernste, wunderschöne Frau an Land gehen. Aber bald wird einer der Grafen, die ihr Briefe vom Kaiser bringen, Louis Rechberg, an seine Tante schreiben: „... moralisch ist aber die Kaiserin schrecklich gedrückt, beinahe melancholisch, wie es in ihrer Lage wohl nicht anders möglich ist — sie sperrt sich oft beinahe den ganzen Tag in ihrem Zimmer ein und weint... Sie ißt schrecklich wenig, so daß auch wir darunter leiden, denn das Essen, vier Speisen, vier Desserts, Kaffee, etc. dauert nie über fünfundzwanzig Minuten. In ihrer Melancholie geht sie nie aus, sondern sitzt blaß am offenen Fenster, mit Ausnahme eines Spazierritts im Schritt von höchstens einer Stunde..."

Aber sie erholt sich hier, wo sie allein gelassen wird mit ihren acht Ponys und dem Riesenhund, den sie sich aus England hat kommen lassen, schnell. Ende April tritt sie die Heimreise über Spanien, Malta und Korfu an. Franz Joseph fährt ihr entgegen und über Miramare geht es nach Hause.

Kaum ist sie in Wien, wiederholen sich die Szenen mit der Schwiegermutter, und nach vier Wochen fühlt sich Elisabeth von neuem elend. Die ratlosen Ärzte können nur eines vorschlagen: sofortige Abreise nach dem Süden, nach Korfu.

Die neuerliche Flucht wird zu einem europäischen Skandal. Man tratscht von Kavalieren und Magnaten, die Elisabeth trösten müssen, erzählt sich Skandalgeschichten, an denen kein wahres Wort ist, und das Renommee des Wiener Hofes wird immer schlechter. Sisis Schwester Helene, die Fürstin von Thurn und Taxis, fährt nach Korfu und bringt die Kaiserin dazu, im Oktober endlich wieder nach Hause zu kommen. Der Kaiser verspricht, der Mutter gegenüber energisch zu sein.

Nach der Katastrophe der sechziger Jahre, dem Debakel von Königgrätz, griff Elisabeth das erste und letzte Mal in die Politik ein. Mit dem Instinkt des künstlerischen Menschen, des begabten Außenseiters, brachte sie den Ausgleich mit Ungarn zustande und drängte den widerstrebenden Kaiser zum Dualismus. Damit wurde recht eigentlich das Fundament zu jener Geschichtsepoche gelegt, die man die Francisco-Josephinische nennt, aber es wurde auch der Untergang Österreich-Ungarns besiegelt.

Andrassy, der *beau pendu* von 1848, ist der Mann, der für Sisi arbeitet. Er wird schließlich Außenminister und führt das Schicksal Österreich-Ungarns. Der „Liberalismus" triumphiert.

Erzherzogin Sophie sieht ihr Lebenswerk zusammenbrechen, sieht Elisabeth triumphieren, die vom Elternhaus her schon immer dem Liberalismus nahegestanden hatte.

Als nach dem Ausgleich mit Ungarn 1867 das stark getroffene Selbstbewußtsein Franz Josephs wieder erstarkte, ging die Kaiserin von neuem auf Reisen, um nie mehr für ständig nach Österreich zurückzukehren.

Damals begann bei Elisabeth die „Reitwut" aufzutreten, die sie über ein Jahrzehnt im Bann gehalten hat. Sie ritt die tollsten Fuchsjagden ihrer Zeit. Einmal schrieb sie aus Ungarn an Franz Joseph: „Die Jagd war am Rennplatz ... es war eine sehr schöne Jagd, der Fuchs lief vor uns, die Hunde nach. Holmes" — der 62jährige Engländer war Leiter von Elisabeths Jagdstall —, „Pista und ich waren immer voraus, brauchten daher nicht so zu jagen und konnten mit Muße die sehr zahlreichen Gräben springen. Hinter uns stürzten: Elemer Batthyany, Pferd am Platze tot, Sarolta Auersperg, die über ihn fiel, geschah beiden nichts, einem unserer Reitknechte mit seinem Klepperschimmel ist nichts geschehen. Vor dem Run stürzten Bela Keglevich und Viktor Zichy, letzterer stehend. Der alte Bela Wenkheim war entzückt, er sagte, das gehört zu einer schönen Jagd. Aber der Fuchs lief ins Loch, an dem langmächtig herumgegraben wurde, endlich ließen sie das arme Tier in Ruhe."

Seit 1874 fuhr sie auch nach England zur Jagd. Jahr für Jahr hat es sie nach England oder Irland gezogen, wo sie fast die ganzen Tage im Sattel verbrachte.

Im Jahr 1875 nimmt sie bei Elise Renz, der Tochter des berühmten Zirkusmannes Ernst Jakob Renz, Unterricht. Die Kaiserin besucht fast jeden Abend die Vorstellung, sie kann sich an den Pferden nicht sattsehen, vermag sich aber auch nicht von den wilden Tieren zu trennen.

Am Anfang ihrer Zirkusreiterkarriere, im September 1875, hatte Elisabeth in Frankreich einen ernsten Unfall.

Sie versuchte ein neues Pferd. Bei einer niedrigen Hecke nahm das Tier einen zu großen Anlauf, strauchelte und brach in die Knie, Elisabeth mit solcher Gewalt herabschleudernd, daß die Sattelgabel brach. Sie war ganz allein und blieb bewußtlos liegen. Erst als der Bereiter Bayzand das Pferd reiterlos aus dem Sprunggarten auftauchen sah, stürzte er hin und sah die abgeworfene Kaiserin.

Alles war beim Baden am Meer, und der Bereiter schrie nach einem Arzt. Der Leibarzt Dr. Wiederhofer stürzte halb angekleidet herbei und fand Elisabeth in einem Gartensessel sitzend, mit offenen starren Augen, eine enorme Beule auf der Stirn. Die Gräfin Festetics rennt schluchzend herbei.

Die Kaiserin scheint niemand zu erkennen.

Endlich lallt sie: „Weinen Sie nicht, Mari, das tut mir weh!"

Dann nach einigen Minuten: „Was ist geschehen?"

„Majestät sind mit dem Pferd gestürzt."

„Aber ich bin ja gar nicht geritten. Wieviel Uhr ist es?"

„Halb elf, Majestät!"

„Früh? Aber da bin ich doch nie geritten." Auf einmal sieht sie, daß sie im Reitkleid ist.

„Wo ist das Pferd?"

Es wird mit blutigen Knien herbeigeführt.

„Ja, warum ist es denn zerschunden?"

„Von dem Sturz, Majestät."

„Aber ich kann mich doch gar nicht erinnern, haben Sie keine gelben Rüben?"

Aber sie kann nicht aufstehen. Der Schock hält sie nieder. Sie wird ängstlich.

„Wo ist Valerie und der Kaiser und wo sind wir?"

„In der Normandie, Majestät."

„Ja, was machen wir denn in Frankreich ... bitte den Kaiser nicht zu erschrecken..."

Nun, der Kaiser ist fürchterlich erschrocken. Er kann aus politischen Gründen, aus Angst vor Bismarck, nicht nach Frankreich kommen, aber nach wenigen Tagen hat sich die Gehirnerschütterung gegeben.

Neununddreißig Jahre später, 1914, hat eine Gräfin Zanardi Lundi ein Buch erscheinen lassen, in dem sie behauptete, sie sei eine Tochter der Kaiserin, damals in der Normandie zur Welt gekommen, als man durch die Geschichte von ihrem Sturz die Niederkunft habe verdecken wollen. Eine frei erfundene Skandalgeschichte, die nur zu charakteristisch für die Dinge ist, die das spießbürgerliche Europa der Bohemienne Elisabeth zutraute.

Von ihrem achtunddreißigsten bis zu ihrem fünfundvierzigsten Lebensjahr verbringt die Kaiserin jeden Tag im Sattel. Ihr ganzes Interesse konzentriert sich auf Pferde, alles andere kümmert sie nicht. Nur im Stall fühlt sie sich wohl, nur im Sattel ist sie glücklich.

Das sind die Jahre ihrer regulären Reisen nach England, wo sie sich als „sporting lady" mit einer Coterie englischer und österreichischer Kavaliere umgibt.

Der englische Captain Bay Middleton wird ihr Reitlehrer und Führer. Er ist klar und vernünftig, verbietet Elisabeth unmäßige Sprünge. Sie beklagt sich manchmal bei Franz Joseph, wenn der Captain einen „gar so schrecklich vorsichtigen Tag" hat, zum Beispiel absitzt und sich den Rock zerreißt, um Barrieren zu durchbrechen. Manchmal ist das Pferd der Kaiserin hitziger als seines und geht ihm vor; dabei springt Elisabeth einmal über drei riesige Hecken. Bei der dritten stürzt Middleton, ist gleich wieder im Sattel, aber Elisabeth hat einige Minuten verloren, kann nicht mehr hinter den Hunden sein.

„Kalman Almassy sah ich im Run gar nicht mehr",

schrieb Elisabeth an Franz Joseph, „Heini Larisch' Pferd spannte ganz aus, Rudi Liechtensteins Brauner refüsierte immer, und so kamen sie erst auf der Straße nach, als die Jagd aus war. Der Fuchs, der öfters gesehen wurde, wurde endlich verloren... Wärst Du nur hier, ich sage es auf jeder Jagd, und wie Du populär wärest dank Deinem Reiten und Deinem Verständnis für die Jagd. Aber gefährlich wäre es, denn Du ließest Dich nicht von Captain Middleton hofmeistern und würdest über alles hinwegspritzen, wo nachgeschaut wird, ob es nicht zu tief oder zu breit ist...“

Der ideale Renngrund aber tat sich ihr in Irland auf, das sie 1879 zum erstenmal besucht.

Die Gräfin Festetics hat in ihrem Tagebuch notiert: „Es sind so hohe Drops, so tiefe Gräben, Doubles und die Irish banks und Mauern und Gott weiß was alles zum Hand- und Fuß- und Halsbrechen. Ich höre nie so viel von gebrochenen Gliedern wie hier, und alle Tage sehe ich jemanden tragen. Bayzand ist recht böse gestürzt, Middleton hat sich überschlagen und auch Lord Langford, so geht das fort.

Die Kaiserin hatte herrliche Pferde, Domino ist das großartigste, ein prächtiger Rappe, der zu Lord Spencers Schrecken am ersten Tag mit der Herrin vom Fleck weg durchging.

Das Feld war von scheußlichen Hindernissen begrenzt, allen standen die Haare zu Berge. Was würde sie wohl tun?

Sie hatte die Geistesgegenwart, das Pferd laufen zu lassen, glücklich ging es über einige Gräben, und dann hatte sie es wieder und galoppierte ruhig zurück. Es ist nur ein Urteil über sie, aber wirklich, mir stehen oft die Haare zu Berge.“

Schließlich mußte Elisabeth die Jagden in Irland aufgeben. Die unterdrückten katholischen Bauern Irlands bereiteten ihr überall, wo sie hinkam, großartige Empfänge, errichteten ihr, der katholischen Kaiserin, Triumphbögen. Die Sache nahm Dimensionen an, die der englischen Regierung nicht gleichgültig bleiben konnten, und so ritt Elisabeth die Fuchsjagden wieder auf englischem Boden.

An das Geld, das diese Jagden kosteten, hat sie nie einen Augenblick gedacht. Ein irischer Aufenthalt im Jahr 1880 hat 158.337 Gulden 48 Kreuzer gekostet. Das war der Aufenthalt, von dem sie an Franz Joseph schrieb:

„Der Run ging in sehr scharfem Pace, über zahllose Hindernisse aller Art; eine Stunde und zwanzig Minuten blieben Middleton und ich dabei...

Bayzand, der zwar ein gutes Pferd ritt, das er ungeheuer lobt, fiel über eine Bank in die Wiese hinein und tat sich weh am Fuß ... er liegt im Bett mit einem Eisbeutel am Knöchel...

Rudi Liechtenstein ist auch gefallen, ohne sich etwas anzutun, und Lord Langford, unser Hausherr, der aufs Gesicht fiel, konnte jetzt nicht gut schlucken..."

Der Lord war zuerst in einen Wassergraben gefallen und dann über einen unbedeutenden Graben gestürzt, wobei sich sein Pferd das Kreuz brach.

„Am Siebenten wieder Hirschjagd, ziemlich weit von hier und nahe von Dublin, also eine ungeheure Menge von Reitern...

Durch einige große Sprünge gleich im ersten Beginn waren wir augenblicklich aus dem Gedränge ... da kam ein Graben, Middletons Pferd sprang zu früh ab und fiel hinein, er selbst war bald heraus, aber doch etwas außer Atem, wie man hier sagt, der Schnaufer war ihm herausgeschlagen, und bis sein Pferd herausgezogen wurde, waren die Hunde natürlich schon längst in aller Weite..."

Drei Tage später heißt es: „Die Pace war gleich sehr scharf, die Sprünge viel und groß, aber nicht verwachsen, nur ein Double kam, eine Bank mit Graben davor zum Hinaufspringen und drüben ein Sumpfgraben, aber ganz grün. Über den fiel Middleton und ich auch, aber in guter Distanz und über den Sumpf, wir wurden also nicht naß und es war sehr weich. Es sollen noch viele hineingefallen sein, wie mir später Tom sagte, aber da ich natürlich augenblicklich weiterritt, so sah ich es nicht. Lord Langford sah ich an einem andern Graben stehen und nach seinem Pferde fischen."

Diese Briefe sind im Grunde trostlos. Wahrscheinlich aber hat Franz Joseph sie begriffen, denn Jagd war etwas, das er verstand, das *comme il faut* war und zu einem fürstlichen Leben gehörte. Daß es die Flucht einer Neurotikerin aus der Realität des Lebens in die Irrealität war, hat er wahrscheinlich nie erkannt.

Ein tiefes, rätselhaftes Gefühl band Elisabeth an Franz Joseph. Beide waren einander innerlich fern, aber es ist sicher, daß er begriff, wie anders sie war als er. Franz Joseph ist als Ehemann vielleicht eine der erhabensten, ritterlichsten Gestalten des 19. Jahrhunderts. Mit übermenschlicher Größe tat er alles für die ihm rätselhafte Frau.

Es war ein Zufall, daß die Kaiserin in jenem verhängnisvollen Januar 1889 in Wien weilte, als Kronprinz Rudolf sich den Tod gab. Ihrer Gegenwart und der von Frau Schratt verdankte es der Kaiser, daß er an dem schrecklichen Geschehnis nicht zerbrach. Daraus mag man ermessen, was diese drei sonderbaren Menschen einander waren.

Die Kaiserin hatte Frau Schratt in das Leben ihres Mannes gebracht. So begann eines der eigentümlichsten Kapitel in der Geschichte menschlich-erotischer Beziehungen. Elisabeth mußte Franz Joseph verlassen, sie ertrug das Leben in seiner Sphäre nicht, aber sie litt unter dieser Tatsache. So suchte sie denn einen Ersatz, den sie mit weiblicher Instinktsicherheit in der gemütlichen, hausfraulichen Behäbigkeit Katharina Schratts fand. Das war die Frau, die zu der bürgerlichen Art Franz Josephs paßte. Daß es wohl kaum zu sexuellen Beziehungen zwischen den beiden kam, hat sie nicht ahnen können. Außerdem wäre es ihr, für die — wie für so viele frigide Frauen — Sexualität eine etwas unheimliche Sache gewesen zu sein scheint, vermutlich gleichgültig gewesen. Die Allgewalt seiner primitiven, aber endgültigen Liebe zu ihr selbst scheint die Neurotikerin Elisabeth kaum jemals erfaßt zu haben.

Auch nach dem schauerlichen „Rudolf-Drama" setzte die Kaiserin ihr gehetztes Leben fort. Die phantastische Motorik dieser Frau, die manchmal von zehn Uhr morgens bis sechs Uhr abends im Sattel saß, sollte das Nichts ihres Lebens ausfüllen. Da sie dabei fast nichts aß — unerhört in jener Zeit ihre Angst um die schlanke Linie —, begann ein Kräfteverfall einzusetzen, der ihr schließlich das Reiten verleidete. Bewegung aber mußte sein. So begann sie spazierenzugehen, das heißt spazierenzulaufen. Das war charakteristisch für ihre Natur, die stets Bewegung um der Bewegung willen verlangte, keinen Zweck damit verband.

Sie ließ auf Korfu das Schloß Achilleion erbauen. Einige Jahre verbrachte sie dort jedesmal viele Wochen, aber immer wieder reiste sie durch die Mittelmeerländer und Westeuropa, bald als Gräfin von Hohenems, bald als Mrs. Nicholson-Chazalie.

Ein halbrohes Beefsteak und eine Orange waren ihr Mittagessen. Nie verharrte sie still. Immer war sie in Bewegung. Durch die letzten fünfzehn Jahre ihres Lebens ist sie förmlich gerast. Ihre griechischen Vorleser keuchten sich den Atem aus der Brust, wenn sie neben der seltsamen Frau im Laufschritt bergauf stürmen und ihr die Odyssee in der griechischen Ursprache vordeklamieren mußten.

Ihr größtes Vergnügen war es, unerkannt durch Städte zu flanieren, wo sie allen fremd war, im Marseiller Hafenwirtshaus sich hinzusetzen und mit der Hofdame die fremde bunte Welt zu betrachten...

Und so verflossen die Jahre. Immer wieder kam der Kaiser in die fernen Länder, um sie zu besuchen. Im steifen Hut und Jackettanzug schritt er neben ihr durch italienische und französische Gassen. Aber auch in Wien wurde „spaziert"! Man kann sich von dem Ausmaß der Spaziergänge Kaiserin Elisabeths kaum eine Vorstellung machen, wenn man sich nicht ein wenig näher mit diesen „Spaziergängen" beschäftigt. Von ihren Hofdamen hielten das nur die Gräfin Festetics und die Landgräfin Fürstenberg aus. Ging es da doch von Neuwaldegg auf die Sophienalpe, von da nach Hainbach, Weidlingau und Gablitz, vier Stunden lang in einem Höllentempo.

Einmal nimmt sie den Flügeladjutanten Freiherrn von Gemmingen, einen Professor und die Gräfin Festetics mit. Sie rasen nach Preßbaum, auf den Pfalzberg bis nach Hochstraß, dann bei der hinteren Pfalzau über den Sattelberg zurück nach Preßbaum in fünfdreiviertel Stunden. Elisabeth will den Baron Gemmingen „niedergehen". Als sie ganz verstaubt in der Hofburg ankommen, sagt der Flügeladjutant: „Alle Achtung, Majestät, das war ein Spaziergang. Das ist eine Leistung, und ich bin als Jäger doch das Gehen gewöhnt!"

Der Kaiser erwartete die Ausflügler nervös, es hatte ihm etwas lange gedauert.

„Leben Sie denn noch?" fragt er die Gräfin Festetics.

„Wir befinden uns ganz wohl, Majestät, nur hungrig sind wir. Wir haben gar nichts gegessen."

Darauf der Kaiser: „Das auch noch, das ist ja unerhört. Und dieses sogenannte Vergnügen hat auch der arme Gemmingen aushalten müssen. Aber jetzt gehen Sie schnell essen..."

Neben dem Spazieren beginnt die Kaiserin, die das Reiten mehr und mehr aufgibt, das Fechten. Sie engagiert einen Fechtlehrer mit eigenem Gehalt und erlangt binnen kurzem solche Vollendung, daß der Lehrer die größte Mühe hat, es mit ihr aufzunehmen.

Geistig hat sie sich auf die Massenproduktion von Gedichten verlegt. Seitdem es ihr Carmen Sylva, die schriftstellernde Königin von Rumänien, angeraten hat, schreibt sie fast täglich banale Gedichte. Selten, daß sich darin ein eigener Gedanke findet, etwas von ihrer Persönlichkeit enthüllt.

Im letzten Jahrzehnt ihres Lebens war Elisabeth krank. Sie litt an einer Herzerweiterung und an quälendem Ischias. Schon lange hatte sie das geliebte Reiten aufgeben müssen. Wo waren die Zeiten der Fuchsjagden?

Nur zu Fuß ist sie unermüdlich geblieben, so sehr sie auch an geschwollenen Beinen und anderen Beschwerden litt. Auf einem Spaziergang traf sie auch der Mordstahl des Anarchisten Luccheni. Das war in Genf, am Quai Mont Blanc, am 10. September 1898.

Der Stoß mit der haarscharf geschliffenen Feile war so heftig, daß das Instrument achteinhalb Zentimeter tief in den Körper eindrang, die vierte Rippe zerbrach, Lunge und Herzbeutel durchstach, das Herz von oben bis unten durchbohrte und beim unteren Teil der Herzkammer wieder heraustrat.

Fast zehn Minuten lang ist die Kaiserin mit dem durchstochenen Herzen aber noch gegangen, hat sie gesprochen. Ein Symbol von schauerlicher Größe ist dieser tragische Abschluß eines tragischen Lebens.

Als der Sarg Elisabeths in der Wiener Hofburgkapelle niedergesetzt wurde, standen die Augen des achtundsechzigjährigen Kaisers voll Tränen. Noch niemand hatte ihn, den „Letzten der Caesaren", weinen sehen. Ja, als der Obersthofmeister Fürst Liechtenstein dem apostolischen Monarchen die Schlüssel des Sarges überreichte, fiel der Kaiser auf die Knie und umfaßte den Sarg mit den Armen.

Es gibt nichts Erschütterndes als diese Geste des unpathetischen, schlichten Mannes, der von Jugend an gelernt hatte, jede Gefühlsregung zu beherrschen. Nichts Erschütterndes als diese Geste einer langen glühenden und hoffnungslosen Liebe.

Luccheni, der Mörder Elisabeths, war ein uneheliches Kind. Seine Mutter, die ihn 1872 als Achtzehnjährige gebar, war eine Taglöhnerin aus Albareto im Ligurischen Apennin. Als sie schwanger wurde, schlug sie sich nach Paris durch und kam dort in einem Krankenhaus nieder, aus dem sie einige Tage später verschwand. Das Kind ließ sie zurück. Sie wanderte nach Amerika aus und hat ihren Sohn nie wiedergesehen.

Das Kind ging den damals üblichen Weg der Fürsorge,

wurde zu Pflegeeltern gesteckt und mußte schon mit neun Jahren arbeiten. Als ungelernter Hilfsarbeiter schlägt er sich vollkommen allein durchs Leben, arbeitet in der Schweiz, in Österreich, von wo ihn die Triestiner Polizei nach Italien abschiebt. Dort muß er zum Militär einrücken, zur Kavallerie. 1890 zieht er in den Abessinischen Krieg, führt sich ausgezeichnet, ist der Stolz seines Schwadronskommandanten, des Prinzen Raniero de Vera d'Aragona. Vom Militär entlassen, stößt er zu den Anarchisten.

Es scheint, daß er Ende August 1898 an einem anarchistischen Komplott, das in Lausanne und Neuchâtel ausgeheckt wurde, teilgenommen hat. Es gibt darüber keine greifbaren Angaben.

„Warum haben Sie die Kaiserin getötet, die Ihnen nie etwas getan hat?" fragt der entsetzte Polizeikommissar, als ihm die Polizisten Luccheni vorführen.

„Im Kampf gegen die Großen und Reichen. Ein Luccheni tötet eine Kaiserin, aber niemals eine Wäscherin."

Er träumt den Traum des Anarchisten. Des Enterbten, des Getretenen, des Mutterlosen ...

In Genf gibt es keine Todesstrafe, Luccheni wird zu lebenslänglichem Kerker verurteilt. Nach zwei Jahren beginnen sich bei ihm Aufregungszustände zu zeigen, nachdem er bis dahin ein musterhafter Häftling gewesen war. Er beklagt sich bitter, mit Kriminellen zusammengesperrt zu sein, er sei ein Politischer, gehöre zur Elite. Dann beruhigt er sich wieder. Vierzehn Jahre nach seinem Mord, im Oktober 1910, fährt er einen Wärter, der gern trinkt, an, als er seine Zelle betritt: „Sie sind ein Säufer, Sie stinken nach Alkohol."

Der Gefängnisdirektor bestraft Häftling und Wärter. Luccheni wird in eine Einzelzelle gesteckt, bekommt Arbeitsverbot, was ihm entsetzlich ist. Er beginnt stundenlang zu brüllen: „Ich habe nur die Wahrheit gesagt!" Er tobt, zertrümmert die Zelleneinrichtung und wirft die Trümmer zum Fenster hinaus. Man bringt ihn in eine Dunkelzelle. Er fährt fort zu brüllen. Um sechs Uhr abends hört ihn noch der Beamte, der die Runde macht, schreien. Als Monsieur Fernet, der Zuchthausdirektor, am Abend die Zelle betritt, ist Luccheni tot. Er hat sich an seinem Leibriemen erhängt.

ORIENTALISCHES ZWISCHENSPIEL

War das ein Wirbel in Wien Anno 1873! Am 1. Mai hatte Kaiser Franz Joseph die Weltausstellung im Prater eröffnet, und in den folgenden Tagen kamen die Potentaten Europas, einer nach dem andern, nach Wien: der Zar, der deutsche Kaiser, der König von Italien, alle deutschen Fürsten, der Prinz von Wales (der spätere Eduard VII.) und schließlich der Schah von Persien.

Er führte den Namen Nassr-ed-din und war ein Mann, von dessen märchenhaften Schätzen die damalige Welt schwärmte. Er war ein orientalischer Despot der Kadscharendynastie, der fließend Französisch sprach, und hatte sich als erster Monarch mohammedanischen Glaubens zu einer Europareise entschlossen. Vier Frauen hatte er mitgenommen, aber in St. Petersburg, wo er als erstes Station machte, war er daraufgekommen, daß sie ihn nur störten. Er hatte sie nach Hause geschickt und nur seine Favoritin, eine Tscherkessin, um sich geduldet.

Er stand am Beginn der Vierzig, aber sein abgespanntes, von Leidenschaften gezeichnetes Gesicht läßt ihn, wie ein Wiener Journalist damals schrieb, „reichlich um zehn Jahre älter erscheinen. Der Schah macht den Eindruck eines großen, greisenhaften Kindes. Lärm scheint ihn zu ergötzen, schreiende Farben erregen seine Aufmerksamkeit, und der Schimmer von Juwelen übt auf ihn die größte Anziehungskraft aus. Er ist eigenwillig wie ein verzogenes Kind..."

Kaiser Franz Joseph hatte ihm Schloß Laxenburg als Residenz bestimmt. Am 30. Juli 1873 traf der Schah bei glühender Hitze ein. Er kam aus Italien, über Innsbruck und Salzburg. In Innsbruck hatte er nicht weiterfahren wollen, hatte zu schlafen gewünscht, und der Oberstkämmerer, Feldmarschalleutnant Graf Crenneville, den Kaiser Franz Joseph ihm an die Grenze geschickt hatte, war nicht imstande, ihn zu überzeugen, daß man sich an den Fahrplan halten müsse. Aufstampfend hatte Nassr-ed-din fortwährend wiederholt: „Ich will es so, die Bahn soll ihre Züge anders einteilen." Nach einer halben Stunde hatte er sich's überlegt und die Erlaubnis zur Weiterreise gegeben. Graf Crenneville hat jahrelang diesen Tag mit dem Schah als die größte Plage seines Lebens bezeichnet. Jedenfalls gab es in Salzburg noch eine Festbeleuchtung, und Crenneville seufzte erleichtert auf, als der Sonderzug des Schah in der Penzinger Station, dem Bahnhof des Schlosses Schönbrunn, einfuhr, wo ihn Kaiser Franz Joseph erwartete.

Der Schah stieg aus seinem über und über vergoldeten Waggon, begrüßte den Gastgeber, indem er die Hand auf Stirn, Mund und Herz legte, während der Kaiser in seiner weißen Marschallsuniform militärisch grüßte. Dann fuhr der Zug weiter nach Laxenburg, wo der große Empfang stattfand.

Laxenburg war nicht wiederzuerkennen. Zehntausende waren in den wenigen Gassen zusammengeströmt. Selbst aus der Slowakei waren Bauern mit ihren Korbwagen gekommen. Der Abend fiel ein. In den Bosketten des Parks verbreiteten Spiritusflämmchen ihr geisterhaftes, bläulich flackerndes Licht. Auf der teppichbelegten Treppe der kleinen Station bildeten die Bahnbeamten Spalier: Zweispitz auf dem Kopf, an der Seite den Degen. Der Perron war in einen Blumengarten verwandelt, den nur der persische Zeremonienmeister Memelek Mirza und der persische Generalkonsul in Wien, der Börsianer Goldberger de Buda, betreten durften. Draußen standen die Untertanen Kopf an Kopf. Burggendarmen in goldenen, roßhaargeschmückten Helmen hielten sie mühsam zurück. Ein donnerndes Hoch empfing den Schah.

„Er besitzt", hieß es im *Illustrierten Wiener Extrablatt,* „eine kurze, gedrungene Gestalt, das enggeschlossene, an der Hüfte faltenreiche Oberkleid ist an der Brust mit Gold gestickt und der Goldschmuck mit Diamanten reich durchwirkt. Die massiven Epauletten sind geradezu von Brillanten besät. Die Edelsteine glitzerten im Licht wie tausend Tautropfen. Nassr-ed-din beschaute mit seinen klugen, fast unheimlich leuchtenden Augen die Umgebung, strich sich den langen Schnurrbart, nahm oft die Reisebrille, die er immer in der Hand hält, vor die Augen und beguckte das Publikum, oft näher tretend, manchmal sich sogar längere Zeit bei einzelnen Personen aufhaltend."

In einem von Jockeis gerittenen sechsspännigen Wagen *à la Daumont* fuhren sie die wenigen Schritte zum „Blauen Hof", wo die Erzherzoge und die Minister in Gala bei der Aufgangsstiege warteten. Der Schah blieb unbeweglich, neigte nicht einmal den Kopf, küßte nur den Kronprinzen Rudolf dreimal auf die Stirn. Auch bei der Vorstellung sprach er kein Wort.

Und nun begann eine Woche, an die sich die ganze Hofdienerschaft zeit ihres Lebens voll Schauder erinnern sollte. Es war den kaiserlich-königlichen Lakaien streng verboten worden, sich in den Gemächern des Schah zu zeigen, solange der „Schatten Gottes" sich darin aufhielt. Sie durften nur in seiner Abwesenheit erscheinen und sozusagen den Dreck putzen. Nun, der lag alsbald haushoch. Im Schlafzimmer des Schah, das ganz nach orientalischer Art eingerichtet war, schlachtete er zuerst eigenhändig zwei weiße Hammel. Das auslaufende Blut ergoß sich über die kostbaren Teppiche und sickerte in die kunstvollen Parkettböden ein. Sie mußten nach seiner Abreise herausgerissen und durch neue ersetzt werden. Was die Hofdienerschaft am meisten erbitterte, war die Unsauberkeit der Gäste. Dazu kam der Umstand, daß der hohe Gast immer wieder eigenhändig Hammel in seinem Zimmer schlachtete und sich alsbald Wolken von Fliegen auf den gestockten Blutlachen niederließen. Die Hofdienerschaft hatte mit dem Aufgebot aller Kräfte täglich zu arbeiten, um den ärgsten Unflat wenigstens oberflächlich zu beseitigen. Sie hielt mit ihrer Empörung nicht zurück, und alsbald berichteten die Zeitungen mehr oder minder versteckt von den skandalösen Vorfällen in Laxenburg, bezeichneten den Schah als einen Barbaren, den man nicht in einem kaiserlichen Schloß beherbergen dürfe. Offenbar habe man keine Ahnung von alldem gehabt, sonst „hätte man ihm nicht das liebliche Laxenburg, sondern die Ställe der Josefstädter Reiterkaserne als Quartier angewiesen", schrieb ein Blatt.

Als Nassr-ed-din davon erfuhr, verlangte er wütend von Crenneville, daß dieser sofort ein Dutzend Journalisten hängen lasse. Als ihm der Graf die Unmöglichkeit, seinen Wunsch zu erfüllen, auseinandersetzte, konnte er die Weigerung nicht begreifen.

Kaiser Franz Joseph aber ordnete an, daß man den Schah unter allen Umständen als „seinen Gast" behandeln müsse, lange würde der Aufenthalt ohnehin nicht mehr dauern. Als sich Nassr-ed-din eines Nachmittags in Schönbrunn beim großen Hofdiner mit weißen Glacéhandschuhen an den Tisch setzte, zog der Kaiser mit einem aufmunternden Blick zu den übrigen Gästen ebenfalls seine Handschuhe an. Als Nassr-ed-din mit den aufgetragenen Spargeln, nachdem er ihnen die Köpfe abgebissen, nichts anderes anzufangen wußte, als den Rest hinter sich zu werfen, taten der Kaiser und mit ihm die ganze Hoftafel ein gleiches. Auch die schöne Kaiserin Elisabeth, von der der Schah die Augen nicht abwendete.

Selbstverständlich tätigte der Schah in den Luxusgeschäften Wiens seine Einkäufe. Crenneville gab ihm einen Begleiter mit, der entsprechend dem Range des Besuchers ein Mitglied des Uradels war. Man muß sich nun vorstellen, wie dieser Bedauernswerte, über und über mit Päckchen beladen, schweißtriefend den Graben und die Kärntner Straße hinter dem persischen Souverän einhertrabte, ein Bild personifizierter Verzweiflung. Schließlich begab sich der Schah in den Prater und fuhr dort unentwegt auf dem Ringelspiel, wobei er seinen Begleiter nötigte, mitzumachen.

Man erzählt sich folgende, historisch nicht zu belegende Episode, der sicher ein Körnchen Wahrheit zugrunde liegen mag. Der Schah habe — so heißt es — eine Hinrichtung zu sehen gewünscht, und es traf sich, daß eine solche vollzogen werden sollte. Der Schah war Zeuge des Geschehens, war aber mit dem Henker nicht einverstanden. Es war ihm alles zu schnell gegangen. „Noch eine Hinrichtung", befahl er, sah sich im Kreise um und deutete auf einen der in voller Uniform der Justifizierung beiwohnenden Oberlandesgerichtsräte, der ihm offenbar mißfiel. „Den da!" sagte er. Mit Mühe konnte man ihm klarmachen, daß so etwas hierzulande unmöglich sei.

Sonst hielt sich der Schah meist im Laxenburger Park auf, in dem er Rebhühner jagte oder sich auf einer Prachtgondel im Teich von Matrosen der k. u. k. Kriegsmarine umherrudern ließ. In einen langen schwarzen Kaftan gehüllt, aß er angesichts des Publikums, das zu Tausenden die Parkwege füllten, in den Wiesen auf ausgebreiteten Teppichen seine gewohnten Speisen aus kaiserlichem Geschirr, das er meistens dabei zerbrach.

Von der Schönheit der Kaiserin Elisabeth war der Schah so angetan, daß er dem Grafen Crenneville den Auftrag gab, dem Kaiser das Anerbieten zu machen, ihm die Kaiserin für zehn Millionen Pfund Sterling zu überlassen. Worauf der wütende Oberstkämmerer mit gezogenem Säbel auf ihn losgegangen sein soll. Nur dadurch, daß sich die vor Schreck aufheulenden Mirzas und Khans seines Gefolges dazwischenwarfen, wurde Nassr-ed-din vor der Züchtigung durch den Kavalier bewahrt.

Der Schah besuchte in Wien vor allem die Weltausstellung, durch die ihn Kaiser Franz Joseph mit wahrer Engelsgeduld führte. Nassr-ed-din war stets mit orientalischer Pracht gekleidet. Ein zeitgenössischer Bericht lautet:

„Hoch ragte die Lammfellmütze mit der Reiherfeder, welche durch eine Agraffe aus Smaragden und Brillanten gehalten war, in die Luft. Zwei sechsfache Doppelreihen von Brillanten blitzten von dem Brustteil des schwarzen Kaftans, der Stehkragen war mit Brillanten und Perlen in rautenförmiger Anordnung bedeckt. Ein blaues Bandelier über Brust und Rücken erschien mit Brillanten, Smaragden und Rubinen übersät. Ein Abbild der Sonne in Smaragden, Saphiren, Rubinen und Diamanten blitzte in der Mitte der Brust. Ein krummer Säbel, dessen Griff und Stichblatt von Juwelen strahlte, vervollständigte den Anzug."

An den Tagen, da der Schah in der Weltausstellung erschien, kauften etwa siebzigtausend Personen Eintrittskarten, während sonst der tägliche Besuch zwischen sechstausend und siebentausend lag. Nassr-ed-din zeigte nur an den Schmucksachen der Pariser Juweliere und an den vielen Glockenspielen Interesse, die stets läuteten und einen ohrenbetäubenden Lärm machten, wenn er erschien. Die letzte große Veranstaltung, die ihm zu Ehren veranstaltet wurde, war eine Parade auf der Schmelz, die für sechs Uhr abends angesetzt war. Der Schah ritt einen Schimmelhengst mit rosa Schweif. Hunderttausend Wiener waren auf der Schmelz, dem riesigen Exerzierplatz, zusammengelaufen. Als Kavallerie und Artillerie im Galopp defilierten, machte das auf Nassr-ed-din großen Eindruck. Er drückte dem Kaiser wiederholt die Hand.

Am 8. August 1873 verließ der Schah Wien und fuhr wieder nach Italien, um sich dort nach Konstantinopel einzuschiffen. Ein wahrer Ordensregen senkte sich auf alle nieder, die irgend etwas mit ihm zu tun gehabt hatten. Der Sonnen- und Löwenorden hatte sechs Klassen, die von Diamanten funkelten. Die Enttäuschung, die alle erfüllte, als man daraufkam, daß die Diamanten meist aus Glas waren und von dem bekannten Wiener Ramschgeschäft Traugott Feitel hergestellt worden waren, soll groß gewesen sein.

DIE BÜCHSE DER PANDORA ÖFFNET SICH

Kling-Klang schlugen die Handglöckchen in den Händen der jungen Kleriker. Großblumig schimmerten ihre Brokatornate. Hoch empor stiegen die Weihrauchwolken, mit denen sie vor dem Allerheiligsten in den Händen des greisen Fürsterzbischofs Dr. Gruscha die Wiener Straßen räucherten. In zinnoberroten Fracks, goldgestickt, saßen Herren von der Hofmusikkapelle auf den ruhigsten Wallachen der kaiserlichen Hofstallungen und bliesen auf silbernen Trompeten, die einst die Gebrüder Leichnamschneider für Maria Theresia gehämmert hatten: „Hier liegt vor Deiner Majestät im Staub die Christenschar..."

Hoch über dem strahlend blauen Himmel segelte eine weiße Wolke. Die Massen des Volkes, die seit fünf Uhr früh die Straßen der inneren Stadt füllten, stöhnten vor Ergriffenheit, als die goldschimmernde Fronleichnamsprozession an ihnen vorbeizog, dieser schimmernde, glitzernde, prächtige, funkelnde Aufzug des alten Österreich, die einzige Gelegenheit im Jahr, da es sich öffentlich zur Schau stellte in all seiner Würde und Pracht. Angefangen von den städtischen „Waselbuam" in ihren mausgrauen Uniformen mit mausgrauen Offizierskappen, dem Bürgermeister Dr. Lueger im Frack mit großer goldener Kette, bis zu den Garden, den Kämmerern, Truchsessen, Vließrittern, den kaiserlichen Räten, dem Oberstsilberkämmerer, dem Oberstküchenmeister bis zum Kaiser, der in Rot und Weiß schimmernd, den Generalshut mit dem exotisch-„paperlgrünen" Federbusch in der Linken, die brennende Kerze in der Rechten, hinter dem Monstranz-Himmel daherschritt. Dann kam die weiß-goldrote Wolke der Erzherzoge Rainer, Franz Salvator, Friedrich, Peter Ferdinand, Leopold Salvator, Ferdinand Karl und Josef Ferdinand...

Wie staunte das kleine Kind im weißen, frisch gestärkten Matrosenanzug, als es all die Herrlichkeiten erblickte, die himmlische Musik vernahm, den göttlichen Duft des Weihrauchs roch. Großartige, schöne, erhabene Welt! Noch wußte er nicht, daß der erste Schicksalstag seines jungen Lebens über der alten Stadt Wien blaute, als ein eleganter Herr im Gehrock, mit weißer Knopflochblume und spiegelndem Zylinder vom Ballhausplatz herunterkam, suchend hinter der Zuschauermauer vorüberging, sich plötzlich durch die Menge drängte, auf einen Vließritter mit blondem Kaiserbart zutrat und ihm hinter vorgehaltenem Zylinder etwas ins Ohr flüsterte. Der Vließritter erblaßte, ein desperater Ausdruck trat auf seine Züge. Er nickte verabschiedend, und da der Zug auf dem Kohlmarkt stehengeblieben war — auf dem Michaelerplatz wurde mit der Verlesung des Evangeliums vor dem improvisierten Altar begonnen — ging er, der in einer schwarzen, goldüberladenen Uniform steckte, nach vorne, bis er auf eine ähnliche goldblinkende Gestalt stieß, der ein Monokel im Auge blinkte. Der Minister des Äußeren und des allerhöchsten Hauses Graf Agenor Goluchowski machte dem zweiten Obersthofmeister Fürst Montenuovo die Meldung, daß er augenblicklich Seine Majestät zu sprechen habe. Montenuovo nickte und trat auf den Monarchen zu. Nach wenigen Augenblicken erschien ein Flügeladjutant, ein goldverschnürter Kaiserhusar, die breite gelbe Adjutantenfeldbinde quer über der Brust, beim Grafen und führte ihn zum Kaiser, der dem Minister kalt entgegensah, denn er liebte solche Störungen nicht. Tödliches Entsetzen überzog die Züge des dreiundsiebzigjährigen Kaisers, als der Graf meldete, der König und die Königin von Serbien seien vor sechs Stunden von ihren Offizieren ermordet und die blutüberströmten Leichen auf die Straße geworfen worden...

In Serbien hatte bis vor sechs Stunden König Alexander,

der letzte Obrenowitsch, regiert. Eine etwas komische, gedrungene Gestalt, der ewig der Zwicker von der Nase rutschte. Ein richtiger Balkanfürst, der mit siebzehn Jahren die ganze Regentschaft hatte verhaften lassen, sich selbst großjährig erklärte und jetzt mit siebenundzwanzig Jahren nach einer Anzahl von Staatsstreichen mehr oder minder absolut regierte. Vor drei Jahren hatte er eine Bürgerliche geheiratet, eine „Person" mit „Lebenswandel", vierzehn Jahre älter als er. Draga Maschin war die Witwe nach einem an Delirium tremens verstorbenen Ingenieur. Sie täuschte eine Schwangerschaft vor, und setzte, als der Schwindel aufkam, alles dran, ihren Bruder Nikodem Lunjewitza, einen versoffenen jungen Kavallerieoffizier, zum Kronprinzen erklären zu lassen. Die Heirat war ein weltweiter Skandal gewesen. Draga Maschin wurde an keinem Hof empfangen. In Belgrad hatte sie eine wahre Schreckensherrschaft geführt, hatte Damen, die ihr nicht ehrerbietig genug die Hand küßten, geohrfeigt und ihre Männer aus dem Amte jagen lassen. Ihr Bruder hatte mit dem Reitstock auf den Tisch geschlagen, wenn man bei seinem Erscheinen in den Nachtlokalen nicht die Königshymne anstimmte. Das hatte eine böse Stimmung geschaffen, die von den Anhängern der zweiten serbischen Dynastie, den Karageorgewitsch, eifrig ausgenützt wurde. Dragas Schwager, der Pionieroberst Alexander Maschin, war die treibende Kraft der Verschwörung. Auch der junge Hauptmann Dragutin Dimitrijewitsch, der später so berüchtigte Oberst Apis, der Franz Ferdinand ermorden ließ, nahm daran teil.

Die ganze österreichische Balkanpolitik hatte auf Alexander Obrenowitsch geruht, der zutiefst österreichfreundlich war. Und der Anfang vom Ende der Österreichisch-Ungarischen Monarchie begann in jener warmen Nacht vom 10. auf den 11. Juni 1903, da das 6. serbische Infanterieregiment lautlos auf den dicken Opanken — das serbische Militär trug damals noch keine Schuhe — um das Königsschloß in Belgrad, den alten Konak, aufmarschierte. Mit dem Rükken zum Palais wurde haltgemacht, denn die gemeinen Soldaten liebten den König, und die Verschwörer trauten ihnen nicht.

Bis nach Mitternacht waren die Offiziere, meist Generalstäbler und Kriegsschüler, im „oficerski dom", in verschiedenen Nachtlokalen, wie dem „Boulevard Transvaal", gesessen, hatten Bier, Wein und Schnaps in sich hineingegossen. Ihre Säbel waren geschliffen, unter den Waffen- oder langen Interimsröcken trugen sie die geladenen Revolver umgeschnallt. Es war eine zum Großteil betrunkene Menge, die gegen halb ein Uhr nachts vor dem Schloß anlangte, in das sie durch Mitverschworene eingelassen wurde. Einmal im Schlosse, konnten die Verschwörer das Königspaar nicht finden. Der Generaladjutant Lazar Petrowitsch lief ihnen in die Arme und führte sie in die Irre, ein königlicher Ordonnanzoffizier, Hauptmann Miljkowitsch, erwachte, schoß und starb augenblicklich unter einem Kugelhagel. Auch General Petrowitsch wurde erschossen, und als endlich der mitverschworene Adjutant des Königs, Oberstleutnant Naumowitsch, die Führung übernahm, sahen sie sich vor der versperrten, eisenbeschlagenen Tür des „arabischen Zimmers", das zu den königlichen Gemächern führte. Naumowitsch warf eine Dynamitpatrone, die die Tür sprengte, aber ihn selbst in Stücke riß und die gesamte elektrische Beleuchtung des Schlosses zerstörte. In tiefer Finsternis drängte sich nun die erregte Menge von etwa sechzig Offizieren.

Um diese Zeit, fünf Minuten nach ein Uhr, muß das Königspaar erwacht sein. Draga hat ihre brillantenbesetzte Nachttischuhr hinuntergeworfen, die in dieser Minute stehengeblieben ist. Der König und die Königin müssen in panischem Schrecken sofort alles erraten haben. Eine Dynamitladung folgte der andern, das Gebrüll der Betrunkenen muß immer stärker hörbar geworden sein, das Erlöschen des Lichtes verriet alles. Barfuß ist das Königspaar in einen Alkoven des Schlafzimmers geflüchtet, der durch eine vorhangverhüllte Glastür abgeschlossen war. „Der kleine Raum", schrieb einige Tage später das *Fremdenblatt,* „in dem das Königspaar den Tod fand, faßte kaum vier Personen. Er diente zur Aufbewahrung von Kleidern. Hohe plumpe Wandkästen stehen da; an einem eisernen Kleiderhälter hängen Dragas seidene Jupons und Unterröcke und ein Schlafrock von violetter Seide..." Eineinhalb Stunden suchten die Mörder das Königspaar, gingen wiederholt an der Glastür vorüber. Kerzen waren gebracht worden, und es muß eine Szenerie von düsterer Phantastik gewesen sein. „In diesem Winkel standen die Opfer der Verschwörung, als die Mörder eindrangen. Alexander in einem rotseidenen Nachthemd nahe zur Tür, mit der linken Hand Draga beschirmend. Da diejenigen Offiziere, welche die Kerzen hielten, rückwärts blieben, war der Raum fast ganz im Dunklen, während das kurze Zwiegespräch zwischen den Eingedrungenen und dem Königspaar geführt wurde und vom Schlafzimmer her das verhängnisvolle Wort erscholl: Mit dir wird nicht verhandelt... Sofort krachten die ersten Schüsse. Als die Hintenstehenden mit blanken Säbeln vordrängten, war der König bereits zu Boden gestürzt. Der Adjutant des Platzkommandanten Hauptmann Vojeslaw Nazitsch sagte später dem Zeitungskorrespondenten: ‚Was Sie über die letzten Augenblicke berichteten, ist buchstäblich wahr. Ich selbst habe die Kerzen gefunden und meinen Kameraden zum Leuchten gegeben, und ich selbst habe geschossen...‘ Es wurden etwa fünfzehn Schüsse auf den König und die Königin abgefeuert. Als sie schon auf dem Boden lagen, wurde von Hinzudrängenden noch geschossen. ‚Ich will Ihnen noch bemerken‘, fuhr Hauptmann Nezitsch fort, ‚daß der König beim Fallen die Arme ausgestreckt hielt und daß ihm durch Säbelhiebe vier Finger an beiden Händen durchschlagen wurden. Auch sonst bekam er mehrere Hieb- und Stichwunden, und ebenso erging es der Königin. Der König fiel mit dem Haupt nach rechts gegen den ersten Kasten, die Königin über seine Füße gegen den Mittelkasten...‘"

Draga Maschin ist durch Säbelhiebe eine Brust abge-

trennt worden, in ihren Bauch wurden mehrere Säbel ge-
stoßen, ihr Körper war mit Spuren von Fußtritten übersät.

Das alles hörte der alte Kaiser in der heißen Sonne am
Michaelerplatz. Er entließ den Grafen Goluchowski und
folgte dem Allerheiligsten weiter über den Kohlmarkt und
den Graben. Ein Bataillon der Kaiserjäger schoß neben der
Pestsäule die Generaldecharge, und die Musikkapelle fiel
ein. Alles vollzog sich so wie seit Jahrzehnten beim Umgang in der inneren Stadt; in den Druckereien der Blätter
jedoch rasten die Pressen mit den Extraausgaben. Und als
das Volk vom Umgang zurückströmte, dröhnte der heisere
Ruf „Extraausgabe, Extraausgabe..."

Der kleine Knabe saß im weißen gestärkten Matrosenanzug bei seinem Soda mit Himbeer in der Schwemme der
„Stadt Brünn" neben seinem Onkel, der umständlich das
Extrablatt des Neuen Wiener *Tagblatts* vorlas. Und der
kleine Bub ahnte nicht, daß ihn diese Extraausgabe nach
Przemyslani und Rawa Ruska führen würde, von Schlachtfeld zu Schlachtfeld...

Mit dem in Genf harrenden Peter Karageorgewitsch kam
der Nachfahre eines einstigen Grenzerkorporals auf den serbischen Thron, ein Mann, der sich ganz und gar Rußland
verschrieben hatte, unter dessen Regierung die „Schwarze
Hand" den Ersten Weltkrieg entfesselte, die Zertrümmerung
Europas ihren Anfang nahm, die Büchse der Pandora sich
öffnete. Und das alles begann in jener schönen, sternenbe-
säten Juninacht...

ISCHL: RESIDENZ *EN MINIATURE*

Es gibt wenige Orte auf der Welt, die so sehr im Banne einer Persönlichkeit stehen wie Ischl. Wenn auch Kaiser Franz Joseph schon lange tot ist, liegt es doch ganz im Schatten der Francisco-Josephinischen Ära.

Eine kleine Stadt von 13.000 Einwohnern, mitten zwischen den Kalksteinbergen um die Traun herum, war Ischl von 1831 bis 1916 ein Ort mit einer Serenissimus-Atmosphäre, durch dessen Gassen fünfundachtzig Jahre lang Hofluft wehte, dessen Bewohner fünfundachtzig Jahre lang im allerhöchsten Schatten lebten und webten.

Ischl und das Salzkammergut sind ein Produkt der Romantik. Zur Biedermeierzeit kam das alles erst in Mode, und sehr bald war es schick, sich die Volkstracht anzuziehen, die damals noch nicht kurze Lederhosen und nackte Knie kannte, sondern lange schwarze Lederhosen, die bis unter die Knie reichten, gefolgt von blütenweißen Wollstrümpfen und hohen Schnürschuhen, die bis zur halben Wade gingen. Dazu trug man einen langen, auf Taille geschnittenen grauen Rock, eine grüne Weste und einen hohen grünen Filzhut mit breiter Krempe, der von einem mächtigen Stoß Spielhahnfedern geziert war. Ein enges, unbequemes, aber sehr rassiges Kostüm. In Wien witzelte man auf der Bastei über die Ischler Fexe, aber traf man in Ischl ein — nur die *crème de la crème* kam damals —, war es das erste für einen Löwen der Gesellschaft, sich ein Ischler Gewand anmessen zu lassen.

Die Baronin Luise von Sturmfeder, die Aja des Babys Franz Joseph, war 1831 das erstemal mit dem einjährigen

Knaben in Ischl, und in einem ihrer berühmten Briefe schrieb sie am 27. Juni 1832 aus Ischl: „Neulich war ich mit dem Kleinen spazieren, einige Leute sahen ihm lange zu. Der Weg war ziemlich schlecht und abschüssig. Er ging recht gut allein. Da hörte ich eine Frau recht laut sagen: ‚Ich möchte nur wissen, warum sie das Kind allein gehen läßt, es könnte ja doch fallen, aber sie gibt ihm keine Hand.' Es unterhielt mich sehr, und ich tat nicht, als wenn ich es gehört hätte. Ich erzählte es, und die gute Kaiserin [Karoline Augusta, die letzte Frau des Kaisers Franz] sagte mir: ‚Warum haben Sie ihr denn nicht gesagt, warum Sie es tun?' Neulich begegnete ihm ein Tiroler. Der schaute ihm lange zu, dann sagte er: ‚Nicht wahr, das ist der kleine Prinz?' ‚Ja.' ‚Nun, Gott behüte ihn! Ein Tiroler Kind könnte nicht stärker aussehen!'"

Die Baronin Sturmfeder war eine alte Jungfer, ihr Geliebter war 1814 in Frankreich gefallen, aber sie hat das Kleinkind erstaunlich modern erzogen.

Daß dem zweijährigen Franz Joseph alles nachschaute, ist erklärlich, denn ganz Österreich wußte, daß er einmal in fernen Zeiten Kaiser werden würde. Der König von Ungarn, Ferdinand, der dem Kaiser Franz nachfolgen sollte, war schwachsinnig und impotent. Das wußte jedermann. Daß der Kleine aber schon nach sechzehn Jahren Kaiser werden würde, das konnte damals noch niemand ahnen.

Die Kaiservilla, welche später durch Hinzufügung der beiden Seitenflügel einem Schlosse ähnlich wurde, war damals, als Erzherzogin Sophie, Franz Josephs Mutter, sie von Dr. Elty kaufte, ein sehr bescheidenes Gebäude. Im Grunde ist sie das bis auf den heutigen Tag geblieben. Für die Herrschaft gab es damals wenig Raum, für die Dienerschaft überhaupt keinen. Die Familie des Kaisers Franz, der eine seltsame Mischung aus Spießer und Grandseigneur gewesen ist, war von allem Anfang an auf eine schlichte Bürgerlichkeit dressiert worden, und so hat die ganze damalige Familie Habsburg-Lothringen eine etwas komische Neigung

66

zu bürgerlicher Einfachheit gehabt. Die in der Spitzweg-Zeit aufgekommene Liebe für das „Land" ließ sie über Mängel hinwegsehen. Wohnte man doch sogar in der Wiener Hofburg mitunter sehr unbequem und gedrängt; die Sturmfeder hat recht geklagt, daß es vom Pissoir der später „Burggendarmen" genannten Hofburg-Leibwache erbärmlich in die Räume des kleinen Franz Joseph, die sie mit ihm im Schweizerhof bewohnte, hinaufstank.

So hat man sich denn auch in Ischl beholfen, so gut man konnte. Dienerschaft war nur in geringer Zahl vorhanden, und in der Villa hat es bis zum Untergang der Monarchie nie eine Küche gegeben. Diese war in einer eigenen Baracke untergebracht, von der die Speisen in langen Prozessionen zur Hoftafel gebracht wurden, in geheizten Tragkisten, die wie altmodische Eisschränke aussahen. Unter Vorantritt von Hof-Zuckerbäckern und Hof-Kelleroffizianten in Uniform — kaffeebrauner Frack mit Goldstickerei, weiße Kniehosen und Strümpfe, goldene Degen an der Seite — bewegte sich der Zug durch lange, wettergeschützte Laubengänge, während ein Hof-Wirtschaftsadjunkt in dunklem Zivilanzug mit Zylinder jede Speise zu kosten hatte. Der Chefkoch wandelte mit, von Kopf bis Fuß in Blütenweiß.

Das Kind Franz Joseph erlebte seine ersten Jagdabenteuer und Schützentriumphe auf den Bergen um Ischl. Er hat sie nie vergessen und ist immer ein leidenschaftlicher Jäger geblieben. Wirklich interessiert hat ihn sein ganzes Leben hindurch nur eines: die Jagd. Alles andere war ihm Pflicht. Ein Buch las er kaum jemals, aber ins Theater ging er manchmal, auch in das kleine Ischler Theater, das nach seinem Tode wunderliche Schicksale erlebt hat.

Seit seiner Beziehung zu Katharina Schratt, die er das erstemal auf der Bühne des Burgtheaters sah, ging er mehr ins Theater, und auch in Ischl sah man ihn oft in der Hofloge, aus der er sich allerdings meist nach dem ersten Akt zu entfernen pflegte — er ging früh zu Bett.

Die Kaiservilla wurde noch in seiner Jugendzeit erweitert,

und es gab dort schließlich fast fünfzig Räume, die durchwegs alles andere als einen kaiserlichen Eindruck machen. Im Grunde sind es bürgerliche Zimmer aus der Gründerzeit, wie auch Kaiser Franz Joseph, obwohl der letzte Monarch des *ancien régime,* ein bürgerlicher Mensch mit bürgerlichen Lebensgewohnheiten war.

In seinen ersten fünf Lebensjahren besuchte er fast täglich seinen Großvater, den Kaiser Franz, der immer wieder mit ihm spielte, ihn auf den Schreibtisch setzte und in Schönbrunn im Garten mit ihm arbeitete. Zweifellos sind von diesem gekrönten Spießbürger manche Gewohnheiten auf Franz Joseph übergegangen, die er sein ganzes Leben lang nicht mehr ablegte. Darunter auch die, daß sich ihm in seinen Wohnräumen nie eine Zivilperson anders als im Frack nähern durfte. Auch in Ischl wurde das so gehalten. Zweifellos war dies eine Erinnerung an die Biedermeierzeit, in der jeder bessere Mensch stets einen Frack trug und nur das „Volk" sich in kurzen „Spenzern" herumtrieb.

Das Landschaftsgefühl der Romantik fand in der Ischler Kaiservilla seinen Ausdruck. In den an sich bescheidenen Räumlichkeiten gab es überall Luft, Licht und Raum, einen weiten, freien Blick. Schon der Empfangssalon mündete auf einen Balkon mit entzückender Fernsicht über das Ischler Gebirge bis zu den steirischen Höhen. Von allen Fenstern der Kaiservilla sah man nur Park- und Waldanlagen oder das Blumenparterre zu Füßen der Terrasse mit dem plätschernden Wasserspiel, das die Tilgnerische Brunnengruppe umflutete. Tiefer im Park schimmerten zwischen Lärchen, Edelfichten, Ahorn- und Buchenstämmen helle Mauern und Rindendächer. Sie gehörten zum Cottage, wo in verschiedenen Pavillons das engere Gefolge und die Dienerschaft untergebracht waren. Die Ischler Kaiservilla war eine permanente Improvisation.

Die Gartenanlage vor der im Grunde so schlichten Villa stammte aus dem Jahre 1854 und war von dem damaligen Hofgärtner Rauch entworfen worden, ganz im Geschmack der französischen Ziergärten. Der Stil des *second empire* herrschte damals in der ganzen eleganten Welt. Wie im Park von St. Cloud und Fontainebleau füllten Heliotrop und Geranien, die blaßblütigen, niederstehenden Rosen „Malmaison" und die hochstämmigen „Maréchal Niel" und „Gloire de Dijon", von Gladiolen umgeben, die Beete. Palmenwedel und breitblättrige Saftbananen steuerten eine exotische Note bei.

Der Übergang von dieser halbtropischen, dem milden westeuropäischen Klima zugehörenden Flora zu der einheimischen, wettertrotzenden Pflanzenwelt des weiteren Parkes, der sich allmählich gegen Jainzen zu in einen Naturwald verlor, war trefflich gelöst. Die Wege des Parks waren mit feinem goldschimmerndem Kies bestreut. Kein Ton drang von der Welt in die kaiserliche Stille.

Der wesentliche Schmuck der Kaiservilla, dieses ursprünglichen Waldhauses, bestand aus Erinnerungen an die Tierwelt dieser Wälder. Besonders die Korridore und die Durchgangszimmer zu den Privatgemächern des Kaisers waren ein kleines naturhistorisches Museum. Geweih reihte sich an Geweih, eine geradezu unübersehbare Schädelstätte erlegten Wildes. Für einen Nichtjäger ein schwer verständlicher Genuß. Jedes Stück war mit Datum und Herkunft bezeichnet. Vom Kopf der weißen Gemse von der Hohen Schrott angefangen bis zu den in der Wut des Kampfes unlösbar ineinander verstrickten Hirschengeweihen aus Gödöllö, von dem kolossalen Achtzehnender aus Mürzsteg bis zu den zahllosen Gams- und Rehkrickeln eines langen Jägerlebens. Viele Hunderte von Trophäen mußten die Saaltürhüter täglich abstauben.

An die Geweihe reihten sich aus Holz geschnitzte Jagdszenen, Arbeiten der oberösterreichischen Fachschulen. Dunkles, reiches Getäfel und Wandfüllungen aus heimischem Zirbel- und Eichenholz bildeten den größten „Zierat" der Villa, die sich somit eigentlich als eine endlose „Bauernstube" darstellte. Nur im „Credenzzimmer" stand auf Büffets und Konsolen ein herrliches altes Meißner Service. Es war der einzige Hausrat, der durch seine Kostbarkeit auffiel, und das einzige wirkliche Kunstwerk, das es in der Kaiservilla gab.

Ischl ist in den vielen Jahrzehnten, in denen es kaiserliche Sommerresidenz war, zu dem einzigartigen Ort geworden, der es durch Menschenalter hindurch bleiben sollte.

Die Kabinettskuriere kamen und gingen täglich, die Minister erschienen zum Vortrag, der Kaiser stand um vier Uhr früh auf und erledigte bis acht Uhr abends Akten. Ischl war im Sommer das Zentrum eines Fünfzigmillionenstaates, und so kam es, daß der Adel und die *haute finance* in der heißen Jahreszeit ebenfalls hierherkamen, Kreise, die neue Kreise nach sich zogen. Musiker, Literaten, die großen Schauspieler ließen sich hier nieder. Leute, die einfach Geld besaßen, und solche, die an diesem Geld verdienen wollten, erweiterten von Jahr zu Jahr die Reihen und drängten sich durch jede etwa entstehende Spalte ein wenig mehr nach innen, ein wenig mehr nach oben.

Die Hauptunterhaltung des Ischler Publikums war die Vormittagspromenade auf der Esplanade. Hier vereinigte sich die erste, die beste und die gute Gesellschaft der Monarchie mit eleganten Hochstaplern und Damen der Halbwelt. Die Esplanade war eine enorme Lästerallee mit reizenden Aussichten auf Natur und Kunst. Die pikantesten und die schönsten Frauen promenierten hier, und jahrelang schlug der bösartigste und ätzendste Klatsch und Tratsch in der Mittagstunde hohe Wellen. Was hier komponiert, kolportiert, von Mund zu Mund, von Blick zu Blick, von Haus zu Haus expediert wurde, genügte, um viele legitime und illegitime Bande zu sprengen.

Nach dem Mittagessen machten die Herrschaften ein Schläfchen und fuhren dann per Wagen nach Laufen oder Strobl. Die Bequemeren verließen aber auch am Nachmittag nicht die Esplanade, sondern spielten in einem der vielen Kaffeehäusern Tarock. In Ischl wurde Tarock gespielt wie kaum an einem andern Platz der Erde. Die musikalische Welt — besonders Johann Strauß, Brahms und Alfred Grünfeld —, aber auch die Literaten verbrachten zahllose Stunden am Tarocktisch.

Der Höhepunkt der Ischler Saison war der 18. August, der Geburtstag des Kaisers. Schon am Vorabend erglänzten die Ufer der Traun stundenlang im blendenden Glanz des bengalischen Feuers. Das ganze Tal schien sich in roten, grünen und blauen Flammenwellen zu wiegen. Lange Zeilen von Lampions begleiteten weithin die Flußufer. Knisternde Strahlenbündel schossen aus dunklen Bosketten zum Nachthimmel empor, Schwärmer stiegen hoch, Feuerräder sprühten, zischend tauchten Sterne auf und versanken glühend lautlos in den rauschenden, dunklen Wellen. Schon am frühen Nachmittag hatten viele Bergsteiger mit vollen „Almkraxen" auf den Rücken den Ort verlassen und den Aufstieg zu den vielen Höhen um Ischl herum begonnen. Keine dieser Bergspitzen blieb an diesem Abend unbeleuchtet. Einem Heer von Irrlichtern gleich zogen Fackeln durch die dunklen Tannenwälder, nach Dunkelwerden schlugen die Flammen der harzgetränkten Scheiterhaufen von den freiliegenden Almwiesen empor, und bis in die späte Nacht hinein schallte von Gipfel zu Gipfel das „Jucherzen" als Ankündigung des kommenden Freudentags.

Am Morgen glaubte man beim ersten Augenaufschlag, daß noch die Bergfeuer loderten, aber bald sah man in der frühen Sonne, daß es die zahllosen Fahnen waren, die buchstäblich jedes Ischler Gebäude ausgesteckt hatte. Schwarz-Gelb und Weiß-Rot dominierten, doch mischte sich auch gern das fröhliche Blau-Weiß des nah verwandten Bayern hinein. Vom ersten Tagesgrauen an hatte das Krachen unaufhörlicher Böllerschüsse die Luft erschüttert. Musik erklang auf allen Straßen und Plätzen. Die Veteranen zogen unter Trommelwirbel ein, die Freiwillige Feuerwehr rückte mit glänzenden Helmen unter Trompetengeschmetter in die Gassen, die Salinenkapellen von Hallstatt, Ischl und Ebensee marschierten mit schallender Blechmusik hinter ihren Salinenmeistern der Kirche zu, wo die Gendarmerie und Finanzwache — Militär hat Franz Joseph in Ischl nie geduldet —, die Schulbuben von Ischl und Ebensee, der Gemeinderat, die Kurkommission, alle Oberoffiziale und Hofräte der verschiedenen Behörden mit Dreispitz und goldenen Beamtensäbeln und fast das gesamte Ischler Kurpublikum Aufstellung genommen hatten, um der Auffahrt des Hofes zum Festgottesdienst beizuwohnen. Zu diesem erschienen nur die Erzherzoge und Erzherzoginnen sowie die verwandten bayrischen Prinzen. Er selbst wohnte nach der Gratulation der höchsten Herrschaften in der Kaiservilla nur einer stillen Messe bei, die der Hof- und Burgpfarrer las.

Zum Hofdiner am Nachmittag durfte auch der Ischler Bürgermeister erscheinen...

Spätnachts oder so früh am Morgen, daß noch niemand wach war, fuhr Franz Joseph zum Jäger-Rendezvous. Die Kavaliere folgten auf stämmigen Haflingern oder zu Wagen. Schattenhaft wischte der Zug dahin durch Mondlicht oder Finsternis, der Morgendämmerung entgegen, und verlor sich am Waldrand. Dort warteten dann die Equipagen oft bis in den späten Nachmittag auf den zurückkehrenden Monarchen. Wurde es in Ischl bekannt, daß der Kaiser zu einer bestimmten Zeit aus einer bestimmten Richtung zurückkehren werde, dann ging ihm ganz Ischl entgegen. Bald brachten die Radler den in den Equipagen wartenden Damen die Botschaft: „Der Kaiser kommt! In zehn Minuten ist er da!"

So verging jahrzehntelang das Leben in Ischl. Die Hofbeamten, die den Kaiser umgaben, wechselten, wurden alt, gingen in Pension, starben. Wer erinnert sich heute noch der Namen Grünne, Crenneville oder Mondl?

Nur Franz Joseph blieb, überlebte sie alle. Ganz vage sind heute nur noch der Generaladjutant Graf Paar, der

Generaloberstabsarzt Dr. Kerzl, der Kammerdiener Ketterl in Erinnerung. Sie waren die letzten, sie haben ihn überlebt. Ischl war der Höhepunkt im Leben des Kaisers. Hier verlor er sein Herz an Elisabeth, hier begann seine lebenslange Tragödie mit ihr. In Ischl, in der „Villa Felicitas", lebte auch Sommer für Sommer Katharina Schratt, die Elisabeth für Franz Joseph ausgesucht hatte, damit er nicht so schrecklich allein sei. Katharina Schratt blieb ihm als einziger Mensch nach Elisabeths Tod. Sie erfüllte sein menschliches Sehnen. Es war nicht groß, es war nicht breit, es war nicht tief. Die Sehnsucht eines Ministerialrates.

Der Hohlweg, der von der Kaiservilla zu der Wohnung von Frau Schratt führte, war durch viele Jahrzehnte hindurch im Sommer jeden Morgen ein Konzentrationspunkt für die Staatspolizei. Galt es doch, den Spaziergang des Kaisers zum Frühstück bei Frau Schratt sorgfältig zu bewachen. Alle fünf Schritte stand hier zur Zeit, wenn die ersten Lerchen sangen, ein Kriminalbeamter oder ein Burggendarm in Zivil, und jeder Mensch, der zu dieser unwahrscheinlichen Tageszeit hier auftauchte, wurde rasch „abgeschafft". Dabei durfte sich keiner der Polizeibeamten jemals vor dem Kaiser blicken lassen! Der wäre vor Ärger über diese Überwachung außer sich geraten, denn er wünschte, daß kein Mensch von seinen Besuchen bei Frau Schratt wissen sollte. Die große Menge der Bevölkerung der Österreichisch-Ungarischen Monarchie hat auch zeit seines Lebens nichts davon gewußt. Nur die Hofkreise, die Spitzen der Bürokratie und der Generalität waren informiert.

Die Kaiservilla hatte knapp Platz für den Kaiser, seine Töchter und deren Kinder. Gäste konnte er nicht bei sich unterbringen, aber da ihn immer wieder Potentaten in Ischl besuchten, wurde ein Hotel in Ischl als Absteigequartier für die Gäste des Kaisers bestimmt. Es war das „Hotel Elisabeth", das der Ischler Postmeister Franz Koch 1868 erbaut hatte.

Ein Großhotel aus der Gründerzeit, stand es durch Generationen. Ein feiner Lavendelduft der Vergangenheit lag über dem Haus, und in seinen fünfundsiebzig Zimmern sind oft sehr folgenschwere Dinge verhandelt worden. Hier ist wohl im wahrsten Sinn des Wortes Geschichte gemacht worden.

Hier im „Hotel Elisabeth" entschied sich unser aller Schicksal. König Eduard VII. von England hatte es sich in den Kopf gesetzt, Österreich auf seine Seite zu ziehen. Er hielt seinen Neffen, Wilhelm II., für einen unberechenbaren Narren, der zu allem fähig war, und so hatte er schon frühzeitig begonnen, die Entente von 1914 aufzubauen. Er setzte alles daran, Franz Joseph dem Dreibund abspenstig zu machen, und kam Jahr für Jahr nach Ischl, um dem alten Kaiser, für den er ein Gefühl tiefer Sympathie hegte, umzustimmen.

Ein größerer Gegensatz als die beiden war kaum denkbar. Der joviale, dicke, großherzige, vertrauensvolle König, der durch seine natürliche Bonhomie bezauberte, und der zurückhaltende, schlanke, resignierende Kaiser, der tiefste Höflichkeit mit der kühlen, glatten Art eines Grandseigneurs verband.

Schon 1905 hatte Eduard auf der berühmten Wagenfahrt, welche die beiden Herrscher ohne Gefolge über Lauffen und Gosau nach Hallstatt unternahmen, alles darangesetzt, und der alte Mann hatte der Überredungsgabe des Königs kaum standhalten können. Man sah bei der Rückkehr, wie angegriffen er durch den Gewissenskonflikt war. Die Furcht vor Deutschland, die angstvolle Erinnerung an Königgrätz zehrten an ihm.

1908 ging Eduard VII. nochmals energisch auf sein Ziel los. Die Situation hatte sich geändert, da Rußland sich auffallend rasch von seinen Schlappen im Fernen Osten zu erholen begann. Es waren schwere Tage für den Kaiser, doch der König erreichte sein Ziel wieder nicht. Franz Joseph war innerlich ganz gebrochen. Die schreckliche Angst vor der Verantwortung, die Möglichkeiten, die Eduard VII. vor ihm aufgebaut hatte, lasteten schwer auf ihm. Er muß wohl einiges von der Zukunft geahnt haben.

Und unser aller Leben hatte sich in dem stillen Zimmer des „Hotel Elisabeth" entschieden, mit dieser starrköpfigen Ablehnung des innerlich zitternden Greises.

Am 12. August 1908 war Eduard VII. in der weißen Uniform eines k. u. k. Feldmarschalls in Ischl am Bahnhof vom Kaiser im zinnoberroten Waffenrock eines britischen *field marshall* empfangen worden. Er fuhr mit ihm in das „Hotel Elisabeth", wo im Vestibül des prächtig geschmückten Hauses der zweite Obersthofmeister, Fürst Montenuovo, die Monarchen empfing, sie unter dem Vortritt des Hofzeremonielldirektors Nepalleck (er trug wirklich diesen kostbaren tschechischen Namen) in die Appartements im ersten Stock geleitete. Im Empfangssalon hatten sich eingefunden — welche Geisterbeschwörung rauscht da in dem Bericht der *Neuen Freien Presse* auf — Prinzessin Gisela von Bayern, des Kaisers älteste Tochter, mit der Hofdame Baronin Rodich, Erzherzogin Marie Valerie, des Kaisers jüngere Tochter, mit der Hofdame Gräfin Bombelles, Erzherzogin Elisabeth, die Enkelin des Kaisers und Tochter des Kronprinzen Rudolf, ferner der Außenminister Freiherr Lexa von Ährenthal mit dem Gesandten Freiherr von Gagern, der österreichisch-ungarische Botschafter in London Graf Mennsdorff, der Gardekapitän Feldzeugmeister Graf Beck, der Generaladjutant General der Kavallerie Alois Graf Paar, Kabinettsdirektor Ritter von Schiessl, Hof- und Burgpfarrer Bischof Dr. Laurenz Mayer, Leibarzt Generalstabsarzt Dr. Kerzl und Flügeladjutant Major Margutti. Unter elf Adeligen gab es drei Bürgerliche in der illustren Versammlung.

Das war so der Stil des Hofes, denn im Grunde verstand sich der so spießbürgerlich veranlagte Kaiser nur mit der Hocharistokratie. Er war eben der „letzte Monarch der alten Schule", wie er sich Theodore Roosevelt gegenüber bezeichnet hat. Er hat sich niemals im Leben eines Liftes bedient, hat niemals einen Telefonhörer mit der Hand berührt, und wenn mit der Maschine geschriebene Akten auf seinen Schreibtisch gelegt wurden, ist er grantig geworden. Er hat zeit seines Lebens nur „Stiefletten" getragen, wie sie in den vierziger Jahren des 19. Jahrhunderts üblich waren, Halbstiefel, die bis zur halben Wade reichten und die man nur mit Hilfe eines Stiefelknechts ausziehen konnte.

Man kann sich Franz Josephs ärgerliche Verblüffung vorstellen, als Eduard anregte, daß der Kaiser mit ihm eine Landpartie per Automobil mache. Franz Joseph konnte den Wunsch seines Gastes nicht abschlagen, und so hat er denn zum ersten- und letztenmal in seinem Leben ein solches ihm unheimliches Gefährt bestiegen. Zu diesem Entschluß mag auch die Tatsache beigetragen haben, daß sein Schwiegersohn, Prinz Leopold von Bayern, ein eifriger Anhänger des Automobilismus war. Er hatte seit einiger Zeit einen Wagen der italienischen Marke Züst.

„Es wurde beschlossen", schrieb der damalige Korrespondent der *Neuen Freien Presse* in geradezu lyrischer Verzückung, „daß der Kaiser an der Seite des Königs seine erste Fahrt in diesem Wagen unternehmen solle. Das Automobil stand unter Pression vor dem Hotel. Der Kaiser und König näherten sich dem Kraftwagen, dessen Tür von einem Diener geöffnet wurde. Der König wollte den Kaiser zuerst einsteigen lassen, aber der Kaiser winkte ablehnend mit der Hand und sagte: ‚Steig Du zuerst ein, Du kennst Dich besser aus!' Der König nahm im Automobil Platz, dann stieg der Kaiser ein. Es folgte Prinzessin Gisela, die Tochter des Kaisers, mit ihrem Sohn, dem Prinzen Georg. Die Prinzessin sagte zum Kaiser: ‚Nimm doch Baumwolle in die Ohren, der Leopold tut es immer, wenn er Automobil fährt.' Der Kaiser lehnte lächelnd ab. Als dann Prinzessin Gisela bemerkte: ‚Wir haben Decken in den Wagen gelegt', meinte der Kaiser: ‚Das brauche ich nicht.' Die Maschine, die den Kaiser auf seiner ersten Ausfahrt führte, war ein schöner fünfzigpferdekräftiger ‚Züst', der in blauer Farbe gehalten war. Da das Wetter dem Regen zuneigte, war das Dach aufgespannt, und die angesammelte Menge in den Straßen sah nur sehr wenig von den Souveränen. Die Maschine setzte sich in mäßigem Tempo in Bewegung. Diesem Wagen folgte Erzherzog Joseph in seinem siebzigpferdigen Mercedes-Wagen und Erzherzog Eugen mit dem Prinzen Leopold von Bayern in einem Brasier-Wagen von vierzig Pferdekräften. Die Fahrt ging durch die Ebenseestraße. In dem herrlichen Trauntal nahmen die Maschinen ein etwas lebhafteres Tempo an und fuhren mit einer Geschwindigkeit von dreißig bis fünfunddreißig Kilometer in der Stunde. In vierzig Minuten war der Attersee erreicht. In Weißenbach wurden die Automobile auf den Platz vor dem Hotel dirigiert. Erst als die Insassen die Wagen verließen, erkannte man den Kaiser sowie die Erzherzoge und die Prinzen. Der Kaiser und der König trugen österreichische Uniform. Sie gingen eine Zeitlang den See entlang, der Kaiser machte den Führer und wies auf die markantesten Punkte des fesselnden Landschaftspanoramas hin. ,Nicht wahr, sehr schön?' sagte er schließlich. ,Eine originell schöne Landschaft von seltenem Reiz', erwiderte König Eduard, ,schon die Fahrt auf den prächtigen Straßen im Wald übertraf meine Erwartungen, aber dieses Bild ist besonders schön.'

Nach kurzem Spaziergang bestieg die Gesellschaft bei bestem Wetter wieder die Wagen. Um fünf Uhr fünf Minuten fuhr das Automobil mit dem König und dem Kaiser wieder vor dem ,Hotel Elisabeth' vor. Die Fahrt hatte etwas weniger als achtzig Minuten gedauert. Das Wetter hatte sich wieder aufgehellt, es war ein ziemlich schöner Tag geworden, wie man ihn nicht erwarten konnte. Auf der Straße hatten sich bei allen Gastwirtschaften, bei allen Bauernhöfen, bei den vereinzelt dastehenden Villen, auf den Wiesen und den Abhängen zahlreiche Menschen angesammelt, die dem dahinsausenden Automobil ihre Grüße nachsandten, und die Hurra- und Hochrufe verhallten in den Lüften..."

Wie ein Märchen aus Serenissimus' Tagen mutet einen

diese Schilderung an, diese Beschreibung einer gemütlichen Landpartie, hinter der so Schicksalsschweres steckte.

Die letzte Besitzerin des „Hotels Elisabeth", die damals ein kleines Mädchen war, erinnert sich, wie sie Franz Joseph mit papierblassem Gesicht und verfallenen Zügen von seiner letzten Unterredung mit Eduard VII. im Empfangssalon des Fürstenappartements, das einem Blumengarten glich, die Hoteltreppe herunterkommen sah, wie er weder nach rechts oder links blickend in den Wagen stieg, sich schwer in die Kissen fallen ließ und wegfuhr. Er hat Eduard VII., der 1910 starb, nicht wiedergesehen.

Die Gästebücher des „Hotels Elisabeth" enthalten eine Fülle von Autogrammen der hervorragendsten Menschen des ausgehenden 19. und des beginnenden 20. Jahrhunderts. Auch Kaiserin Eugenie, die Witwe Napoleons III., hat sich hier eingetragen. Sie soll versucht haben, den Kaiser im Sinne Eduards VII. zu beeinflussen.

Frau Lotte Zauner-Seeauer, die letzte Hotelbesitzerin, hat notiert: „Aufgeregt kommt eines Tages der Hofwirtschaftsdirektor von Prileszky zu meinem Vater und fragt, ob eine Gräfin Montijo Zimmer bestellt habe. Mein Vater bejaht und erwähnt, daß nur die billigsten Zimmer durch das Reisebüro Cook & Sons bestellt worden seien. Sofort ändern, war der Befehl, die Dame ist Gast des Kaisers, es handelt sich um Ihre Majestät die Kaiserin Eugenie.

Die Kaiserin war eine zierliche alte Dame mit sehr viel Charme, und unser alter Herr war denn auch entsprechend reizend, wie ich ihn weder vorher noch nachher je gesehen habe. Als sie in tiefem Hofdecolletée zum Hofdiner fuhr, war ich trotz meiner Jugend von der Schönheit dieser alten Dame bezaubert."

Die Geschichte dieses Hotels spiegelt die Geschichte des alten Österreich mit seinen geistigen und politischen Spitzen wieder, denn neben den dreihundert Grafen und Fürsten, die damals Österreich regierten, kann man im Gästebuch auch die Eintragungen von Hans Makart, Johann Strauß, Johannes Brahms und der ganzen intellektuellen Elite der ausgehenden Monarchie finden. Es gehörte eben damals zum *bon ton,* im Sommer in Ischl zu sein.

Frau Zauner-Seeauer erinnert sich auch noch einer heute fast lächerlich anmutenden, aber damals sehr bedeutungsvollen Szene, nämlich „der Begegnung der Herzogin Sophie von Hohenberg, der Gemahlin des Thronfolgers Franz Ferdinand, mit der Erzherzogin Isabella, welche, wie sämtliche Mitglieder des Kaiserhauses [Anno 1910 zum 80. Geburtstag des Kaisers] in unserem Hotel abgestiegen waren. [Die Erzherzogin hatte einst Sophie Hohenberg, als sie noch Gräfin Chotek und ihre Hofdame in Preßburg war, aus dem Palais gejagt, sobald sie hinter ihre Liebschaft mit Franz Ferdinand gekommen war. Mein Vater führte das Thronfolgerpaar eben auf ihre Zimmer. Die Herrschaften gingen immer zu Fuß und benützten niemals den Lift. Am Treppenabsatz zum ersten Stock traf von oben kommend Erzherzogin Isabella mit der Herzogin von Hohenberg zusammen. Der Hofetikette nach hätte die Herzogin als erste in die Reverenz fallen müssen, doch nicht als Gemahlin des Thronfolgers. Die beiden maßen sich mit einem Blick, um dann gleichzeitig in die beiden gebührende Reverenz zu fallen. Auch bei der Auffahrt zum Hofdiner mußte das ganze Erzhaus, das in der Hotelhalle auf das Thronfolgerpaar wartete, in die Hofreverenz fallen, als sie am Arme des Thronfolgers die Stufen herabkam. Diese sich verneigende Wolke in Weiß und Rosa war ein wunderbarer Anblick . . .“

Sicher ist das alles dem Kaiser hinterbracht worden, und es ist bei seiner Geistesart kein Wunder, daß sein erster Ausspruch, als er vom Attentat in Sarajewo erfuhr, lautete: „Schrecklich, schrecklich! Die Vorsehung hat die Ordnung wiederhergestellt, die ich mit meinen schwachen Händen aufrechtzuerhalten nicht fähig war.“

Auch nach dem Ende der Monarchie sind im „Hotel Elisabeth" nur die „feinsten Leut'" abgestiegen. Was man halt so für fein gehalten hat...

SCHICKSALE AUS DER BELETAGE

NACHWUCHSPFLEGE IM ALTEN WIEN

Das Kind in der Welt der Großen — das war in der „guten alten" Zeit eine Sache, die so anders war heutzutage, daß man's gar nicht glauben kann, wenn man davon liest. Prügel, Prügel und wieder Prügel, die gab's im Kinderleben damals täglich.

Ein Maß für die Anzahl der Schläge, die im Mittelalter ein kleines Kind bekam, ohne daß die Großen es böse meinten, bietet die Erinnerung Martin Luthers, der erzählt, daß ihn der Lehrer als ABC-Schützen an einem Vormittag fünfzehnmal prügelte. Und wenn noch im 18. Jahrhundert der Lehrer Johann Jakob Häberle am Ende seiner Lehrtätigkeit feststellte, daß er 24.010 Rutenhiebe während des Unterrichts und 36.000 für nicht erlernte Liederverse verteilt hatte, die „Handschmisse", „Kopfnüsse", „Notabenes" mit Lineal und Lesebuch nicht gezählt, so kann man sich ein schönes Bild von seiner Klasse machen.

Es darf nicht vergessen werden, daß vor vierhundert, fünfhundert Jahren das Leben von einer ärmlichen Einfachheit, aber auch Roheit war, die uns heute unfaßbar sind. Ungeziefer war damals in allen Gesellschaftskreisen nichts Ungewöhnliches. Aus praktischen Gründen wurden die Kinder sehr fleißig gekämmt. Die Mutter sang dabei Reime, und wie ein Schriftsteller des Mittelalters, Gailer von Kaisersberg, erzählt, „tut die Mutter also dem Kind, so sie kämmt und es weinet: Sie zeigt ihm die Läuse und spricht: ,Laßt du sie dir nicht herunter tuen, so tragen sie dich in den Wald...' Man droht dem Kind auch mit dem Läusebürgermeister, der es in den Wald tragen und mit Läuse-

und Flohsuppen bewirten würde." Zu dieser Einzelheit kör-
perlicher Erziehung mag noch die Tatsache angemerkt sein,
daß das Erzählen von Geistergeschichten in keiner Kindheit gefehlt hat.

Selbstverständlich hat Zärtlichkeit und Liebe, die Sorge,
daß sich das Kind im Lebenskampf bewähren möge, auch in
alten Zeiten die Gefühle der Eltern beherrscht, aber die allgemeine Roheit war eben unglaublich groß. Erziehungs-
methoden, wie sie damals herrschten, würden heute die
Eltern vor Gericht bringen. Die Familien waren kinder-
reich, wenn auch einer Mutter von zehn bis zwölf Kindern
in der Regel die Hälfte starben.

Martin Luther, dessen Eltern arme Leute waren, ist von
seiner Mutter blutig geschlagen worden, weil er ohne ihre
Erlaubnis eine Nuß knackte. Sein Vater hat ihn so gezüchtigt, daß das Kind vor ihm floh und sich erst nach und
nach wieder an ihn gewöhnen mußte. Welche Neurosen
würde das heute zur Folge haben — aber Anno dazumal
war das Leben eine harte Auslese der Widerstandsfähigsten.

Was man in der damaligen Schule lernte? In der berühmten Wiener Bürgerschule zu St. Stephan — sie stand an der
Stelle des späteren Churhauses — recht viel, sie wurde aber
nur von einer kleinen Auslese von Kindern besucht. In den
späteren „Stadtschulen" war es anders. Aber da es keine
Schulpflicht gab und jedermann kommen oder wegbleiben
konnte wie er wollte, war diese Bildung eine ziemlich frag-
würdige Angelegenheit. Man lernte dort Lesen, Schreiben
und Latein. Um Rechnen zu lernen, mußte man zu einem
„Rechenmeister" gehen.

Die Schule begann im Sommer um fünf, im Winter um
sechs Uhr früh. Ferien gab es nicht, aber viele Feiertage.
Die Schulräume waren unter aller Kritik, die erzieherischen
Tendenzen der Lehrer ebenso. In jeder Schule gab es einen
vom Lehrer aus den Kindern ausgewählten Aufpasser, den
„lupus" (Wolf), der jeden Kollegen aufzuzeigen hatte, wenn
er deutsch statt lateinisch redete, wenn er fluchte, schwor

oder ein „unzüchtiges" Wort gebrauchte. Schüler, die schlecht lernten, wurden öffentlich verspottet. Zu diesem Zweck hing im Schulzimmer das Bild eines Esels oder ein aus Holz ausgeschnittener Eselskopf, der sogenannte „Asinus". Den mußte der betreffende Unglückswurm sich umhängen. Manchmal war es auch ein richtiger Esel aus Holz, auf dem er reiten mußte. Sonst hieß es auf der Kante eines Holzscheites oder auf Erbsen knien. Die Strafe des Eseltragens hat sich bis in das 19. Jahrhundert erhalten. Übrigens haben weder die barbarischen Prügel noch die haarsträubende Pädagogik die Kinder vom Toben, Brüllen und Unartigsein abhalten können, wie man in alten Berichten lesen kann.

Unter den adeligen Herren gab es bis ins hohe Mittelalter viele Analphabeten; die ritterlichen Leibesübungen standen im Vordergrund. Die Fürstenkinder mußten wohl viel lernen, aber ein paar „Prügeljungen" lernten mit ihnen, die prügelte der Schulmeister durch, wenn der Prinz nichts konnte.

Die Universitätsstudenten — man wurde mit dem fünfzehnten oder sechzehnten Lebensjahr immatrikuliert — führten ein freieres Leben. Sie sollten zwar in der geistlichen Kutte herumlaufen, hielten sich aber oft nicht daran und trugen ein Schwert an der Seite. In der Wiener Geschichte sind ihre Raufereien mit Handwerkern berüchtigt. Ein unsäglich blutiger Kampf tobte einmal in der Ofenlochgasse (der heutigen Kleeblattgasse), als sie in einem Haus einen Schneider auf der Treppe anrempelten. Ein wahres Gemetzel richteten sie unter den Sieveringer Weinhauern an. Einmal ließ der Bürgermeister ein Dutzend von ihnen durch „Skartdiener" packen und wegschleppen und wollte ihnen die Köpfe vor die Füße legen — man hatte ihn, als er an der Universität vorüberritt, mit Steinen beworfen. Aber der Rektor lief zum Herzog, der die Buben vor dem Schwert des Freimanns rettete.

Ihre sexuellen Ausschweifungen kannten keine Grenzen.

Die Wienerinnen des Spätmittelalters hatten allerdings wenig dagegen einzuwenden, und wenn in den Hausordnungen der Bursen, der Studentenheime, die um die Universität herum in der heutigen Schönlaterngasse, Bäckerstraße, Postgasse, am Fleischmarkt lagen, es streng verboten war, Frauen auf die Kammer zu führen und „offenkundig mit ihnen Unzucht zu treiben", so sagt das genug über die skandalöse Praxis. Übrigens hatte jeder „Stipendiat" einen Kollegen, den er mit einer Frau in der Bursa traf, das erstemal mit Verachtung zu strafen, das zweitemal ihn zu ermahnen, das drittemal ihn beim „Provisor", dem Hausverwalter, anzuzeigen.

In den Bursen ging es toll zu, und doch waren sie soziale Institutionen von größter Bedeutung. Gebetet mußte übrigens sehr viel werden. Jeder Stipendiat hatte vor oder nach den üblichen Gebeten den 50. Psalm, das Vaterunser für das Seelenheil des Stifters und Wohltäters zu sprechen. An den vier Quatembern waren die Totenvigilien vormittags oder abends im Chor laut und vernehmlich zu beten, andernfalls wurde dem Stipendiaten die tägliche Fleischportion entzogen. Wurde er solcher Verstöße halber dreimal ermahnt, wurde er aus der Burse hinausgeworfen.

Reden durfte man im Hause nur lateinisch, verfiel man ins Deutsche, zahlte man einen Groschen Strafe. Jeden Abend fand eine — natürlich lateinische — Diskussion über ein allgemein verständliches Thema statt. Wer daran nicht teilnahm, hatte zwei Pfennig Strafe zu entrichten. Das galt natürlich nur für Bursen, in denen zahlende Studenten wohnten; in den Coderien, wo die ganz Armen, die Bettelstudenten, hausten, ging es weit härter zu. Diese Burschen mußten täglich von Haus zu Haus ziehen, in den Höfen singen und betteln.

Es hat über dreißig Bursen in Wien gegeben, die oft äußerst poetische Namen geführt haben, wie die „bursa rubee rose" (Rosenburse). Meistens wurden sie nach dem Gründer genannt, der für seine Landsleute solch ein Institut errichtet hatte. So gab es die Bursa Haydenheim in der vorderen Bäckerstraße, es gab Bursen in der Kumpfgasse, am Laurenzerberg, in der Singerstraße, am alten Fleischmarkt und an vielen anderen Plätzen in Wien. Im Lauf der Reformation sind sie dann fast durchwegs aufgelassen worden.

EDUARD WEYR:
VOM „KAPPELBUAM" ZUM KAVALIER

Zweihundert Grafen und Fürsten haben das alte Österreich beherrscht. Sie waren und blieben unter sich und bildeten die „erste Gesellschaft". Wenn man näher zusieht, so
war aber seit grauen Zeiten in dieser Gesellschaft der Aufstieg der Begabten möglich. Die große Maria Theresia hat
das durch die Gründung des ersten österreichischen Ver-
dienstordens, des Maria-Theresien-Ordens, klargemacht, den
jeder Offizier, auch der von niedrigster Herkunft, erhalten
konnte und der ihm die Baronie nebst viertausend Gulden
jährlichen Einkommens brachte. Und im nachfolgenden sei
die Geschichte eines Wiener Proletarierbuben erzählt, der
im 19. Jahrhundert einen seltsamen Lebensweg zurücklegte.
Die soziale Struktur der vergangenen Monarchie wird dadurch in anschaulicher Weise erhellt.

Vor über hundert Jahren ist er im alten Lerchenfeld geboren und in der Kirche „Zu den heiligen sieben Zufluch-
ten" getauft worden, Sohn eines böhmischen „Schuasters",
eines „befugten Schuhmachers" und einer Köchin aus der
Leitmeritzer Gegend, einer ehemaligen Kaufmannstochter.
In Alt-Lerchenfeld Nr. 10 hauste die Familie, und man muß
sich diese Hinterhof- und Pawlatschenwelt des Brillanten-
grundes nur richtig vorstellen. Noch gibt es heute hie und
da ein Haus aus jener Zeit, einen jener altertümlichen Höfe,
in denen der Brunnen fürs ganze Haus stand, der Abtritt für
alle Parteien sich befand. Ein oder zwei Bäume wuchsen im
Hof. Von Alt-Lerchenfeld übersiedelte die neue Familie bald
auf das Schottenfeld, und dort kam die Lungensucht über

den „böhmischen Schuaster", warf ihn aufs Krankenbett, worin er unter einer rotkarierten „Tuchent" nun durch die Jahre zu husten begann, nur ab und zu fähig, aufzustehen und im Licht der Schusterkugel als Schuhflicker zu arbeiten. Weitere Kinder kamen, die ganze Last lag auf der Mutter. In einem Raum zu ebener Erd' hauste die Familie: Küche, Werkstatt, Schlafzimmer in einem.

Bloßfüßig und abgerissen wuchs der kleine Edi in unbeschreiblicher Armut heran. Wie oft hat es im Sommer nichts als ein paar Zwetschken und ein Schusterlaberl zu essen gegeben! Kaffee war unbekannt, man mußte froh sein, wenn die Mutter zum Frühstück eine Einbrennsuppe machte. Die Mutter, die für den sterbenden Mann und vier Kinder zu sorgen hatte! Sie arbeitete als unbefugte Wehmutter, hausierte mit alten, von ihrem Mann geflickten Schuhen auf der Gasse und in Häusern, ging aushelfen beim Kochen, ging Stiegen reinigen und Wäsche waschen. Und erzog ihre Kinder mit strenger, aber liebevoller Hand. In ihr, der Kaufmannstochter aus Karbitz, glühte ein zäher Wille. Ihre Kinder durften ihren sozialen Abstieg nicht teilen, sie mußten empor.

Edi lernte also das Setzerhandwerk. Auch ihm stand der Sinn nach Höherem, nach einem Zylinder. Er hatte nur ein „Kappel" als Kopfbedeckung und war somit ein „Kappelbua", das Niederste auf der sozialen Leiter im alten Wien. In der *Wiener Zeitung* lernte Edi das Setzen. Er war sehr stolz darauf, bei der „ K. k. Wiener Zeitung" zu sein. Nach zwei Jahren hatte er sich so viel erspart, daß er auf dem Tandelmarkt einen alten Zylinder erstehen konnte. Tief aufatmend grüßte er zum erstenmal die Mutter mit elegantem Schwung.

Die Eleganz des spiegelnden Zylinders änderte sein Lebensgefühl. Auch Wien hatte sich geändert, die Stadtmauern waren verschwunden, die Ringstraße lief kahl, mit beserldürren Bäumen bepflanzt, zwischen leeren Gstättn dahin, und der Edi verlor sein Herz an eine Mehlmesserische, eine

Hausherrntochter. Laßt mich schweigen über so viel Vermessenheit. Man denke, ein Setzerlehrling und eine Hausherrntochter! Nun, der Vater hat es der Tochter schon ausgetrieben. Mit dem Weichselrohr seiner langen Pfeife hat er das Mädel durchkarbatscht, daß sie eine Woche lang nicht hat sitzen können. Als der Edi das erfuhr, rannte er wie ein Wilder vom Setzkasten davon, wo er an den gerichtlichen Versteigerungen setzte, und alles war Schmerz, war Verzweiflung in ihm. In die Donau wollte er gehen. Aber nein: eine heroische Idee kam ihm. Krieg wird es mit den Preußen geben, freiwillig wird er zum Militär, in den erhabenen Heldentod gehen!

Gleich haben sie ihn assentiert, aber es war kein Platz mehr bei den Wiener Regimentern. Und so schickten sie den Edi zu einem slowakischen Infanterieregiment, das krebsrote Aufschläge hatte auf dem weißen Waffenrock und enge himmelblaue ungarische Hosen trug. Eben war es von Italien nach Schlesien gekommen, hatte die Eisenbahn gegen preußische Handstreiche aus dem Glatzer Gebiet zu decken. So lernte der Edi marschieren, das Gewehr schultern und präsentieren unter Dorflinden und vor Ententeichen. Stand Posten bei Eisenbahnbrücken und Weichen. Nichts zeigte sich vom Heldentod. Und nur in den Zeitungen las er von den Schlachten und Gefechten in Böhmen, von der schrecklichen Niederlage bei Königgrätz.

Mitte Juli 1866 war es, als das Regiment Nr. 71, Großherzog Leopold II. von Toskana, zur Armee nach Olmütz befohlen wurde. Und nun lernte der Edi die endlosen Märsche kennen, im Mantel über dem Hemd, den schweren, wachsleinwandüberzogenen Tschako auf dem Kopf, am Rücken den Tornister mit dem aufgeschnallten weißen Waffenrock. Er war zu schonen für den Einzug in Berlin!

Am 15. Juli 1866 um vier Uhr früh brach das Regiment von Powel und Neustift bei Olmütz auf, der verschlafene Edi marschierte tief drinnen in den Doppelreihen seiner

6. Kompanie. Er tat alles, was die andern taten, und sah die Wirklichkeit nur durch einen Schleier. Auf einmal hörte man schießen. Reiter jagten die Infanteriekolonne entlang, der Oberstleutnant, der Edis Bataillon befehligte, stellte sich in den Steigbügeln auf und kommandierte mit lauter Stimme. Die Hauptleute zogen die Säbel und begannen ebenfalls zu kommandieren. Edi verstand nichts, aber seine slowakischen Nebenmänner stießen ihn in die richtige Wendung, als das ganze Bataillon nach rechts Front machte, zum Angriff in „Divisionsmassenlinie" überging. Mit fliegender Fahne brach das Bataillon in ein weites, hohes Mohnfeld ein.

Erst jetzt hörte man in großer Nähe die österreichischen Geschütze krachen. Rechts und links zog sich, so weit man sah, die Linie von Toskana, die mit gefälltem Bajonett in die Mohnfelder einbrach. Blaß im Gesicht hob der Regimentskapellmeister die Hand zum Regimentstambour. Zum erstenmal sollte die „Musikbanda" im Feuer spielen. Pluto, der Trommelhund, bellte dreimal kurz auf. Die preußischen Kugeln pfiffen immer dichter. Im selben Moment erklangen die wirbelnden Takte des Radetzkymarsches. Nichts war da von den blutigen Erfahrungen in Böhmen. So wie sie es auf dem Exerzierplatz gelernt hatten, gingen die tapferen Rastelbinder ohne Schuß in den Kampf. Der Oberstleutnant Schenoha zu Pferd weit vor der Mitte der Linie, die Hauptleute mit geöffneten Mänteln vor ihrer Kompanie, goldgelb leuchtete die Feldbinde über dem weißen Waffenrock. Und die Musik spielte: „Mein Kind, mein Kind, ich bin dir gut — Ich schwör's auf meinen Federhut..." So sang man damals zum Radetzkymarsch.

Immer schneller, immer bösartiger zischten die preußischen Kugeln heran, pfiffen und jaulten, die Rastelbinder fielen zu Dutzenden.

Plötzlich ein erstickter Schrei, das Pferd des Oberstleutnants überschlug sich und verschwand mit seinem Reiter im Mohn. Im gleichen Augenblick spürte Edi zwei Schläge, spürte etwas Heißes am Bein, das ihn plötzlich nicht mehr trug, und er fiel der Länge nach hin. Die Sinne schwanden ihm...

Er erwachte nachts, als man ihn an den Füßen zum Massengrab schleifte. Er war nicht fähig zu sprechen, konnte sich nicht bewegen und wurde in hohem Bogen auf einen Leichenhaufen im Grab geworfen. Entsetzen erfüllte ihn. „Lebendig begraben", zuckte es durch seinen Sinn, als er einen Preußen sagen hörte: „Nehmt den Kerl 'raus, der lebt noch, hat jezuckt..." Im September kam er aus dem preußischen Spital zurück. An einem Stock hinkend, erschien er vor der aufschluchzenden Mutter in Wien.

Die Mehlmesserische sah der Edi nicht mehr. Er mußte beim Militär bleiben, denn er hatte sich gegen drei Gulden Handgeld auf die gesetzliche Dienstzeit verpflichtet. Und so begann er im Mannschaftszimmer zu lernen.

Nach drei Jahren wurde er Feldwebel und legte die Kadettenprüfung ab. Die Offizierslaufbahn stand ihm offen. Da er bei lang andauernden Märschen infolge seiner Beinverwundung zu hinken begann, wurde er zu den Dragonern versetzt. Am 1. November 1871 war er Leutnant. Damals hatte es im Parlament einen großen Krach gegeben, denn die Abgeordneten stellten fest, daß im 14. Dragonerregiment dreißig adelige Offiziere neben nur dreizehn bürgerlichen dienten.

Das 14. Dragonerregiment, das Regiment Fürst Windisch-Graetz, war das vornehmste der Armee. Im Jahr 1878 haben sechs Prinzen, siebzehn Grafen, acht Barone und neun Ritter in diesem Regiment gedient, und so ist es kein Wunder, daß Edi sich am ersten Tag duellieren mußte. Mit einem Husarenoffizier, einem Esterhazy, der in die Offiziersmenage kam, als man sich zum Essen setzte, und laut fragte: „Was? Ihr habt's wieder ein bürgerliches Schwein ins Regiment bekommen?"

Vierzehn Duelle hat Edi im Lauf seiner sechzehnjährigen Dienstzeit bei den Windisch-Graetz-Dragonern ausgetragen, obwohl man ihn bald sehr gut leiden konnte. Aber er forderte jeden, der ihn schief ansah, denn sein soziales Minderwertigkeitsgefühl peinigte ihn bis aufs Blut. Bei diesen Duellen hat er des öfteren Kopfverletzungen davongetragen.

Wie schwer das Leben war! Mit sechzig Gulden Gage im Monat und der Walthörschen Stiftungszulage von hundertachtzig Gulden jährlich mußte er alles mitmachen, was die Kameraden — Millionäre oder Söhne von Millionären — trieben. Er war ein vorzüglicher Reiter geworden, und so kaufte er sich Pferde, ritt sie wundervoll zu und verkaufte sie an die Kameraden. Dadurch hielt er sich über Wasser. Er trank nicht und spielte nicht. Und doch ging seine Karriere einmal beinahe zu Bruch.

Sie waren von Güns in Westungarn, wo das Regiment lag, nach Wien gefahren und spazierten über den Ring. Er in der Mitte, zwischen dem Prinzen Schönburg und dem Grafen Harnoncourt-Unverzagt. Da sah er seine Mutter auf sich zukommen. Einen Korb mit Hausierwaren tragend, sprach sie jeden an, bot ihre Waren feil. Kalter Schweiß trat ihm auf die Stirn. Natürlich wird er sie grüßen, vor den Kameraden grüßen, ihr die Hand küssen. Keine Stunde kann er dann länger im Regiment sein. Aber die alte Kaufmannstochter erriet, sowie sie ihn erkannte, alles und ging auf die andere Ringseite hinüber ...

Bei der Okkupation Bosniens Anno 1878 blieb das Regiment zu Hause, nur Weyr wurde als Kommandant eines Depots für marode Pferde hinuntergeschickt. Bloß von seinem Burschen begleitet, ritt er über die einsamen Wege Bosniens, als er plötzlich auf eine meuternde Traineskadron stieß, die den Rechnungsführer eben an das Rad eines ihrer Wagen gebunden hatte, um alles zu plündern. Er sprengte mitten unter die Tobenden und erschoß auf der Stelle fünf der Meuternden, übernahm das Kommando der Eskadron und führte sie in anstrengenden Märschen ihrem Bestimmungsort zu. Plötzlich begegnete ihnen ein von Husaren eskortierter Landauer. Der Weg war schmal, und der Kommandant der Husaren ließ die Trainwagen umwerfen, worauf ihn Weyr wutbebend stellte. Er hörte auch nicht zu brüllen auf, als er erfuhr, die Gattin des Armeeoberkommandanten befinde sich im Wagen. Seine ganze proletarische Vergangenheit schlug durch, er überhäufte den Armeekommandanten mit Beschimpfungen, und nur die heroische Tat, die er vorher vollbracht, rettete ihn vor Bestrafung. Aber der Orden, der ihm sonst sicher gewesen, blieb ihm versagt!

Nach Güns zurückgekehrt, wurde er nicht wenig beglückwünscht. Und wenige Jahre später heiratete er eine richtige Gräfin. Nur in größter Finsternis, den Kopf in ihrem Schoß geborgen, gestand er ihr seine Herkunft. Sie hat später erzählt, sie habe erwartet zu hören, daß er der Sohn eines Scharfrichters sei, und sie war etwas enttäuscht, als der Schuster herauskam.

Sie lebten glücklich und in Freuden. Die Gräfin war reich, die beiden wollten sich zurückziehen und Güter kaufen. Da starb Eduard plötzlich, als er bei einem Familienfest einen Trinkspruch halten wollte. Er stürzte zusammen, blutete sechs Stunden aus Nase, Mund und Ohren, bis er verschied. Ein Gehirnabszeß, eine Folge seiner vielen Schädelverletzungen in seinen Duellen, brachte ihm mit zweiundvierzig Jahren den Tod.

Am 24. März 1891 berichtete das *Neue Wiener Tagblatt:* „Der Rittmeister im k. und k. Ulanen-Regiment Erzherzog Karl Ludwig, Herr Eduard Weyr, ein hochgeachteter Offizier, der vor längerer Zeit im Dienste durch einen Sturz vom Pferd eine Gehirnerschütterung erlitten hatte, ist vorgestern abends in Wien plötzlich gestorben. Rittmeister Weyr war ein Bruder des Bildhauers Professor Rudolf Weyr. Der Verblichene stand im 42. Lebensjahr. Die Einsegnung erfolgt heute nachmittags um 1 Uhr im Sterbehaus, Weißgärber, Kegelgasse Nr. 2 b."

Ich war gerade elf Monate alt, als mein Vater starb. Er liegt auf dem Döblinger Friedhof begraben.

ADEL VERPFLICHTET NICHT

Das alte Österreich vor 1848 ist uns noch immer Märchen und Wunderland. Backhendlparadies und Dreimäderlhaus, Hauptallee und Praterfahrt, die Krones, Kreuzbandschuhe und Zeiselwagen, das alles mischt sich meist in unserer Vorstellung, wenn das Wort von der guten alten Zeit fällt. Franz Joseph ist ein kleines Kind und steckt der Schildwache einen Guldenzettel in die Patronentasche; der Kaiser Franz geht mitten unter den Leuten spazieren, in einem flohfarbenen Frack so wie der nächste Posamentierer... Das und ähnliches ist uns im Kopf geblieben, darüber hinaus ist uns nicht bewußt geworden, wie denn die alte gute Zeit des Schwind, Schubert und Grillparzer wirklich ausgesehen hat.

Lebte da zu Beginn der zwanziger Jahre des vorigen Jahrhunderts unter den Wiener Hofschranzen der Graf Joseph von Tige, aus lothringischem Uradel, Emigrantenfamilie, und stets so verschuldet, daß er selbst in dieser Welt einen gewissen Ruf genoß. Seit dem Jahre 1823 Oberst des 1. Ulanenregiments, wurde er fünf Jahre später Dienstkämmerer des Kronprinzen Ferdinand, den man den „Gütigen" nannte, aber seine Güte war bloß Schwachsinn. Die Gräfin Tige war eine geborene Apponyi, die Schwester des Pariser Botschafters, und dank dieser Verbindung ist es dem Grafen möglich geworden, in seiner Position jahrzehntelang ein nur auf Betrug und Unterschlagung aufgebautes Leben ohne besondere Unannehmlichkeiten zu führen. Er war ein Spieler und Trinker, vertat Unsummen und pumpte jeden Untergebenen selbst um lächerlich kleine Beträge an, die niemals jemand von dem einflußreichen Dienstkämmerer des Kronprinzen zurückzuverlangen wagte.

So trieb er es viele Jahre, bis der Erzherzog Karl, der Sieger von Aspern, dem die Klagen vieler durch Tige ruinierten Offiziere hinterbracht worden waren, im Hof-Kriegsrat ein Wort fallen ließ. Daraufhin wurde Tige vom Hof entfernt und kam als Brigadier und Generalmajor nach Prag. Man ermesse den verbrecherischen Charakter jener Hofkamarilla an solcher „Strafe"!

In Prag borgte Tige weiter, diesmal auch von der bürger-lichen Kanaille und den Juden, und zwar in solchem Aus-maß, daß von ihm das Prager Sprichwort herrührt, mit dem man später einen verschuldeten Menschen bezeichnete: „Er schuldet nur zwei Leuten, Juden und Christen."

Als Tige nun auch hier der Boden zu heiß wurde und die Gläubiger schon auf offener Straße vor den Fenstern der Generalswohnung lärmten, wandte er sich an Wien um Hilfe, die auch prompt gewährt wurde. Er durfte „ver-schwinden", tauchte als Brigadier in Lemberg auf und wurde dann Divisionär in Stanislau.

Zu dieser Zeit führten seine Neffen, die Grafen Schirn-ding, ihren berühmten Prozeß gegen ihn, der sieben Jahre gedauert hat. Die Mutter der Grafen, Tiges Schwester, hatte nach ihrer Scheidung bei Tige gelebt, und als sie starb, un-terschlug er ihre Hinterlassenschaft. Ihre Kinder prozessier-ten und gewannen, wie gesagt, nach sieben Jahren den Pro-zeß. Tige hatte ihnen das Erbteil samt Zinsen auszufolgen. Was aber geschah? Als der Gerichtsbote ihm das Urteil zu-stellen wollte, jagte er ihn mit geladener Pistole aus dem Haus, und das Urteil blieb unvollzogen, weil es Tige nie zugestellt werden konnte. Die feudale Welt lachte, fand das rasend „fesch", und die Bewunderung für dieses „Kavaliers-delikt" war Tige sicher. Der eine seiner Neffen erschoß sich darauf, der andere starb im Elend.

Im weitesten Ausmaß trieb der Graf die Wechselreiterei, arbeitete mit fingierten Schuldverschreibungen. Wenn es brenzlig wurde, gehörte alles seiner Frau. Kurz, Seine Erlaucht, der Herr Graf, konnten es besser als jeder armenische Teppichhändler.

Tige hatte fünf Töchter und zwei Söhne zu versorgen. Welch unangenehme Last für das Leben eines Hasardeurs! Eines Tages aber verliebte sich ein strebsamer Subalternoffizier aus wohlhabendem Haus in die jüngste Tochter, und seine Bewerbung wurde von Tige gern gesehen. Alles war eitel Wonne, und man rüstete die Hochzeit.

Eines Tages brachte der künftige Schwiegersohn ein Paket mit Wertpapieren, um es an den Hofkriegsrat zu senden, es enthielt die Heiratskaution. Aber der Herr Schwiegerpapa nahm ihm die Mühe ab.

Man stand schon knapp vor der Trauung, als der Herr General auf einmal sagen ließ, er habe sich's überlegt und gebe seine Einwilligung zur Ehe nicht. Der unglückliche Offizier war so perplex, daß ihm sein Geld erst nach einiger Zeit einfiel. Wie ward ihm aber, als der Herr Feldmarschalleutnant kurz und grob erwiderte, er habe nichts bekommen und habe nichts zu geben. Es gab keine Zeugen, und gebrochen wankte der Betrogene in die Offiziersmenage, wo er den Kameraden die schändliche Geschichte erzählte. Sie sprach sich schnell in den Garnisonen herum und kam auch dem Kriegsminister Clam-Martinic zu Ohren, der Tige nach Wien kommen ließ. Der Graf leugnete alles, und es wurde daraufhin das kriegsgerichtliche Verfahren wegen Verleumdung gegen den Betrogenen eröffnet. Tige schwor bei der Verhandlung einen Meineid. Infolgedessen wurde der Subalternoffizier zur Degradierung und sieben Jahren Kerker verurteilt. Alles war in schönster Ordnung. Tige reiste nach Hause, und es hieß, daß er bald Regimentsinhaber werden würde.

Nun trug es sich nach Jahren zu, daß bei einem Ball in Gegenwart des Erzherzogs Albrecht, des Landeskommandierenden von Niederösterreich, über Tige und seinen Prozeß gewitzelt wurde, worauf der Erzherzog im Fortgehen meinte: „No, dem Tige trau' ich's schon zu, daß er falsch schwört..."

Daraufhin machten sich Tiges Gegner wieder an die Arbeit, jetzt deckte ihnen ja ein Erzherzog den Rücken. Auf einmal wurde das Verfahren gegen den unglücklichen Offizier, der irgendwo in Munkacs oder Komorn in Ketten saß, wieder aufgenommen und die Polizei erst jetzt beauftragt, dem Verbleib der fraglichen Papiere, deren Nummern bekannt waren, nachzuforschen. Man fand bald heraus, daß sie vor Jahren an einen Wiener Bankier verkauft worden waren, und ihr Verkäufer war niemand anderer als der Graf Tige gewesen.

Nun brach mit einem Schlag das Lügengebäude des Betrügers zusammen. Der junge Offizier wurde wieder in seine Charge eingesetzt und dem General der Prozeß gemacht. Er wurde zur Degradierung, Verlust des Adels, sämtlicher Orden und zu zwei Jahren Festung verurteilt.

Jetzt aber schritt die Hofkamarilla ein. Er war doch einer der Ihren und kein Kommißgeneral! Es wurde intrigiert und protegiert, und nachdem viele Male eine Hand die andere gewaschen hatte, war es erreicht: Tige brauchte seine Haftstrafe niemals abzusitzen, und Kaiser Ferdinand der „Gütige" unterschrieb eine allerhöchste Entschließung, die der Gräfin Tige eine jährliche Gnadengabe in der Höhe der Jahresgage eines Feldmarschalleutnants zusicherte.

Als würdiger Greis mit großer Vergangenheit ist Graf Joseph Tige im Jahre 1870 in allen Ehren gestorben.

Franz I. aber hatte auf das Burgtor schreiben lassen: *Justitia regnorum fundamentum.*

ANSELM VON GRÜBER:
MILITÄRKARRIERE ALS ANFANG VOM ENDE

Der Papa wollte um alles in der Welt einen Juristen aus ihm machen, aber der Bub wollte nicht! Er war der einzige, der mit seiner Schwester Anna von zwölf Kindern am Leben geblieben war.

Justament wollte er zum Militär! Damals, um das Jahr 1800, sah ja das Militär überall auf der Welt großartig aus, schimmerte von Farben, Knöpfen, Fangschnüren, Epauletten und funkelnden Helmen.

Der Knabe Anselm von Grüber war in größtem Luxus aufgewachsen, denn sein Vater war bayrischer Hofrat und „Pflegekommissär", ein wahrer Pascha. Um die Ausbildung des Kindes hatte er sich jedoch nicht gekümmert, und Anselm stand dem praktischen Leben ahnungslos gegenüber. So war die Uniform sein einziger Traum. Das Klammern an ein Kostüm sollte sich für ihn nicht lohnen, wenn er auch dem Leben in Uniform die tiefsten Eindrücke trauriger und aufregend-froher Art verdankte. Sollte er jemals Reue empfunden haben, so ist sie wohl für ihn in jedem Fall zu spät gekommen.

Zuerst ging alles seinen natürlichen Gang: Er ließ sich, siebzehn Jahre alt, am 15. September 1800 in Regensburg zum kaiserlichen Militär assentieren. Er wurde zu den Herzog-Albrecht-Kürassieren nach Ödenburg ins „Depot" geschickt, wo er einen Monat lang im Reiten, Exerzieren und Fechten „dressiert" wurde und dann mit einem Transport zu dem am Rhein stehenden Feldregiment kam, das unter dem kleinen Obersten Graf Radetzky, dem berühmten späteren Marschall, gegen die Franzosen kämpfte. Am 3. Dezember 1800 wurde der Junge bei Hohenlinden verwundet, und das, was er nun erlebte, ist für den Zustand des Militärsanitätswesens jener Zeit charakteristisch. „Ich war damals", erzählte Grüber in seinen Erinnerungen, „am rechten Flügel der Obrist-Eskadron hinter der ersten Rotte im zweiten Glied einrangiert. Mein Rittmeister, Eskadronskommandant Borovjak, bemerkte mein auffallend blasses Aussehen. ‚Wie es scheint', sagte er zu mir, ‚haben Sie, mein lieber Kadett, das Kanonenfieber!' Bevor ich ihm noch antworten konnte, entgegnete der im dritten Glied hinter mir stehende Kürassier: ‚Herr Rittmeister, er hat ja einen Schuß im linken Fuß.' Im nämlichen Augenblick empfand ich den Schmerz, sah hinab und bemerkte ein Loch in der Größe einer Musketenkugel an meinem Stiefel, fühlte aber zugleich auch warmes Blut im Innern des Stiefels selbst. Ich zog mein Pferd aus dem Glied heraus, ein Korporal ritt mit mir eine kleine Strecke rückwärts, wo man einen Verbandplatz etabliert hatte.

Die Ärzte unseres Regiments hatten dort ihre Bandagen und Instrumente auszulegen angefangen, und man brachte bald mehrere Verwundete, teils von unserem Regiment, teils von der in unserer Flanke gestandenen Infanterielinie. Da ich zum Absteigen vom Pferde mich nicht mehr auf den linken Fuß stützen konnte, wurde ich vom Pferde gehoben, der Stiefel unter wütenden Schmerzen abgezogen und die Wunde untersucht. Blut entströmte dem Fuß in Massen, in dem die Kugel von einem Baume herab in das linke Wadenbein eingedrungen war und stecken blieb, weil unsere damaligen Reiterstiefel von gebranntem Rindsleder waren, großen Widerstand leisteten und so die Kraft der Kugel hemmten. Man legte mir in Eile einen Verband an. Da mittlerweile einige Wagen aus einem benachbarten Dorfe, mit Stroh belegt, herbeigeholt waren, so legte man uns auf selbes und schickte uns mit einer Eskorte ins Feldspital nach Braunau in Oberösterreich zurück. Bekanntlich ging die Schlacht von Hohenlinden für Österreichs Armee verloren, und die eiligste Retirade begann, als die mit Blessierten beladenen Bauernwagen die Landstraße nach Braunau betraten. Es hatte sich eine große Wagenkolonne gebildet, welche, von der nachrückenden Armee gedrängt, ohne den geringsten Aufenthalt nach Braunau Tag und Nacht fortfahren mußte. In Braunau angekommen, war man eben mit dem Aufladen der dort im Feldspital gelegenen transportablen Kranken und Blessierten vollauf beschäftigt, wozu eine Menge kaiserlicher Fuhrwerke bereit stand. Auch die Neuangekommenen wurden von den Bauernwagen, deren Gespanne nicht mehr vom Fleck kommen konnten, auf diese Fuhrwerke verladen und ohne daß unsere Verbände gewechselt worden waren, in großer Eile weitergeführt. In den wenigen Stunden dieses Aufenthaltes in Braunau wurde von Verwundeten nur etwas Getränk gereicht, da wir wegen eingetretenen Wundfiebers alle über großen Durst zu klagen hatten. Der uns von Braunauer Bürgern gereichte Wein betäubte uns durch mehrere Stunden und wir vergaßen unsere Schmerzen, da die meisten von uns in tiefen Schlaf verfielen, aus dem wir erst in Linz erwachten, bis wohin es unaufgehalten in schnellem Zuge fortging. Leider aber war das Erwachen von doppelt heftigen Schmerzen begleitet; das Wundfieber ergriff uns noch heftiger, und das Gewimmer auf den Wagen war wirklich herzbrechend, besonders beim Wagenwechsel der Schwerverwundeten. In jeder Station wurden zehn oder zwölf Tote abgeworfen und zum Begraben übergeben, bis wir endlich St. Pölten erreichten, von wo wir, abermals ohne Lüftung unseres Verbandes, in Plätten auf der Donau eingeschifft und zu Wasser bis Preßburg in Ungarn fortgeschafft wurden. Der üble Geruch unserer in Suppuration übergehenden Wunden war unausstehlich; mehr als die Hälfte der in Braunau aufgeladenen Kranken und Blessierten erlag während des Transportes nach Preßburg den qualvollen Leiden. Auch in Preßburg fanden wir noch keine Ruhe, da man uns aus den Schiffen auf Militärfuhrwerke und Vorspannwagen auflud und eiligst nach Ungarisch-Altenburg in das dort etablierte Armee-Feldspital abführte. In Altenburg war in dem Schloß des Fürsten Eszterhazy oder Karoly, wessen ich mich nicht genau erinnere, ein großer ebenerdiger Saal mit Stroh belegt, auf welches alle Verwundeten der Reihe nach hingelegt und die Verbände durch Aufweichen mit warmem Wasser endlich einmal abgenommen wurden... Ich lag ungefähr als zehnter Mann in dieser Linie. Von meinen Vormännern wurden vier zur Amputierung bestimmt und immer gleich in den Operationssaal getragen. Ich bebte vor Schmerzen, da mein ganzer linker Schenkel bis über das Kniegelenk verschwollen und von Eiter und wildem Fleisch unterminiert war. Dem äußerst schmerzhaften Abwinden meines ersten Verbandes folgte das ebenso schmerzliche Auswaschen der Wunde und die Applikation der Sondiernadel, endlich der eiskalte ärztliche Ausspruch: ‚Muß auch amputiert werden, und zwar ober der Kniescheibe, da der Brand schon das Kniegelenk berührt. Fort ins Amputationszimmer...‘ Als mich die gefühllosen Krankenwärter packen wollten ... stieß ich sie zurück und erklärte dem Regimentsarzt Hödl mit kräftiger Stimme, daß ich mich auf keinen Fall amputieren lasse.

‚Junger Mensch‘, sagte er, ‚dann müssen Sie sterben.‘

‚Gleichviel‘, erwiderte ich, ‚als Krüppel will ich nicht leben.‘

Diese energische Erklärung gefiel dem Regimentsarzt derart, daß er sich vornahm, alle mögliche Mühe anzuwenden, um mich zu retten. Er ließ mich in ein Zimmer des ersten Stockwerks tragen. Man applizierte mir vor allem Eisumschläge, und zwar fünf Tage und Nächte ununterbrochen, wodurch mein Wundfieber zwar vermehrt, die Schmerzen aber sehr vermindert wurden. Am sechsten Tag war die Geschwulst herabgegangen; die Heilung ging langsam vor sich, indem täglich fremde Bestandteile, namentlich Leder-, Tuch- und Leinenfetzen, welche die Kugel mit sich gerissen hatte, herauseiterten." Nach drei Monaten war Grüber gesund.

Und nun begann sein wirkliches Militärleben, das aus der Reitschule, Kavallerieexerzieren, Kontrolle der Pferdepackung und Pferdeputzen bestand. Nach dem Dienst hatte er mit dem Leutnant bei seinem Rittmeister zu erscheinen, wo sie bis spät in die Nacht bei Spiel oder Gesprächen zusammen waren. Das Niveau dieser Gespräche läßt sich erraten! Wie merkwürdig standesunbewußt für jene Zeit dieser Ritter von Grüber war, was für ein unreifer junger Bub, das zeigt besonders die Geschichte von der schönen Marika, eine weitere „Sensation" in seinem Leben.

„Ich lag bei einem kroatischen Bauer, Zurkovic, in Quartier", berichtet er ganz naiv. „Dieser hatte eine ungemein schöne sechzehnjährige Tochter namens Marika. Im ganzen Dorf waren nur Kroaten. Da ich eine außerordentliche Zuneigung zu dieser schönen Kroatin faßte, so geschah es, daß ich durch den täglichen Umgang ihre Sprache vollkommen erlernte und wie ein geborener Kroat zu sprechen wußte. Der alte Vater bemerkte bald unsere gegenseitige Inklination, und da er ein vermöglicher Mann war, der im Dorf drei schöne Bauernhöfe mit vielen Grundstücken und Weinbergen besaß, so machte er mir den Antrag, seine Tochter zu ehelichen, und wollte mir als Heiratsgut einen sehr schönen, großen Bauernhof abtreten. Ich war wirklich sterblich in das Mädchen verliebt; der Antrag gefiel mir, ohne daß ich überlegt hätte, daß ich für eine Bauernwirtschaft gar nicht erzogen war und als Bauer eine gar schlechte Rolle gespielt haben würde. Allein junge Leute handeln meistens ohne alle Vernunft. Die Unterhandlungen, bei welchen der Ortspfarrer, ein alter Kroate, intervenierte, gediehen von Tag zu Tag mehr zur Reife; es kam so weit, daß ich mir schon kroatische Bauernkleider anschaffte und selbe zur projektierten Hochzeit aufbewahrte, als zu meinem Glück mein Rittmeister Nothomb von meinem geheimen Plane Kenntnis erhielt.

Ohne mir hierüber eine Vorstellung gemacht zu haben, welche bei verliebten Leuten nur Öl ins Feuer gießen müßte, verlegte der Rittmeister plötzlich seinen Standort von Baumgarten nach Schattendorf, wo ebenfalls ein Zug seiner Eskadron lag und welcher Ort eine Stunde von Baumgarten entfernt war. Er schlug mich zu gleicher Zeit dem Obristen zum ersten Wachtmeister vor, und als solcher vom Obristen bestätigt, mußte ich dem Rittmeister in seine neue Station folgen. Meine Beschäftigung in dieser Eigenschaft und die dadurch verhinderten Besuche in Baumgarten kühlten nach und nach meine Fieberhitze um so schneller ab, als ich bald darauf in die Regimentsadjutantur nach Ödenburg kommandiert wurde und dort so lange verblieb, bis ich selbst zum Regimentsadjutanten avancierte. Auf diese Art wurde ich von meiner Torheit geheilt."

1804 wurde Grüber Unterleutnant. Alsbald wechselten große Manöver mit großartigen Bällen im Fasching ab, dessen Wintertage von neun bis zehn Uhr mit täglichem Reitschulunterricht, von zehn bis zwölf Uhr mit taktischen Vorlesungen und von drei bis fünf Uhr mit Vorpostendienst- und Exerzierreglementsvorträgen ausgefüllt waren. Jeden Abend von acht bis nach Mitternacht gab es abwechselnd bei den in Ödenburg über den Winter domizilierenden ungarischen Magnaten, den Grafen Pejacsevich, Chamare, Desfours, Festetics, Eötvös, Nagy, Forgach und anderen Edelleuten festliche Soireen und alle Sonntage glänzende Abendunterhaltungen bei dem Divisionär Feldmarschalleutnant Erzherzog Ferdinand d'Este. In solch einem Leben berauschenden und seichtesten Vergnügens wuchs der junge Mensch heran. Nie las er ein Buch. Ewig gab es nur Hetz und G'spaß. Ein Leben über den Wolken!

Plötzlich war wieder Krieg: 1805, der Krieg, der mit der Kapitulation von Ulm und dem Debakel von Austerlitz endete. Grüber kam unversehrt durch die Reihe von Katastrophen, rückte wieder in seine ungarischen Garnisonen ein, las nun ab und zu doch ein Buch, ging auf die Jagd und langweilte sich. Im März 1809 zog er wieder mit den Albrechtkürassieren in den Krieg, der eine Reihe von Retiraden brachte, bis er sich mit seinem Regiment (er war Adjutant des Brigadiers) an einem schönen Maitag auf dem Marchfeld bei Aspern fand.

Die Schlacht begann. Sein General schickte ihn mit einem Befehl fort, und nun passierte Grüber die „tollste Affaire" seines Lebens: „Ich sprengte zu dem Obristen", hat er notiert. „In dem Augenblick, als ich ihm meine Order mitgeteilt hatte, fiel eine feindliche Haubitzgranate vor mein Pferd und platzte mit einem Höllengeräusch, so daß die Splitter links und rechts vorbei in die Fronte des Regiments sprangen. Mein Pferd machte eine Lançade vorwärts; durch den übermäßig forcierten Sprung des Pferdes riß die Kinnkette in der Mitte entzwei. Mein Gaul wurde durch eine zweite neben mir platzende Granate wütend, rannte *ventre à terre* gegen die französische Schlachtlinie, brach durch ein Intervall der feindlichen Linie, wendete sich schnell links und sprengte dann in vollem Laufe, im stärksten Kugelregen von unserer Seite, herüber, zwischen der ersten und zweiten feindlichen *ordre de bataille* durch. Am feindlichen rechten Flügel wendete sich das Tier wieder links, brach abermals durch ein Intervall und kam endlich zitternd und schnaubend an unserm linken Armeeflügel, wo Feldmarschalleutnant Fürst Rosenberg kommandierte. Vor ihm stand es plötzlich still. Ich sprang aus dem Sattel und berichtete dem Fürsten mit wenigen Worten mein Malheur. Auf seinen Befehl erhielt ich von einem seiner Ordonnanzchevauxlegers eine neue Kinnkette, mit der ich mein Pferd hinter der Front außer Schußweite führen ließ, um sie einzulegen..."

Wieder kamen Friedensjahre, in denen er in Ungarn das behagliche Leben eines Adjutanten des Feldmarschalleutnants Siegenthal führte. Eines Tages mußte er diesen nach Belgrad begleiten, wo sich das ephemere Fürstentum des schwarzen Georg, des Gründers der Dynastie Karageorgewitsch, der einmal Korporal in einem österreichischen Grenzerregiment gewesen, etabliert hatte. „Mein General", erzählt Grüber, „fuhr mit mir bis ans Ufer der Save. Unsere Equipage blieb in einem Gasthaus stehen, wir aber übersetzten in einer Plätte nach Belgrad. Der Fürst Wojwode empfing uns in einem nach asiatischem Geschmack eingerichteten Saal. Mein General trat mit ihm und einem Dolmetsch in ein Nebenkabinett, wo er mit dem Fürsten verhandelte. Czerny Georg, auch schwarzer Jörg genannt, sprach sehr gut Deutsch, machte es sich aber zum Grundsatz, bei allen diplomatischen Unterhandlungen nur mittels eines Dolmetsch zu verkehren. Während dieser zweistündigen Konferenz langweilte ich mich gründlich in der Gesellschaft mehrerer serbischer Agas, mit denen ich nicht sprechen konnte. Nach beendeter Debatte wurden mein General und ich beim Fürsten zur Tafel geladen, welche, ganz nach europäischer Sitte, mit Silber gedeckt war, die durch deutsche Köche bereiteten Speisen wurden von serbischen Dienern aufgetragen. Wir speisten sehr gut, tranken sogar Wein bester Qualität, von dem jedoch weder der Fürst noch seine geladenen serbischen Offiziere etwas genossen. Die Tafel ward nach zwei Stunden aufgehoben, und nun befahl der Fürst einem seiner Oberoffiziere, den Herrn Feldmarschalleutnant zu einem gewiß noch nie gesehenen Spektakel an das Saveufer zu führen, ohne sich über die Art der uns zugedachten Unterhaltung näher auszusprechen.

Wie erstaunten wir, als man am Flußufer eine Horde von etlichen dreißig gefangenen Türken mit auf den Rücken gebundenen Händen, umgeben von serbischen Soldaten, bemerken konnte, mit denen bei Ankunft des Feldmarschallleutnants ein barbarisches Schauspiel begann. Wir waren nämlich kaum in den Kreis getreten, welcher um die Unglücklichen gezogen war, als einige Serben mit scharfen, krummen Säbeln, welche mehr einer Sichel glichen, einen Gefangenen nach dem andern zwischen die Knie nahmen und mit den Worten *Ne boj se!* durch einen Rundschnitt den Kopf vom Rumpf trennten, sodann den blutigen Leichnam von sich warfen.

Mein General war bei den ersten Handgriffen dieser unmenschlichen Gesellen äußerst entrüstet und trat augenblicklich mit beleidigtem Gefühl und Abscheu aus dem Kreise, ohne sich von jemandem zu beurlauben. Wir eilten an den Überfahrtsplatz, wo die Kähne bereitlagen, und setzten nach dem jenseitigen Gasthause über, wo unsere Equipage wartete."

Dann kam Grüber nach Galizien, bis er 1812 mit dem Korps des Fürsten Schwarzenberg als rechter Flügel der „Grande Armee" nach Rußland geschickt wurde. Er war wieder Adjutant des Divisionärs, nun Sekond-Rittmeister bei den Hohenzollern-Chevauxlegers, es ging ihm gut, und hier fand eine weitere „Sensation" seines Lebens statt: Er stand vor Napoleon. Der österreichische Oberkommandierende Fürst Schwarzenberg schickte ihn mit einer wichtigen Depesche zum Kaiser der Franzosen nach Minsk, denn man wußte, daß Grüber fließend Französisch sprach.

„Als ich an den Platz kam, wo der große Feldherr, umgeben von seinen Marschällen, zu Pferde hielt, um die Truppen defilieren zu lassen, sprang ich von meinem Postkarren und verfügte mich zu einem der Offiziere der Suite, der mich sogleich zu Marschall Duroc führte, dem ich meine Depesche übergab. Dieser erste Generaladjutant Napoleons näherte sich, ebenfalls zu Pferde, dem Kaiser, wohin ich ihm folgen mußte. Napoleon nahm gerade eine Prise Tabak aus seiner Westentasche, welche immer, wie man mir sagte, mit Tabak angefüllt war, sah mir finster ins Gesicht, erbrach die Depesche, las sie und fragte dann: ,Comment parlez-vous le français?' — Ich antwortete mit einer Verbeugung: ,Parfaitement, Votre Majesté.' — ,Eh bien', sagte der Kaiser, der abermals eine Prise aus der Westentasche nahm, und verlangte von einem der Marschälle, den man mir später als Berthier bezeichnete, die Karte von Wolhynien. Dem Marschall Duroc befahl er aber, die defilierenden Truppen haltmachen zu lassen. Und nun ging das Examen mit mir an. Der Kaiser befragte mich über die bisherigen Operationen des Schwarzenbergischen Korps in Wolhynien und verfolgte mit dem Zeigefinger der rechten Hand jeden Ort, den ich ihm als unsere Angriffspunkte bei Poddubie, Wyzwa, Kowel, Luck etc. benannte, auf der Karte und sagte zuletzt: ,*Mon ami, vous êtes bien instruit.*' Der Kaiser wendete sich dann zu Berthier, dem er versicherte, daß Schwarzenbergs Meldungen mit meinem Vortrag übereinstimmten. ,Sagen Sie Ihrem Feldmarschall', sprach der Kaiser zum Schluß französisch zu mir, ,daß er eilig mit seinem Korps umkehren möge und den General Reynier bei Kowel wieder flottmache. Beschleunigen Sie Ihre Reise, es hat Eile.'

Zu Minsk wurde mir während der Ausfertigung der Ordre an Schwarzenberg im Vorzimmer ein herrliches *déjeuner a la fourchette* mit einer Bouteille Champagner vorgesetzt, und um zwei Uhr nachmittags stand die Post vor der Tür.''

Dieser Befehl hat die österreichischen Truppen gerettet, sie schlossen nicht an die große Armee an und entgingen so der furchtbaren Katastrophe.

Bald nachher mußte Grüber nach Bayern zurückkehren, das alle Landeskinder aus fremden Diensten heimrief, denn die bayrischen Verluste waren im russischen Feldzug enorm gewesen. Er erhielt den Befehl, ein Chevauxlegersregiment aufzustellen. Er führte dabei die Sattlung, Zäumung und Packung nach österreichischem Muster ein, wogegen die bayrischen Offiziere derart revoltierten, daß er einundzwanzig Duelle mit ihnen ausfechten mußte. Und beim letzten dieser Kämpfe hatte er Pech: er verwundete den Neffen des Königs von Bayern so schwer, daß er Hals über Kopf von Speyer nach Wien fliehen mußte.

Dort fand er zunächst Aufnahme in der russischen Armee und ging daran, in ein neues „Kostüm" zu schlüpfen, in die russische Uniform. Aber im letzten Moment wies ihn der Zar mit Rücksicht auf den König von Bayern ab!

Und das sollte der Anfang vom Ende sein.

Es begann eine furchtbare Zeit für Grüber. Er hatte ja nicht das geringste gelernt und konnte bloß reiten. Und wo hätte er reiten sollen, jetzt, wo man ihm die Uniform versagte!

Und hatte er bis jetzt recht gemächlich und genießerisch, ganz im Sinne seines heroischen Tagebuches dahingelebt, so änderte sich das nun schlagartig.

Er wurde Diurnist bei einem Advokaten, logierte als Aftermieter in einem Dachzimmer, wollte Schauspieler im Leopoldstädter Theater werden, war sogar schon engagiert, trat aber wieder zurück, denn er hatte noch soviel Standesdünkel, daß er es als Schande empfand, vom Offizier zum Schauspieler herabzusinken. Dann wollte er bei den Franziskanern eintreten, bekam aber eine Stelle als Wegmauteinnehmer in Schwarzenau in Niederösterreich, die er später mit der eines Postexpeditors in Schrems vertauschte. Anschließend wurde er wiederum Diurnist beim Wiener Magistrat, danach bei der niederösterreichischen Provinzial-Staatsbuchhaltung. Und jetzt folgte noch einmal ein militärisches Zwischenspiel:

Als Kaiser Franz die bayrische Prinzessin Karolina Augusta heiratete, machte Grüber sich an diese heran und bat um ihre Protektion beim König von Bayern. Der aber lehnte ab, Grüber zu helfen, und so schickte ihm die Kaiserin fünfundzwanzig Dukaten und ließ ihm sagen, er solle als Gemeiner bei einem österreichischen Regiment eintreten, sie werde dafür sorgen, daß er binnen Jahr und Tag Offizier würde.

So geschah es. Grüber trat bei den Coburg-Ulanen ein und wurde schließlich wieder Offizier.

Aber die Rache des Königs von Bayern verfolgte ihn.

Der König befahl einem bayrischen Offizier, sich mit Grüber auf Tod und Leben zu schlagen. Das Pistolenduell fand am 19. März 1819 an der bayrisch-österreichischen Grenze statt. Grüber tötete seinen Gegner.

Nach diesem Zwischenspiel verließ Grüber das Militär endgültig und heiratete eine Advokatentochter in Saaz. Er wurde Staatsbeamter und begann mit vierzig Jahren die Finanzlaufbahn ganz von unten.

Nach Tirol versetzt, machte er sich durch fortgesetztes Querulantentum zahllose Feinde. Im Lauf der Jahre wurde er Kameralrat und Bezirksvorsteher. Anno 1815 beschloß Anselm von Grüber sein Leben.

Was war aus dem Traum vom heldenhaften Leben in Uniform geworden? ... Das Dasein eines Subalternen der Spitzwegzeit.

KLEMENS FÜRST VON METTERNICH:
SEIN TOD UND SEIN LEBEN

Am 10. Juni 1859 hatte sich der sechsundachtzigjährige
Fürst Metternich noch im Rollwagen durch den herrlichen
Garten seiner Villa am Rennweg fahren lassen. Als sein
Leibarzt Professor Jäger am 11. Juni um neun Uhr morgens
in das Schlafzimmer des Fürsten trat, schlief der alte Herr.
Der Arzt fühlte ihm den Puls, der sehr matt schlug. Da-
durch erwachte Metternich und erklärte, aufstehen zu wol-
len. Professor Jäger ging einen Moment hinaus, und als er
zurückkam, fand er den Fürsten halb angekleidet auf dem
Stuhl zu Füßen des Bettes sitzend. Der alte Mann erhob
sich, sank aber sofort in die Knie. Mühsam hob ihn der
Arzt empor. Seinem Rat, sich wieder hinzulegen, folgte
Metternich gern. Dabei bemerkte Jäger, daß die Knie des
Fürsten schlotterten. Jäger erkannte, daß der Tod nahe war.
Er ließ die Familienmitglieder verständigen und dem ältesten Sohn Richard, der sich auf dem italienischen Kriegs-
schauplatz befand, telegraphieren.

Um elf Uhr verlangte der Greis nach den Sterbesakra-
menten, er beichtete laut, nahm die Hostie und empfing die
Letzte Ölung. Im Schlafzimmer waren bereits seine beiden
Töchter, seine Enkelin Pauline, die später in der Wiener
Lokalgeschichte so berühmt gewordene „Fürstin Paulin'",
und sein Sohn Lothar anwesend. Fürst Paul Eszterhazy trat
ein, Graf Münch-Bellinghausen, der ehemalige Vorsitzende
des deutschen Bundestages, der frühere siebenbürgische Hof-
kanzler Baron Jósika, der Minister des Äußeren Graf Rechberg und Pilat. Seinem alten Wirtschaftsdirektor Ranzoni

klopfte Metternich freundlich auf die Wangen und sagte ihm, was er als Andenken dem Spanier Montenegro, dem Sohn des Vertrauensmannes von Don Carlos, zu übergeben habe. Der Fürst war sich klar darüber, daß er jetzt sterben mußte. Seinen Angehörigen erteilte er durch eine Geste seinen Segen. Als Professor Jäger ihm neuerlich den Puls fühlen wollte, drückte er ihm schwach die Hand und deutete durch ein Zeichen an, daß er keinen mehr finden würde. Seine Hände waren eiskalt, er schlug die Augen wieder auf, aber er konnte offenbar nichts mehr wahrnehmen. Die Lider schlossen sich wieder über seinen blauen Augen, er atmete immer leiser, endlich nicht mehr. Es war Mittag.

Damals ahnten nur wenige, was dieses Hinscheiden bedeutete. Mit Metternich starb das alte Österreich, das *ancien régime,* ging die letzte Form des Mittelalters zu Ende.

1773 bis 1859! Was hat Klemens Wenzel Lothar Fürst von Metternich-Winneburg, Herzog von Portella, Graf von Königswart, Grande von Spanien I. Klasse, Ritter des Goldenen Vließes und Inhaber fast aller höchsten und hohen europäischen Orden, in diesem Zeitraum nicht alles erfahren und erlebt! Bei großen weltbefreienden Ereignissen, in jeder entscheidenden Krise der Vertreter der europäischen Sache, und doch selbst nicht ein Mann des Volkes, nicht von der Volksgunst getragen.

Metternich war kein Wiener, kein Österreicher. Er entstammte einem alten rheinischen Geschlecht, das in zwei Linien die reichsgräfliche Würde erlangt und besonders in den rheinischen Erzstiften einflußreich gewaltet hatte. Sein Vater, Graf Franz Georg Karl, betrat die diplomatische Laufbahn im kaiserlichen Dienste, wurde zu wichtigen Sendungen verwendet, wirkte eine Zeitlang als dirigierender Minister in den österreichischen Niederlanden und erhielt im Jahre 1802 die reichsfürstliche Würde. Neben zwei anderen Söhnen und einer Tochter wurde ihm von seiner Gemahlin, einer Freiin von Kagenegg, am 15. Mai 1773 zu Koblenz Klemens Wenceslaus Nepomuk Lothar geboren. Geistig und körperlich war Klemens seiner Mutter ähnlich, einer hageren Frau mit energischer Hakennase und seltsam männlich wirkenden Zügen.

Schon im sechzehnten Lebensjahr, 1788, bezog er die Universität Straßburg, in einer Zeit also, da die beginnenden Vorwehen der französischen Revolutionsstürme seine Studien gestört haben dürften. Eine Unterbrechung anderer Art war durch die Krönung Kaiser Leopolds II. zu Frankfurt gegeben, bei welcher der junge Klemens als Zeremonienmeister des katholischen Teiles der westfälischen Grafenbank fungierte und damit seinen ersten Versuch auf dem Gebiet des Hofzeremoniells unternahm. Von Frankfurt ging Metternich nicht nach Straßburg zurück, sondern besuchte die damals in hohem Ansehen stehende Universität Mainz, wo er bis Anfang 1794 weilte. Unter Leitung des berühmten Historikers Niklas Vogt erwarb sich Metternich dort nicht nur für die Wissenschaft, sondern — wie er später oft bekannte — auch für den praktisch-diplomatischen Beruf die schätzenswertesten Kenntnisse.

Nach vollendeter akademischer Laufbahn und einer Bildungsreise nach England wurde der junge Graf für den Gesandtenposten im Haag ausersehen; allein die Eroberung Hollands durch die französischen Waffen machte es unmöglich, dieses erste Amt anzutreten.

Die Metternichs wurden durch die Französische Revolution ruiniert und kamen — für den damaligen aristokratischen Standpunkt — als „arme gräfliche Schlucker" nach Wien.

Nach einem Jahr, im September 1795, heiratete Klemens Lothar die Enkelin des kurz vorher verstorbenen Staatskanzlers Wenzel Fürsten von Kaunitz und hatte damit das Schlimmste überstanden.

Nun eröffnete der junge rheinische Grandseigneur seine diplomatische Laufbahn durch die Vertretung des Westfälischen Grafen-Collegiums auf dem Friedenskongreß zu

Rastatt; er verließ den Kongreß aber noch vor dessen Beendigung, war also nicht Augenzeuge des tragischen Ausgangs. Erst 1801 kehrte Metternich wieder zu öffentlichen Geschäften zurück und wurde bevollmächtigter Gesandter am damaligen kurfürstlichen Sächsischen Hof zu Dresden. Schon wenige Jahre später sehen wir ihn auf dem Gesandtschaftsposten am Berliner Hof.

Nach dem unglücklichen Feldzug von 1805 war es der ausdrückliche Wunsch des großen Schlachtenlenkers Napoleon, endlich wieder einmal ein Mitglied der „wahrhaft österreichischen Familie Kaunitz" als Botschafter an den Tuilerien zu sehen.

Metternich — Napoleon, welch ein interessanter Gegensatz! Der Reichsgraf, Aristokrat vom Scheitel bis zur Sohle, der nur das „Legitimitätsprinzip" als einzig berechtigte Grundlage für die Ausübung der Staatsgewalt anerkannte, als diplomatischer Repräsentant eines alten, erbeingesessenen Herrschergeschlechts am Hof des kaiserlichen Parvenüs, dieses korsischen Emporkömmlings, dessen Kaiserwürde lediglich auf dem mehr als fraglichen „Recht der vollendeten Tatsachen" beruhte! Wie merkwürdig muß dem österreichischen Ambassadeur, der nach der uralten Tradition seiner standesherrlichen Geburt erzogen und an die stolze spanische Etikette des Wiener Hofes gewöhnt war, der junge französische Hof vorgekommen sein!

Wie schwer Metternichs Mission am Pariser Hof war, zeigt ein einziger Blick auf die damalige Lage des Habsburger-Staates. Der Frieden von Preßburg hatte Österreich als Großmacht zerbrochen, durch die hohen Kriegslasten war das Land völlig erschöpft. Friedrich von Gentz schrieb damals: „Wir müssen untergehen, wenn es uns nicht gelingt, ganz neue Waffen auf den Kampfplatz zu bringen." Aber gerade Metternich, dazu noch in Paris, sollte diese neuen Waffen finden! Hier lernte er in der Schule eines Talleyrand und eines Fouché die Kunst der politischen und diplomatischen Intrige kennen, in deren Beherrschung er es bald zu vollendeter Meisterschaft bringen und an der schließlich auch der Welteroberer scheitern sollte... Mit seinem „haarscharfen Adlerblick" erfaßte Metternich blitzschnell jede Kleinigkeit am Hof Napoleons und wußte sie mit undurchdringlicher Ruhe für seine Zwecke auszuwerten.

Er war ein bildschöner Mann, und die Frauen rissen sich um ihn. Hat doch die Herzogin von Abrantés, die Gattin des Marschalls Junot, die in Paris vor 1809 und 1814 seine Geliebte war, über ihn geschrieben: „Seine Erscheinung war überaus schön, sein Blick so ruhig und rein, war so beredt wie ein immer wohlwollendes Wort und erweckte Vertrauen, weil dieser Blick in Harmonie war mit einem graziösen, wenngleich halb ernsten Lächeln, so wie es für einen Mann sich schickte, der mit den Interessen eines großen Reiches belastet, zudem Gesandter war, den die ganze Welt mit berechtigter Furcht betrachtete." Außer mit Madame Junot hatte Metternich auch mit Karoline Murat, der Schwester Napoleons, ein Verhältnis. Beide Frauen waren ihm wichtige Informationsquellen.

Er wurde bald zum besten Kenner der Stärke, aber auch der Schwächen des kaiserlichen Kriegsfürsten. Als dann in Spanien der Krieg gegen den französischen Gewaltherrscher losbrach und der Widerwille gegen Napoleon von Tag zu Tag wuchs, begann Metternich von Paris aus ganz systematisch auch in Österreich den Haß gegen den Despoten zu schüren. Napoleon, der von dem geheimen Rüsten in Österreich Kenntnis erhalten hatte, machte dem österreichischen Botschafter vor dem ganzen diplomatischen Korps eine fürchterliche Szene.

„Nun, Herr Botschafter, was will eigentlich Ihr Kaiser?" Metternich hielt dieser Attacke würdevoll stand und parierte blitzschnell: „Sire, er will, daß Sie seinen Gesandten achten!"

Der heroische Feldzug des Jahres 1809 war für Österreich recht unglücklich verlaufen. Aber die Wogen der gewaltigen Ereignisse trugen Metternich nach oben. Am

8. Oktober 1809 landete er im Außenministerium. Sicherlich hatte er bei seiner Ernennung nicht geahnt, daß er von diesem Platz aus, auf den in den Jahren vor ihm dauernd neue Männer berufen worden waren, fast achtunddreißig Jahre lang das Schicksal der Donaumonarchie und Europas bestimmen würde. Als Leiter der österreichischen Außenpolitik hatte er stets beides im Auge gehabt, zumal, wie er meinte, beide Interessen schon deshalb identisch sein mußten, weil der Vielvölkerstaat der Habsburger ein „Europa im kleinen" darstellte.

Es konnte daher nur Metternich den Gedanken konzipieren, an die Stelle des Napoleonischen Kriegsreiches ein europäisches Friedensreich zu setzen, dessen natürlicher Mittelpunkt die Monarchia Austriaca zu sein hatte. In den politischen Denkschriften, die der Kanzler entwarf, wurde mit beredten Worten die große Idee eines Bundes zum Schutze Mitteleuropas gegen östliche und westliche Eroberungspläne entwickelt. In diesem Sinne lenkte Metternich auch die diplomatischen Intrigen des vielgerühmten Wiener Kongresses und die Politik der folgenden Jahre. Sein Wirken während jener Zeit hat welthistorische Bedeutung, es bildet einen integrierenden Teil der neueren Geschichte.

Die Wege seiner Politik waren oft sehr verschlungen. Zweideutigkeit und Doppelzüngigkeit bis zur vollen Unwahrhaftigkeit und dann, im entscheidenden Augenblick, energisches Zugreifen gaben ihr die charakteristische äußere Note. Stets war Metternichs Politik reiflich durchdacht. Ohne die kluge Ausnützung der außenpolitischen Lage hätte er Napoleon nicht zu stürzen vermocht. Napoleon ist an Metternich zugrunde gegangen. Metternich hat souverän mit all den Kaisern, Königen und Generalen der Großen Allianz gespielt, der Napoleon 1814 unterlag. Der Wiener Kongreß war sein Werk, er hat auf ihm eine politische Konzeption geschaffen, die im wesentlichen bis 1918 gewährt hat.

Er war keineswegs der Mann der schweren Charaktermängel, als den ihn Zeitgenossen so oft geschildert haben, der Staatsmann ohne leitende Gedanken und feste Grundsätze, der bloß mit Prinzipien spielte und nur die Gabe hatte, den Augenblick durch totale Information zu nützen.

In Österreich war, wie Hermann Bahr einmal schrieb, Metternich jahrelang „der Spucknapf jedermanns". Mögen diese Worte vielleicht etwas hart klingen, sie besaßen lange Geltung. Es war allgemein zur Gewohnheit geworden, den Staatsmann mit dem nach ihm benannten System zu identifizieren: „Metternich ist ein Prinzip geworden, ein Panier, dem ein Teil des Jahrhunderts gefolgt ist, während ein anderer dawider gestanden und es zuletzt gestürzt hat." Das Erkennen des wahren und wirklichen Metternich erschwerte man sich besonders dadurch, daß man in seiner Person jenen Dualismus übersah, der zwischen dem Staatsmann und dem Menschen bestand. Man unterließ es, den politischen Praktiker und philosophischen Systematiker einerseits, den gebildeten Aristokraten, den Gefühlsmenschen anderseits zu unterscheiden. Metternich selber hat nicht wenig dazu beigetragen, daß er eine derart zwischen den Extremen der Verherrlichung und des leidenschaftlichen Hasses schwankende Beurteilung erfuhr.

Wenige derer, die zu seiner Zeit lebten, sind dem Verständnis seines Wesens nahe gekommen. Guizot hat ihn treffend mit folgenden Worten charakterisiert: „Ein bedeutender Geist, der seine Ehre und Freude darin setzte, sich bei jeder Gelegenheit mit ein wenig Aufputz unparteiisch und frei zu zeigen, der aber nur das europäische Gebäude des Wiener Kongresses soweit als möglich unberührt erhalten wollte. Kein Mensch hat in sich selbst so viele geistige Beweglichkeit mit einer solchen Hingabe für die Verteidigung der politischen Unbeweglichkeit vereinigt. Wenn er redete, und noch mehr wenn er schrieb, in einer langen, weitschweifigen, mit Umschreibungen belasteten und geflissentlich philosophischen Sprache, dann sah man eine reiche, vielfältig tiefe Intelligenz sich entfalten, eifrig die

allgemeinen Ideen und abstrakten Theorien zu ergreifen und
zu erörtern, und zugleich einen überaus praktischen, scharfen Sinn, der geeignet war zu entwirren, was die Lage der
Dinge oder die Gesinnungen der Menschen befahlen oder
erlaubten, und der sich immer streng in den engen Grenzen des Möglichen hielt, ohne die Miene aufzugeben, daß er
sich in den höchsten Gedankenregionen bewege. Wenn er
Zeit hatte und sich in der Konversation gehen ließ, so
brachte er allen Dingen der Literatur, Philosophie, der Wis-
senschaften und der Künste ein reges Interesse entgegen.
Er hatte Geschmack, Ideen und System und liebte sie in
allen Gegenständen zu entfalten, sobald er aber in die politische Haltung eintrat, war er alles eher als wagemutig, der
Anhänglichste an die gegebenen Tatsachen, der Fremdeste
jedem neuen und moralisch genommen ehrgeizigem Ge-
sichtspunkte. Aus dieser Gabe, alles zu verstehen, verbunden mit der Klugheit des Handelns und langjährigen Erfolgen, die er dieser Eigenschaft verdankte, war Metternich
ein seltsames, ich sage geradezu naiv-stolzes Vertrauen in
seinen Blick und sein Urteil erwachsen. Die Eigenschaft, die
seinem Wesen am meisten fehlte, war der Mut, ich meine
der Mut des Antriebes und des Unternehmens, er hatte
keine Freude am Kampfe und scheute die Gefahren mehr,
als er den Erfolg ersehnte, zu dem er kommen konnte."

Seiner Natur fehlte stets das Größte: politische Leidenschaft, eiserne Energie, neu gestaltende Schöpferkraft. Die
Gesellschaft und ihre konservative Organisation im Autori-
tätsstaat — das war das Ziel seines Lebens, das war sein
„System".

In den zwanziger Jahren des 19. Jahrhunderts machte er
damit Österreich zum Führer Europas. Nach der Pariser
Julirevolution von 1830 begann dieses Gedankengebäude ab-
zubröckeln. Als Kaiser Franz 1835 gestorben war, hatte
Metternich unaufhörlich mit dem Grafen Kolowrat, der eine
Art Ministerpräsident war, und auch mit dem Erzherzog
Ludwig in der Regierung für den schwachsinnigen Kaiser

Ferdinand zu kämpfen. Die Schuld an der kleinlichen geistigen Bevormundung des österreichischen Biedermeier lag nicht bei Metternich, sondern bei Kaiser Franz, dem Polizeiminister Graf Sedlnitzky, bei dem Leibarzt des Kaisers, Baron Stifft, und dem Hofburgpfarrer Jakob Frint. Seine eigene Sphäre erblickte Metternich nur im „Regieren", das „Technisch-Manipulative" verachtete er und überließ es kleineren Geistern.

Nun war es eine Regierung immer älter werdender Männer, die er seit 1835 scheinbar leitete. Auch er wurde älter, begann immer schlechter zu hören, und der Aufstand vom 13. März 1848 hat ihn vollkommen überrascht. Er beobachtete ihn mit äußerlicher Ruhe von den Fenstern des heutigen Bundeskanzleramtes. Erst als er sich den hitzigen Debatten der Erzherzoge, Großindustriellen, Intellektuellen in der Hofburg, dem dröhnenden Auftreten der goldfunkelnden Offiziere der Bürgerkavallerie gegenübersah, und Kaiser Ferdinand immer wieder sagte, er lasse auf sein Volk nicht schießen, und in die Worte ausbrach: „Schließlich bin ich der Souverän und habe zu entscheiden. Sagt dem Volk, daß ich allem zustimme" — erst dann trat Metternich um neun Uhr abends zurück.

Er stürzte in die tiefste Tiefe des Abgrunds, mußte fliehen und hatte kein Geld. Rothschild schickte ihm tausend Dukaten, und damit kam er mühselig samt seiner Familie unter falschem Namen nach England. Dorthin sandte ihm der Zar hunderttausend Silberrubel.

Auch in der Verbannung spielte Metternich eine politische Rolle. Disraeli trat warm für ihn ein und lauschte gern seinen Ratschlägen. Der junge Franz Joseph ließ Metternich nach Wien zurückkommen, aber erst im Jahr 1851. Bis zu dieser Zeit hatte er keinen Kreuzer Pension bekommen. Jetzt wurde ihm eine Pension von achttausend Gulden im Jahr ausgesetzt. Die dem alten Mann schlecht gesinnte Bürokratie setzte durch, daß — nachdem die von der Revolution auf seine Güter gelegte Staatshypothek aufgehoben worden war — ihm der Ersatz von einundzwanzigtausend Gulden für fehlende Verrechnungen in der Staatskanzleireisekassa von 1812 bis 1826 auferlegt wurde. Kaiser Franz Joseph verbot das auf kurzem Wege und ersparte Metternich damit eine finanzielle Katastrophe.

Die letzten Jahre seines Lebens sind in seiner schönen Villa am Rennweg ruhig verflossen. Ein Besucher in den fünfziger Jahren hat das Haus und den Hausherrn anschaulich geschildert: „Ein schöner Park, ein wahres Muster der Landschaftsgartenkunst, dehnt sich hinter dem Gebäude aus, überreich an Georginen, Semper-Florens-Rosen, Kamelien, englischen Pelargonien, hochstämmigen Bäumen, und garniert mit einer herrlichen, in Töpfen gezogenen Orangerie. Nach der Straße hinaus ist kein Portal, es liegt nach der Parkseite, und zwei Auffahrten zu beiden Seiten der Villa führen dahin. Durch die helle Vorhalle tritt man alsdann in einen weiten, weißen, mit Säulen und Statuen äußerst sauber, wenn auch einfach dekorierten Flur, welcher die Mitte des hinteren Teils des Erdgeschosses ausfüllt. Rechts vom Eingang erhebt sich eine breite Treppe, deren saubere Sandsteinstufen mit einem weichen, dunklen, jeden Tritt einsaugenden Teppich belegt sind, zur Schonung überdeckt mit einem Drillstreifen. Blumen und Statuen am Geländer entlang, in den Nischen der Fenster, begleiten den Besucher bis zum Vorzimmer. Einige Minuten später, und der Fürst empfängt. Selten machte ein Greis einen so imposanten und interessanten Eindruck wie dieser. Der Fürst war ein Achtziger, aber er hielt sich noch gerade, und seine hohe, fast hagere Gestalt erschien noch ungebeugt von der Last des Alters, dessen Einflüssen er gleichwohl erliegen mußte. Sein schneeweißes, feines, wenngleich noch volles Haar, die scharfen Falten im Gesicht, die außerordentliche Schwerhörigkeit bewiesen dies zur Genüge. Des Fürsten Antlitz, vom Alter geklärt, zeigte die Spuren jener ehemaligen Schönheit, die Männer wie Frauen einst gleichmäßig bewundert hatten, noch jetzt war es schön, adelig in allem, wenn auch gespitzt und abgemagert. Die edel gebogene, ziemlich starke Nase, der feingeschlitzte Mund mit roten Lippen, der weiße, zarte, wächserne Teint, zwei helle, große, blaue Augen unter einer stark gewölbten, imposanten Stirn, über der ein prächtiges Silberhaar leicht und luftig lag — nichts war unschön oder unfein geworden, der ganze Kopf war ein Meisterwerk der alternden Natur. Die Kleidung war einfach, schwarz, ein Oberrock. Das Zimmer, in dem der Fürst seine Besuche empfing, war aufs äußerste geschmackvoll und traulich, in nichts salonartig und dürftig. Es war ein Wohnzimmer bester Art, hoch, hell und groß, schwere Teppiche bedeckten den Boden, an den Wänden entlang standen Schränke, Tafeln und Tische von Nußbaumholz ohne steife Symmetrie, auf ihnen lagen Bücher und allerhand andere Gegenstände zum Handgebrauch, hier stand eine Stutzuhr, dort ein Globus, darunter Kartons und wie es schien eine Mineraliensammlung. In der Mitte des Zimmers war eine lange Tafel, behangen mit einem dunkelgrünen Tuch, auf dem vornehmlich Bücher lagen. Die Noblesse der Erscheinung gewann übrigens durch die ungeheure Leutseligkeit und Liebenswürdigkeit, die sogleich den Fremden umfing und ihn sogleich heimisch machte. Nichts von Manieriertheit, gesuchter Vornehmheit, Steifheit oder angenommener Miene, alles war einfach und herzlich, natürlich, und dabei doch vornehm im schönsten Sinne."

DIE MALER-TROIKA

Joseph Kriehuber: Der Leichtsinnige

Ein echtes und rechtes Kind „vom Grund" war Kriehuber, der 1800 auf dem Schlösselgrund als Sohn eines
„Gastwürths" zur Welt gekommen und bei den Piaristen zu
Maria-Treu getauft worden ist, zu einer Zeit, in der die
Herrschaft Kaiser Josephs noch fühlbar nachwirkte. Der
Vater muß ein sonderbarer „Gastwürth" gewesen sein —
mit einem Drang zum Höheren, den damals viele Gastwirte
hatten (der Vater Waldmüllers und der Großvater Grillpar-
zers waren ebenfalls Wirte). Der alte Kriehuber zeichnete
nämlich neben dem Bieranschlagen und Speisenkartenschrei-
ben „Beym goldenen Ochsen" in der Neuschottengasse in
seinen Mußestunden fleißig. Er restaurierte alte Bilder und
beschäftigte sich gelegentlich auch mit Kunsthandel, was
seine beiden Buben, Johann und Joseph, ganz „narrisch" gemacht hat, denn beide sind später Maler geworden. Der
Vater, der seinen älteren Sohn Johann wahrscheinlich mit
einem gewissen Bangen für das Gastgewerbe abschreiben
mußte, als dieser 1806 in die Kunstakademie eintrat, wütete,
sobald er bemerkte, daß auch Joseph nichts anderes freute
als das Zeichnen. Und es mag manchen „Schilling" auf die
„flache Pratzen" gesetzt haben, bis Joseph plärrend zu
einem Uhrmacher in die Lehre ging. Zwölf Jahre war er
alt; aber er trieb es so arg bei dem Meister, daß er schließlich seinen Willen durchsetzte und auch „auf Künschtla"
lernen durfte.

Der resignierte Vater scheint nun jegliche Pläne auf eine

bürgerlich-gesicherte Zukunft seiner beiden Buben aufgegeben und alles darangesetzt zu haben, um ihnen die beste künstlerische Ausbildung angedeihen zu lassen. In der Folgezeit beschwor er ein bürgerliches Trauerspiel herauf: er verkaufte sein Wirtshaus und die drei Häuser, die er besaß, kam jedoch in den Staatsbankrott hinein und besaß schließlich einen Haufen fast völlig entwerteter Guldenzettel, was ihn derart deprimierte, daß er bald danach starb. Einen Monat nach ihm verschied sein älterer Sohn — die Mutter war schon früher dahingegangen — und der dreizehnjährige Joseph fand sich auf einmal als Doppelwaise in einer keineswegs sanftmütigen Zeit. Ein Onkel — der Bruder seines Vaters — nahm ihn zu sich auf die Wieden. Kriehubers grenzenlose Unbildung läßt darauf schließen, daß man sich um seine Erziehung nicht sonderlich gekümmert hat. Joseph hat nie orthographisch fehlerfrei schreiben können; Worte wie „Ankumpft" und „Zurückkumpft", „Bostmeisterin", „Charletan" (Scharlatan), „Lornete" (Lorgnette) und dergleichen beweisen ebenso wie die Tatsache, daß er große und kleine Anfangsbuchstaben meist an die falsche Stelle setzte und Eigennamen nie richtig schrieb, daß er mit der Rechtschreibung zeitlebens auf Kriegsfuß gestanden hat.

1815 ist Joseph Kriehuber in die „Akademie der Zeichenkunst" eingetreten. Gelernt hat er wahrscheinlich bei dem uralten Professor Maurer. Er war fünf Jahre lang an der Akademie, bis er — achtzehnjährig — als Zeichenlehrer zu dem polnischen Fürsten Sanguszko nach Russisch-Polen, damals noch „Königreich Polen", kam, wo er die hochfürstlichen Rösser zu porträtieren hatte. 1909 hingen seine Zeichnungen noch im Schloß Slavouta. Außerdem hatte er den Prinzen Roman und Ladislaus Zeichenunterricht zu geben; er war also eine Art höherer Lakai.

Vier Jahre hat Kriehuber die beiden Buben unterrichtet, und dabei erlernte er die polnische Sprache. Das war aber so ziemlich alles, was er nach Wien zurückbringen konnte. Übrigens hat sein Schüler Roman ein abenteuerliches

Schicksal erlebt: er hat sich am polnischen Aufstand von 1830 beteiligt, und Max von Löwenthal hat sein fürchterliches Schicksal kurz notiert: „In dem ersten Kampfe gefangengenommen, soll er unerkannt mit anderen Gefangenen ausgewechselt werden, wird von seiner Frau, welcher er Wohltaten erwiesen, genannt, rançonniert, nach Sibirien gesendet, in Ketten, mit Verbrechern, zu Fuße, in den verpalisadierten Nachtstationen beherbergt, in die Bergwerke gesteckt. Auf Bitten seiner Schwester bei der ihr befreundeten Kaiserin freigelassen, als Gemeiner in die Armee des Kaukasus gebracht. Tapferkeit, Avancement zum Offizier. Abschied, Schreiber im Gouvernement zu Moskau, mittlerweile ganz taub geworden, hört er nicht mehr die Liebesworte seiner groß gewordenen Tochter, die Reise nach Gräfenberg wird ihm verweigert, endlich erhält er Erlaubnis gegen Ehrenwort, wieder zurückzukehren. Vollständiger Roman, episches Gedicht."

Wieder ist Kriehuber an der Akademie. Er hat kein Geld und sucht und sucht, bis er auf die noch ganz junge Lithographie stößt. Ah — das ist eine Idee, da ist etwas zu machen; das kommt billig, billiger als die Miniaturen. Die Firma Trentsensky in Wien hat sich ganz auf die Lithographie verlegt und bringt eine Flut von Blättern heraus. Kriehuber arbeitet bald für sie. Sein erstes Blatt nennt sich „Die polnische Jagd". Er zeichnet Pferde und Bauernvolk. Noch überträgt er vielfach die Originale anderer Künstler auf den Stein. Er zeichnet Theater- und Militärszenen, alles durcheinander. Brotarbeit!

1823 oder 1824 begann er, ab und zu Porträts nach Modellen zu lithographieren. Bald darauf wurde er berühmt. Mit siebenundzwanzig Jahren lithographiert Joseph Kriehuber Fürsten, Schriftsteller, Schauspieler, Musiker — bunt durcheinander. Sämtliche Maturanten des Theresianums lassen sich von ihm porträtieren. Etliche Firmen bestellen bei ihm Porträts von populären Persönlichkeiten. Seine große Zeit beginnt. Er kann den Aufträgen kaum mehr nachkommen; er zeichnet manchmal zwei bis drei Porträts pro Tag. Hände und Arme, Hintergrund und Beiwerk ergänzen seine Schüler, daher kann man in manchen seiner Blätter mitunter arge Verzeichnungen feststellen. Es ist eine gefällige Art der Porträtierkunst, die er betrieben hat: er stellte seine Modelle möglichst vorteilhaft dar, hat dabei jedoch stets den geistigen Gehalt der einzelnen Persönlichkeiten zum Ausdruck gebracht. Wenn sie diesbezüglich nichts bieten konnten, hat er es auch nicht verschwiegen. Durch die elegant-sorglose Maske ließ er den menschlichen Wert oder Unwert durchschimmern.

Die kolossale Verbreitung der Lithographie bringt Joseph Kriehuber in Mode — auch bei der „Crapule" —, und so kommt es, daß es unter den rund dreitausend Blättern, die man von ihm kennt, solche gibt, von denen man gar nicht mehr weiß, wen sie darstellen sollen. Denn diese „Privatporträts" wurden nur in kleinen Auflagen gedruckt, meist in fünfundzwanzig bis fünfzig Abzügen. Sie kamen nur innerhalb der Familien, im Freundeskreis, zur Verteilung.

Aus dem Beginn der dreißiger Jahre des vorigen Jahrhunderts, also seiner großen Zeit, stammt folgende autobiographische Aufzeichnung mit der ihr eigenen kostbaren Orthographie: „Ich wurde im Jahre 1800 in der Josephstadt geboren, mein Vater war Wirth und besaß auch eine kleine Bilder Sammlung. Von meiner frühesten Jugend an äußerte ich sehr viel Freude zur Kunst und zeichnete schon mit sieben Jahren nach meinem Bruder der auch Kuenstler war, aber sehr frueh starb, ich besuchte die Ackademie von meinem 13 Jahr bis in mein 18. und bekamm zwei Preisse einen beym Kopfe den andern bey dem Modell mit 18 Jahren ging ich nach Pohlen wo ich 4 Jahre war und Unterricht im Zeichnen ertheilte — dan kehrte ich in mein Vaterland zurück arm an Geld und mit wenig Fortschritten in meiner Kunst — ich besuchte abermahl die Akademie 1 Jahr und fing an zu lithographieren fuer Herrn Trentsensky welcher mir Arbeit gab besonders Pferde, die ich mir in

Pohlen eigen gemacht hatte wo ich sehr viel Pferde nach der Natur zeichnete — ich lithographirte ohngefaher 2 Jahre für Herrn Trentsensky und verlegte mich dann auf Portraite..."

Joseph Kriehuber verlangte sechzig Gulden für ein Brustbild, hundert Gulden für ein Kniestück, und das Geld floß nur so ins Haus. Er konnte also heiraten. Seine Auserwählte hieß Marie Forstner, und er führte sie 1827 zum Altar.

Kriehuber hatte dreizehn Kinder; acht davon sind früh gestorben. Er selbst lebte in einem großartigen Stil. Seine in der Jugend exotisch aussehende, an einen Araber erinnernde Erscheinung war auf allen Festen zu sehen. Er war Mitglied aller möglichen Vereinigungen, machte alljährlich große Reisen, die ihn aber nicht über die Grenzen der österreichischen Monarchie und der Schweiz hinausgeführt hatten. Er spekulierte auch in Wertpapieren. 1848 hatte Kriehuber seine Ersparnisse in der Höhe von sechzigtausend Gulden in Nordbahnaktien angelegt; diese tauschte er jedoch auf den Rat eines Herrn, den er beim Frühstück im Volksgarten kennengelernt und dessen Namen er vergessen hatte, gegen gewisse hessische Papiere aus, an denen er gleich darauf alles verlor. Bald nachher lieh er einem Baron zwanzigtausend Gulden gegen Schuldschein und drei Prozent Zinsen. Der Baron starb unverhofft, und Kriehuber mußte fünfzehn Jahre lang um sein Geld prozessieren. Diese Beispiele zeigen wohl zur Genüge, wie sorglos der einstige Wirtsbub vom Schlösselgrund mit Geld und Vermögenswerten umzugehen pflegte. Es mochte ihm wenig ausmachen, war er es doch gewohnt, das Geld zwischen den Fingern zerrinnen zu lassen. Zwischen den nämlichen Fingern, mit deren begnadeter Kunst er ebenso rasch wieder Geld zu verdienen verstand.

Als die Photographie aufkam — in Österreich so gegen Ende der vierziger beziehungsweise am Anfang der fünfziger Jahre des 19. Jahrhunderts —, begannen die Aufträge Kriehubers zurückzugehen. Die Lithographie war eine Modesache; außerdem war die Photographie billiger. Kriehuber, der immer aus dem vollen gelebt hatte, sah sich alsbald in peinlicher Lage.

Im Jahre 1860 wurde ihm der Franz-Josephs-Orden verliehen, aber der Höhepunkt seines Schaffens war überschritten. Kriehuber war aus der Mode gekommen; auch seine Aquarelle und Miniaturen fanden keine Käufer mehr. Die Not kehrte ein, die Verzweiflung.

Am 30. Mai 1876 ist Joseph Kriehuber gestorben. Kein Geld war im Haus; dagegen soll er eine außerordentlich reichhaltige Garderobe, speziell eine große Anzahl von Modehosen, besessen haben. Er ist eben ein Dandy des Biedermeier gewesen. Die Schilderung Cajetan Cerris in der *Iris* von 1850 beschwört diesen echt wienerischen, liebenswürdigen, aber auch so leichtsinnigen Typus plastisch herauf: „Wahres Künstleraussehen, echt arabischer Typus, mit brünettem Gesichtsteint, wenigem schwarzen, zerzausten Haar, spitzigem Bart und scharfen, vielversprechenden Zügen, stark ausgedrückte Adlernase, schöne, weiße Zähne, die er gern sehen läßt, kleine ruhelose, blitzende Augen, ein wenig schiefer Mundwinkel, was ihm einen pikanten Ausdruck verleiht. Höchst zierliche Hände, nachlässiger Gang, trägt sich immer sehr elegant und ist überhaupt in allem vollkommener Gentleman, nobel, ungezwungen, fidel. Liebt Wein, Weiber und Gesang, hält viel auf sich, aber läßt auch den andern, wenn sie es verdienen, ihr Lob widerfahren. Ein großer Freund des Theaters und der freien malerischen Natur, und nebstbei ein Konservativer von reinstem Wasser, spricht viel, schnell und etwas undeutlich, nur beim Arbeiten gebraucht er sehr scharfe Augengläser…"

Ferdinand Georg Waldmüller: Der Mutige

Er war ein Wirtssohn, also kleiner Leut Kind, und in den ersten Jahren des Kaisers Franz war das keineswegs empfehlenswert. Er wuchs auf im Wiener Empire, und das war eine Zeit großartiger Gesten und großartiger Riesengemälde, die dem jungen Waldmüller eine Welt vor Augen führten, die so gar nichts mit der Wirklichkeit zu tun hatte. Da sah man überall griechische Helden und nickende Helmbüsche, der Franzose David galt in der Malerei als das Höchste, und alle Figuren auf den schön gefirnißten Leinwanden standen mit rollenden Augen auf muskulösen Spiel- und Standbeinen. Unanständig nackt, wenn auch Zephyr die Togen und Chitons stets so glücklich blies, daß jedes Fleisch des Anstoßes gnädig bedeckt war.

Als Waldmüller fünfzehn Jahre alt war, nahm sein Leben abenteuerliche Formen an: er brannte aus dem Elternhaus durch, weil die Mutter, von der er die Begabung hatte, und ein beschränkter, gewöhnlicher Vater — einstmals ein Längerdienender beim Militär und dann ein Bierwirt am Tiefen Graben — ihn unbedingt „geistlich" machen wollten. So war er gezwungen, sich vom fünfzehnten Jahr an selbst zu erhalten. Er wohnte mit einem Freund unter den Weißgerbern, es gab nur ein Bett für die beiden Burschen. Den ganzen Tag verbrachte er in der Akademie, errang erste Preise und malte nachts „Bilderln" für die Zuckerbäcker, die auf die gebackenen Köstlichkeiten aufgeklebt wurden.

In der Kunstakademie in der Annagasse zeichnete man im Schweiß des Angesichts mit Rötel, Kohle und Kreide ununterbrochen Akt nach der Natur. Meist auf Tonpapier, die Lichter wurden gefällig mit weißer Kreide aufgesetzt. Darin hatte man große Erfahrung, denn fragt nicht, wieviel Jahre damals ein Kunststudent nach Gips zu zeichnen hatte! Nach schneeweißem Gips, der so weiß war, daß einem die Augen schmerzten, wenn man sechs Stunden daran arbeitete, besonders wenn noch sechs stinkende Ölfunzeln darüber brannten. Daß die alten Griechen ihre Statuen alle bemalt hatten, sehr delikat und fein im Ton, daß es eigene Koloristen gegeben hatte, die ihr ganzes Leben lang nichts taten, als dem Phidias oder dem Praxiteles den pentelischen Marmor zu kolorieren, wußte damals kein Mensch. Erst heute ist man den Alten auf ihre Schliche gekommen und weiß, daß weder ihre Plastik noch ihre Architektur gipsweiß und fad waren.

Zu Waldmüllers Studienzeit war es also streng verboten, Farben so zu malen, wie sie erschienen. Nein, zuerst mußten die Schatten sauber mit einem dunklen Braun angelegt werden, und dann, wenn alles schön trocken war, malte man mit einer sauberen „Fleischfarbe", für die es eine Menge Rezepte gab, darüber. Alles war unendlich sauber und „ausgeführt", und der kleine Waldmüller erwarb an der Akademie sein vollendetes graphisches Können. Malen hat er dort nicht gelernt, denn sie warfen ihn bald hinaus, weil er ein „Früchterl" war. Er war leichtsinnig, wollte immer ein „fescher Kerl" sein. Nun brachte er sich also mit Miniaturmalen durch.

Nachdem er von einem Hofschauspieler die Ölmalerei gelernt hatte, begann er als Miniaturmaler herumzuzigeunern und landete in Agram. Hier geriet er in die Theaterwelt und heiratete mit zwanzig Jahren die Sängerin Katharina Weidner, mit der er im Handumdrehen zwei Kinder hatte. Nie war Geld im Haus — dafür gab es dauernd Krach mit der Frau! Er muß vom Kulissenmalen leben. Dieses elende Leben zieht sich bis 1818, als seine Frau ans Kärntnertortheater engagiert und der Wirtssohn von der „Weintraube" mit seiner fragwürdigen Provinzeleganz auf das Wien des jungen Grillparzer losgelassen wird.

Und nun begann die Wende: Ein Hauptmann bestellte bei ihm das Porträt seiner Mutter, „aber so wie sie wirklich ist", und Waldmüller malte das alte Weib mit Gusto und grandioser Force. Sein Ruf als Porträtist war begründet. Fleißig wie er war, ging seine Entwicklung rapid vor sich. Er fing auf einmal an, die Sonne zu malen, nicht im Atelier zu malen, sondern in der Hitze und im Staub, er begann die „Canaille" zu malen, das Bauernvolk von Niederösterreich. Damals, als die feine Malerei sich nur mit großen historischen Schwarten abgab, allerdings nicht mehr mit nackten

Trojanern, sondern nun mit Rittern und Minnesängern. Waldmüller ist auf einmal d e r Maler der Wirklichkeit — noch lange nicht der „Arme-Leut-Wirklichkeit", aber er ist der Maler des Lichts und versteht es zu malen, wie die Dinge scheinen, jedoch auch wie sie s i n d. Er malte ohne Getue, in einer lautlosen Hingabe an die Wirklichkeit.

Welche Landschaften! Gewiß, sie sind statisch. Nicht bewegt, aber auf einmal ist's nichts als Atmosphäre. Auf einmal steigt aus dem Ozean von braunen Galerietönen jener Zeit die zitternde Farbigkeit sommerlichen Waldes im Gegenlicht, das kreidige Geflimmer alten Gemäuers, auf dem die Mittagssonne liegt, der Schimmer der oberösterreichischen Seen unter unendlichen Augusthimmeln.

Damals, als er fünfunddreißig war, hat er sich selbst gemalt: einen blonden Dandy vor einem Frühlingshimmel mit Lämmerwölkchen, in einem himmlisch geschnittenen Rock, in einer superben Seidenweste, mit blauen Augen, die sehen und behalten. Damals war er gerade Professor an der Akademie, die er nicht absolviert hatte, geworden. An einer Akademie, deren Lehrkörper ihn die ganzen achtundzwanzig Jahre, die er ihm angehört hat, aufs bitterste bekämpfte, bis die Historienmaler es 1857 durchsetzten, daß man ihn mit vierhundert Gulden jährlich, dem Gehalt eines Galeriedieners, pensionierte. Sein Gönner Metternich war längst nicht mehr an der Macht, und so kam der Vierundsechzigjährige mit seiner jungen zweiten Frau in Not, in Armut. Er hat unverdrossen weitergemalt und sich nicht um das Gegeifer gekümmert, das seit Jahren gegen ihn losging, weil er einen modernen Kunstunterricht gepredigt hatte. Schließlich verlieh ihm der Kaiser den Franz-Josephs-Orden, den Orden für Großfleischhauer und Bandfabrikanten, nachdem ihn der König von Preußen mit dem Roten-Adler-Orden „vierter Güte" bedacht hatte. Waldmüller hat sie beide akzeptiert, ohne zu murren, und weitergemalt. Am 23. August 1865 ist er zweiundsiebzigjährig an der Staffelei gestorben.

Die Impressionisten im fernen Paris hatten sich eben zu rühren begonnen, in Wien überstrahlte das Feuerwerk Makarts alles, bald war Waldmüller vergessen. Am Ende des 19. Jahrhunderts hat man ihn wiederentdeckt, und seitdem ist sein Ruhm immer größer geworden.

Hans Makart: Der Sinnliche

Er war ein sonderbarer kleiner, blasser Mensch und ging immer in romantisch-opernhafter Tracht einher: in schwarzem Schnürlsamt, mit enormen Pumphosen und Röhrenstiefeln. Er sah düster-bewegt in die Welt, und die Frauen warfen feurige Blicke nach dem schweigenden, vollbärtigen Gnom. Er war Maler, nichts als Maler, ein Besessener! Keine gigantische Künstlerpersönlichkeit, aber ein glühendes malerisches Temperament, ein echter Dekorateur, und damit ein Blender.

Er war ein gebürtiger Salzburger, der Sohn eines Hoflakaien, und kam 1869 nach Wien, wo sein Stern wie eine Rakete aufging.

Der Rausch der „Gründerzeit" hatte gerade begonnen, und die Menschen genossen in vollen Zügen den Beginn des technischen Zeitalters, das nun auch über Österreich hereinbrach. Eisenbahnen wurden gebaut, Industrien gegründet, die Wiener Stadtmauern waren gefallen. Die Ringstraße entstand, die Kurse der Börsenpapiere stiegen, der weiße Waffenrock wurde abgeschafft, das Hinterladergewehr eingeführt, und die feinen Leute brannten in ihren Wohnungen schon Gas. Die feine, wohlabgestimmte Bürgerkultur des Vormärz und des Nachmärz genügte niemandem mehr. Man wollte seinen Reichtum zeigen, wollte prunken, dartun, daß der Bürger es ebenso verstehe wie der Hocharistokrat. Der sichtbare Ausdruck dieser mit Kräften geladenen Zeit wurde — der „Makartstil".

„Makartstil" ist nichts anderes als der Wiederbelebungsversuch historischer Stile, der Renaissance und des Barock. Beide Stile sind der Ausdruck von Epochen, mit denen gerade die Gründerzeit fast keine Berührungspunkte hatte. Ihre Wiederbelebung ist eine antiquarische Liebhaberei reich gewordener Leute, die sich ihr Dasein als Mummenschanz einrichteten. Und diesen inneren Zwiespalt hat auch die blendende Erscheinung Makarts nur für seine unmittelbare Gegenwart verwischen können.

Makartzeit — das sind die siebziger, die achtziger Jahre Wiens, und es ist in der Geschichte dieser Stadt etwas Unerhörtes, daß ein Maler einer Epoche seinen Namen gab — so wie dem sagenhaften Makartbukett. Jenem Bukett aus Gräsern, getrockneten Palmen und dürrem Laub, Staubfänger in den dämmerigen Salons der Zeit, die jedem Zinshaus mit vier Stockwerken den Titel „Prachtbau" verlieh.

Makart war für seine Zeitgenossen der Aktmaler schlechthin, und seine heute unvorstellbare Popularität ist nicht zum geringsten darauf begründet, daß die Volksmeinung jedes weibliche Modell, das der Künstler malte, zu seiner Geliebten stempelte, ihm einen geradezu sultanischen Harem zuschrieb. Tatsache ist, daß die schönsten und vornehmsten Damen der Gesellschaft es sich zur Ehre rechneten, von ihm nackt gemalt zu werden. Zu seiner Zeit wußte jedermann, wessen berückenden Leib er in dieser Kleopatra, in jenem „Traum" dargestellt hatte. Es ist eine Galerie der erlesensten Wiener Frauenkörper, die man in seinen Kompositionen finden kann, Fürstinnen, Burgschauspielerinnen, Millionärsgattinnen.

Die so oft als übermäßig „mollert" verschriene Wienerin erscheint als eine Frau von edlen Proportionen, stets weiblich betont, aber immer von einer eleganten Schönheit, für die man damals noch keine Gymnastik, keine Abmagerungsdiät gebraucht hat. Ein geradezu fanatischer Drang zum Exhibitionismus ihrer Körperlichkeit beseelte damals die Wiener Frauenwelt. Erst bei Klimt sollte sich wieder ein ähnliches Phänomen ereignen.

Makart war ein „showman" ersten Ranges. Er wußte, welche Macht die Presse hatte, was gesellschaftliche Beziehungen bedeuteten. In seinem berühmten Atelier in der Gußhausstraße hat er viele Feste gegeben, die bis zu zwanzigtausend Gulden kosteten. Daß man sein Atelier täglich von vier bis fünf Uhr nachmittags besichtigen konnte, gehörte auch dazu. In die Ausstattung dieses Ateliers hatte er hundertdreißigtausend Gulden gesteckt. Es war ein chaotisches Durcheinander von Teppichen, Samten, Brokaten, Seiden, alten Laternen, ausgestopften Pfauen, Rüstungen, Renaissancemöbeln, alles so unruhig, daß man heute keine Stunde darin verbringen könnte. Er aber hat dort täglich von zehn Uhr vormittags an gemalt. Schreibselige Journalisten verbreiteten romantische Geschichten über sein galantes Leben, über die Fürstinnen, Gräfinnen und Bankdirektorsgattinnen, die ihm hüllenlos Modell saßen. Seine Popularität bei der Damenwelt stieg ins Unermeßliche. Makart arbeitete jedoch fleißig wie ein Rechnungsrat, so daß er gar keine Zeit für die ihm angedichteten Liebeshändel gehabt hätte. Aktmodelle hat er gar nicht gebraucht, er malte immer aus dem Kopf. Aber den Wert der „publicity" hat der Salzburger Hoflakaiensohn schon sehr früh begriffen. Keiner seiner Zeitgenossen verstand sich derart auf Reklame wie er.

Im Grunde hat Makart ein spießbürgerliches Leben geführt. Seine einzige Erholung war am Abend das Wirtshaus, wo er beim „Gause" oder im „Lothringer Bierhaus" bis zum Morgen sitzen konnte.

Makart hat für die Börsianer und Industriellen jener Jahre gemalt, und es ist schwer zu sagen, ob er den Stil und Geschmack bestimmt oder ob die Epoche ihn geschaffen hat. Heute erscheinen uns seine Kompositionen unerträglich, auf die Effekte einer Bühne angelegt, die keiner von uns mehr besuchen würde. Seine Komposition ist durchwegs von einer süßlichen „Schönheit" und kommt mit einigen Dutzend Motiven aus, die er immer wieder variiert und deren Hauptthema der weibliche Akt ist. Die chemische Veränderung seiner Malerei macht es nicht mehr möglich festzustellen, ob er wirklich das opalisierende Wunder des Frauenkörpers darzustellen verstand. Heute wirken seine Akte, als ob sie mit „Fleischfarbe" angelegt worden wären.

Makart war ein Eklektiker. Er ahmte die Malerei der Hochrenaissance, besonders die der Venezianer nach, steckte seine Figuren in das Kostüm von 1550 und gab seinen Bildern alle möglichen historischen Titel, wenn er nicht einen „Triumphzug der Ariadne", den „Jagdzug der Diana" oder dergleichen malte. Er hat meist auswendig gemalt, weshalb seine Akte manchmal einander wie ein Ei dem andern gleichen, mitunter böse Verzeichnungen aufweisen, auch seine Gesichter stellen eine begrenzte Typenauswahl dar.

Seine dynamische Effektmalerei hat zu seinen Lebzeiten enormen Erfolg gehabt. Nach dem trübseligen Jammern der Nazarener zeigte er dem Publikum wieder eine sinnliche Malerei, Farbe, Fleisch und Pracht. Man hat damals ohne Wimperzucken dreißigtausend Gulden für ein Bild von ihm bezahlt. Allerdings liebte er kolossale Formate: Dimensionen von vier Metern zu zehn Metern sind keine Seltenheit.

Makart war nur Kolorist, niemals Zeichner. Es ist schwer, sich heute seine Palette zu rekonstruieren, denn seine verhängnisvolle Malweise hat seine Bilder vernichtet. Er malte unglaublich schnell und bediente sich heftiger Trockenmittel, bleihaltiger, schnell bindender Sikkative. Das 1858 erfundene Anilin legte er auf naß in naß untermalte Asphaltgründe, die den Lasuren augenblicklich die unerhörte Transparenz und den gesättigten Tiefenschmelz von alten Glasfenstern und Emaillen gaben. Davon ist nichts geblieben, die Chemie wirkte unerbittlich. Unter Licht, Luft und wechselnden Temperaturen dunkelte alles bald nach. Der Asphalt quoll in der Wärme auf, schlug durch, und in ihm sind fast alle Farbtöne ertrunken. Heute kann man sich von der Farbenfreudigkeit der Makartschen Bilder keine Vorstellung mehr machen. Nur das Preußischblau seiner

Himmel blieb. Die Riesengemälde sehen meist wie alte Ledertapeten aus, fast nichts ist erhalten geblieben als die schwungvoll-theatralische Komposition.

Zweifellos konnte Makart zu seiner Zeit Fleisch malen wie kein anderer. Seine Kompositionen lassen ja in ihrem ganzen Aufbau erkennen, daß sie nur entworfen wurden, um Aktfiguren gruppieren zu können, und so flüchtig seine sonstige Malweise ist, das Blühen und Leuchten lebendigen Fleisches hat er mit der ihm von seinem Lehrer Piloty überkommenen Galerietradition wundervoll wiedergegeben.

Seine Kunst ist eine durchaus sinnliche, diesseitige Kunst, hat mit unseren Begriffen von Sinnlichkeit allerdings nur wenig zu tun. Zu sehr wimmelt es in diesen Kompositionen von Musealgegenständen, Draperien, gefälligen Arrangements, und so kommt es, daß wir Menschen von heute die einstige enorme erotische Wirkung seiner Riesenbilder nicht begreifen können.

Nebenbei hat er auch einige wenige Porträts gemalt. Sie sind heute das, was von ihm allein noch lebendig und wirksam ist. Meist in einem unbewußten Impressionismus hingestrichen, sind ihm die Bildnisse triebhafter Frauen am besten gelungen. Tiefe Menschen hatte er nicht gemalt, hätte sie wohl psychologisch gar nicht voll erfassen können, aber die Hintergründigkeit dieser flachen, unendlich weiblichen Frauen, ihr Unbewußtes hat er doch mit einem überraschenden Instinkt auf die Leinwand gebannt. Und mit einer malerischen Feinfühligkeit, die immer wieder entzückt. Technisch sind diese Porträts vollendet. Seine malerische Begabung ist sicher enorm gewesen, unglücklicherweise hat ihn sein Lehrer Piloty in jene dekorativ-kitschige Linie gedrängt, die Makarts Verhängnis geworden ist.

Mit neunundzwanzig Jahren hatte seine steile Karriere begonnen, mit vierundvierzig Jahren ist er gestorben. Merkwürdige Anzeichen hatten sich schon in seinen zwei letzten Lebensjahren eingestellt. Bei einem Atelierfest hatte er sich im Dachfirst verkrochen, von wo aus er herunterlachte.

Man konnte ihn nur mit Leitern und sanfter Gewalt herunterholen. Seiner Schwägerin ließ er zwei Dutzend Glacéhandschuhe anfertigen, die keinen Daumen hatten. Ohne schwimmen zu können, sprang er einmal, als er seinen Kollegen beim Baden im Grundlsee zusah, angekleidet in tiefes Wasser, aus dem er nur mit Mühe gerettet wurde. William Unger traf ihn einmal an, „wie er in mühsamer, unkünstlerischer Weise große architektonische Federzeichnungen durchführte, eine Häufung unwesentlicher Kleinigkeiten, wie sie seiner sonstigen Großzügigkeit nicht würdig waren. Dieses Sichverlieren an unzählig sich wiederholende architektonische Formen, die den Künstler eher zur Verzweiflung bringen konnten, als daß er sich, lediglich zum eigenen Vergnügen, diese qualvolle Arbeit aufhalste, das war der Beginn der Krankheit, von der er nicht mehr genesen sollte..."

Das alles waren eindeutige Zeichen. Am 3. Oktober 1884 verschied er plötzlich an einer Lungenentzündung, die sich zu einer Gehirnhautentzündung gesellte. Die Obduktion ergab: „Entzündung der verdickten Hirnhäute mit Blutaustritt in die Hirnbasis. Chronischer Gehirnprozeß. Paralyse."

WIENER FASCHINGSTRÄUME

Der alte Wiener Fasching hatte Dimensionen, die man sich heute gar nicht mehr vorstellen kann. Er war ein Ventil des damals noch von tausend Hemmungen bedrückten Wiener Lebens, die einzige Zeit im Jahr, wo jedermann sich gehen ließ, wo alle sozialen Schichten ihre Hetz hatten, der Wiener „Humor" seine berühmtesten Triumphe feierte und die Faschingsstimmung tatsächlich über der ganzen Stadt lag.

„Da beim Greißler is am Irtag a Ball", hieß es die Gasse auf und ab.

„Wer hat die Krautkammer ausgramt, a Zehnerl is Eintritt, 's kummen lauter Bikennte…"

In der ganzen Gasse fingen die Madeln und die Frauen an, die Unterröcke zu stärken. O mei, was für Leut da kamen! Der Herr Alois, der Laternanzünder, mit seine fünf Madeln, wovon viere „ins Nähen gehen", der „Mussi" Franz, der durch einundzwanzig Jahre Himmeltrager beim Umgang war, aber eines Brustleidens wegen den k. k. Dienst verlassen hat und nun dem Greißler beim Krauteintreten hilft. Die „Mamsell Schanett", eine ältliche Person, die in ihrer Jugend eine reiche Partie hätt' machen können, indem ihr einmal ein vornehmer Herr von den Klepperstallungen in der Teinfaltstraße bis in die Reisnerstraße nachgestiegen ist, ohne ein Wort zu reden, und die heut' vom Umsetzen, Krankenwarten, Platz aufheben und der Bereitung eines sehr gesuchten schwarzen Gichtpflasters lebt… Die Frau Susi, die Auskocherin, mit ihrem Sohn Ignaz, der „ins Läuten geht". Der Herr Wenzel, der Flickschuster, wird abends Gitarre spielen oder die Klarinette blasen, und der

Weber-Ferdl, der berühmteste „Dudler ins Häfen hinein"
vom ganzen Grund, wird auch kommen.

Der Greißler läßt eine Rein Gollasch kochen, alles für
zehn Kreuzer pro Person, und die Frau Susi, die Auskocherin, liefert die Krapfen. „Mei Gott, es is ka Kunst und
ka Hexerei! Nemmt ma halt auf hundert Krapfen a groß
Maßl Mundmehl, vier Eier, an Vierting Schmalz, um zwa
Kreuzer Germ, a Seitl Milli…"

So unterhielt sich das Wiener Volk vor hundert Jahren
im Fasching, dazu „a Zithern mit harbe Tanz" und „'s
Klanglanett", die gehörten zur Freud. Bis in die Fruah!

Zur Gründerzeit, als die ersten Redouten und Bälle in
den Gartenbausälen, beim Sperl, im Elysium, in den Sträus-
selsälen begannen, kam die von Unternehmern veranstaltete
Faschingsunterhaltung wie eine große Welle des Vergnügens
über die Wienerstadt, und die Debardeurs gaben schnell den
Ton an. Das waren Damen von leichten Sitten, die in engen,
bis zur halben Wade reichenden Atlashosen erschienen, wohl
maskiert, in hohen Gummizugstiefletten mit goldenen Qua-
sten. Nicht umsonst sang man damals in den Wiener Pawlat-
schenhöfen:

> O Publikum, vernimm die Mordgeschichte,
> Die ich dir mit stillem Gram berichte.
> Von dem Kerl, der beim Sperl
> Hat gemordet einen Debardeur,
> Auf Ehr!
>
> Sie war ein tugendhaftes Frauenzimmer —
> Debardeur war leider sie nicht immer.
> Nur der Liebe zarte Triebe
> Ham sie verleit't zu dem Skandal
> Am Ball…

Das war das Wien der Krinolinenzeit. Die Herren tanzten
mit dem Zylinder am Kopf, den ihnen die Debardeurs mit

einem geschickten Schwung der Fußspitze vom Haupt schleuderten. Es war die Zeit der Fiakermilli, und Johann Strauß Sohn schrieb die „Schöne blaue Donau" für einen Tanz im Dianabad.

Das Geld lag auf der Straße, die Ringstraße war noch ein Beserlpark, und die Tramway war mit Plüsch gepolstert. Für die neuen Reichen entstand der neue Fasching, der nichts mehr mit den Bällen des gemütlichen Biedermeier zu tun hatte. Die industrielle Revolution war in unser Land gekommen und hatte ein neues Österreich geschaffen.

Damals wurde der Concordiaball ins Leben gerufen, auf dem der Ministerpräsident meist eine wichtige politische Rede hielt, und in der Burg fanden der „Ball bei Hof" und der „Hofball" statt.

Zweimal im Jahr ließ Kaiser Franz Joseph in seinem Haus tanzen. Im Januar, beim „Hofball", zu dem auch „Bürgerliche" auf der Gästeliste standen, und im Februar, wenn die Hofgesellschaft zum Tanz eingeladen wurde, zum „Ball bei Hof".

Vor allem war eine „allerhöchste Anordnung" notwendig, die das Datum bestimmte, worauf die Hofmaschinerie zu schnurren begann. Zirkulare wehten an das „löbliche" Oberstallmeisteramt, an das k. u. k. Hofwirtschaftsamt, an die k. u. k. Burghauptmannschaft, an die k. u. k. Hofgartendirektion, an die k. u. k. Hofburggartenverwaltung, an den k. u. k. Hofoberkommissär, den k. u. k. Hofstabsadjutanten, an den k. u. k. Hofstabsfeldwebel, den k. u. k. Trabantenleibgardewachkommandanten, den k. u. k. Leibgardeinfanteriekompaniewachekommandanten, den k. u. k. Hofarzt vom Dienst, an die Kammer Seiner Majestät.

Die Besucher des „Balles bei Hof", lauter Fürsten und Grafen mit ein paar Baronen und Rittern, dazwischen kein Rothschild, wurden von der Hofküche bewirtet. „Souper nach dem Cotillon" hieß es. Achthundert Personen saßen an vierzehn Tischen im Neuen Saal, an zehn Tischen in der Galerie, an vierundzwanzig Tischen im Radetzky-Appartement, an sechzehn Tischen in der Trabanten- und Ritterstube, an sechzehn Tischen in der zweiten Hälfte des Double für Tänzer und Tänzerinnen...

Zum „Hofball" mußte man auch die Mitglieder des Reichsrates einladen. Die Mitglieder des Herrenhauses, die Geheimen Räte, bereiteten keine Komplikationen, sie trugen Geheimratsuniform. Aber die Mitglieder des Abgeordnetenhauses trugen nur einen gewöhnlichen Frack, und wer von der Polizei kannte schon ihre Gesichter? Da mußte der Parlamentsarchivar sich hinter die Kiberer stellen und jeden Zivilisten mustern.

Die Einladung — auf französisch — lautete:

Par Ordre de Sa Majesté Imperiale et Royale Apostolique
...invité au
Bal de Cour
Mardi, le 6 février 1900
à 8 heures

Diese Karte konnte doch einem Abgeordneten gestohlen oder aber nachgedruckt worden sein? Das Mißtrauen gegen alles, was mit dem Parlament zusammenhing, war in der Staatsmaschinerie noch immer groß.

Der Kaiser, der beim „Ball bei Hof" geruhte, mit Untertanen zu speisen, hatte im Jahr 1900 folgende Personen an seinem Tisch sitzen: Gräfin Kapnist, die Gattin des russischen Botschafters; Lady Rumbold, die Gattin des englischen Botschafters; die Fürstinnen Auersperg-Breuner, Fürstenberg-Schönborn, Öttingen-Czernin; die Fürsten Moritz Lobkowitz, Paul Metternich, Alfred Windischgrätz und Karl Trauttmansdorff.

Der Ministerpräsident, der geniale Dr. Ernst von Körber, durfte aus großer, unverdienter Gnade auch mitessen. Er saß als letzter am Tisch des Obersthofmeisters, mit einem

Fürsten, einem Prinzen, einem Grafen, vier Gräfinnen und einer Baronin. Aus solchen Details spricht der Geist, der noch 1900 in der Hofburg herrschte. Wie nicht minder aus dem Telegrammtext, der heute noch sorgfältig im Staatsarchiv aufbewahrt wird: „Laut neuerlichem mündlichem hohem Entschlusse wird Se. kaiserliche Hoheit Erzherzog Heinrich Ferdinand morgen nachmittag mit Zug 4,35 Uhr in Wien zum Ball bei Hof eintreffen. Bitte um Leibwagen und Romanawagen. Kammervorsteher Major Tabory."

Bei den höfischen Bällen war alles streng eingeteilt. Um zwölf Uhr zog sich der Kaiser zurück, die Eingeladenen mußten ebenfalls gehen.

Die Karte, die zum „Ball bei Hof" am 6. Februar 1900 einlud, enthielt ein genaues Verzeichnis der Tänze und wie lange sie dauerten. Es wurde fast nur Musik von Johann Strauß gespielt: 1. Walzer 8,30 bis 8,40 Uhr („Widmungsblätter" von Johann Strauß), 1. Polka 8,43 bis 8,49 Uhr („Sängerlust" von Johann Strauß)... und so ging es fort bis 11,05 Uhr, wo alles zum „Souper" strömte, das genau eine halbe Stunde dauerte, worauf noch zwei Tanzpiecen folgten, die letzte Polka (schnell) endete um 11,56 Uhr. Auf der Rückseite stand noch „Après le Cotillon ... est prié de prendre place à la table de..." (Neuer Saal).

Vor sechzig Jahren hat ein Wiener Journalist eine feuilletonistische Schilderung des höfischen Faschings hingeworfen, der nachfolgende charakteristische Stellen entnommen seien.

„Der weite Saal — es ist der Große Redoutensaal — ist noch leer. Lautlose Stille herrscht in dem majestätischen Raume, dessen Größenmaße durch das Fehlen jeder lebenden Staffage noch imponierender erscheinen. Von den mächtigen Kristallustern flutet aus Hunderten von Glühlampen ruhige, wohltuende Helle durch den Saal, und in unzähligen Strahlenbündeln werfen die riesigen venezianischen Wandspiegel, die nahe an die Decke reichen, das empfangene Licht zurück. Bis zur Höhe jener Spiegel sind die Wände mit Gobelins verkleidet; es sind unschätzbare Stücke aus den Sammlungen des Kaiserhauses, köstliche Erzeugnisse niederländischer Web- und Wirkkunst... Es ist Hofball. Die Alexanderzimmer sind als Teesalons hergerichtet. Das blendend weiße Gedeck, die goldenen Fruchtschalen, das schimmernde Service, das alles winkt und blinkt herüber im Schein zahlreicher Kerzen. Stufen und Geländer der Freitreppe, die zu all dieser Rokokoherrlichkeit emporführt, sind mit schwerem rotem Plüsch ausgeschlagen. In dem Hemicycle, welchen die Flügel der Treppen in weitem Rund umschließen, entfaltet ein Blumenhain seine üppige Pracht. Die Treibhäuser Schönbrunns haben ihre seltensten und kostbarsten Pfleglinge hierhergesandt. Mitten in diesem Frühlingstraum erhebt sich eine Estrade. Schwere rote Samtfauteuils sind hinaufgestellt, bestimmt für die fürstlichen Zuschauerinnen. In der Mitte nimmt die Kaiserin Platz oder die Erzherzogin, welche an ihrer Stelle die Honneurs des Balles macht und empfängt.

Es ist acht Uhr geworden. Im Saale wird es lebendig. Man sieht reichgalonierte Hofoffizianten hin und her eilen auf dem spiegelnden Parkett, in ihrer roten, goldbetreßten Tracht, Kniestrümpfe mit Schnallenschuhen, den Hofdegen an der Seite. Der Zeremonielldirektor trifft noch die letzten Anordnungen. Eine hochgewachsene Soldatengestalt von strammer Eleganz begrüßt die Gäste, die farbigen Wogen gleich durch die drei Flügeltüren hereinströmen. Der ihnen den Willkomm bietet, ist Graf Kalman Hunyady, General der Kavallerie und Oberzeremonienmeister, stattlich anzuschauen in der scharlachroten, goldverschnürten Uniform, das Zeichen seiner Würde, den weißen, adlergekrönten Stab, in der Hand.

Drunten im Saal wogt und wallt buntes Farbengewirr. Die Uniform herrscht vor. Das schlichte bürgerliche Festkleid wird erdrückt von dem goldstrotzenden Geheimratsfrack, dem weiß schimmernden Generalsrock, den Röcken der Reitergenerale und der ungarischen Garde. Dazwischen sieht man das scharlachrote Malteserkleid mit schwarzsamtenem Brustlatz, die Deutschen Herren im weißen Rock mit dem kreuzgeschmückten Mantel, schwarzen Stulpstiefeln, das Deutsche Schwert an der Seite, und dann eine Wolke von Duft und zarten Farben: ein lebender Auszug aus dem Gothaischen Taschenbuch, die jungen Prinzessinnen, Komtessen, Baronessen, das Tanzmaterial. Das ist ein Flüstern und Schwirren, Neigen und Beugen, Kichern und Lächeln, alles wohltemperiert durch die Würde des Ortes. Die Ballmütter — und hierher zählt die Etikette alle dem Tanz entwachsenen Damen — haben indessen auf den rotsamtenen Diwans an der Längsseite des Saales Platz genommen.

An der Schwelle des Redoutensaales erscheint der Obersthofmeister. Er klopft ruhegebietend mit seinem Stabe dreimal auf den Boden. Der große Augenblick ist da. Über die ganze glänzende Versammlung breitet sich tiefes Schweigen. In der Mitte des Saales, vom Eingang bis zur Flügeltreppe, hat sich eine breite Gasse gebildet. Aller Augen sind auf die Eingangstür gerichtet. Langsam schreitet Graf Hunyady vor; ihm folgt in einiger Entfernung der Erste Obersthofmeister.

Nun erscheint der Hof. Voran der Kaiser in weißer Marschallsuniform, am Arm die stellvertretende Erzherzogin. In gemessenem Abstand folgen paarweise die Mitglieder des Kaiserhauses. Sobald der Kaiser an der Stirnseite des Saales angelangt ist, gibt er den Arm seiner Dame frei, die sich ihrerseits mit dem großen Courkompliment von ihm verabschiedet, um auf der Estrade Platz zu nehmen. Ebenso haben sich die fürstlichen Paare getrennt.

Noch eine kurze Pause. Der Oberzeremonienmeister winkt mit dem Stock, und die Introduktion des ersten Walzers rauscht durch den Saal... Hofballmusikdirektor Strauß wacht streng darüber, daß keine Tour die vorgeschriebene ‚Umdrehungszeit' überschreite. Nicht selten muß der Dirigent den Lebensfaden eines Stückes entzwei schneiden. Die Musik verstummt plötzlich, des Walzers Uhr ist abgelaufen.

Dem Tanze selbst ist nur etwa ein Viertel des Saales ein-
geräumt. In einem kleinen Kreise vor der Fürstenestrade
drehen sich die Paare. Nach langgeübtem Brauch figurieren
als Vortänzer zwei Offiziere der Leibgardereitereskadron.
Mit einem derselben eröffnet eine Erzherzogin den Tanz.
Der Kaiser macht indessen die Runde. Er zieht zuerst die
Botschafter ins Gespräch, wendet sich dann ihren Damen
zu, spricht weiterschreitend diese und jene Persönlichkeiten
an, immer gefolgt vom Ersten Obersthofmeister. Wo der
Kaiser haltmacht, da ziehen sich die Gäste diskret in weitem
Kreis zurück, um den Angesprochenen mit dem Kaiser allein
zu lassen...

Nach der zweiten Quadrille verfügen sich die Erzherzoginnen in das Alexander-Zimmer. Hier wird an drei Tischen
der Tee genommen. Die Gemahlinnen der Botschafter und
Gesandten sowie die Palastdamen nehmen daran teil. Indessen drängt sich das Gros der Ballgäste (1400 beim Hofball) um die in den Nebenräumen des Redoutensaales auf-
gestellten Büfetts. Ungemessene Quantitäten Champagner,
Mokka, römischer Punsch, Eis und Mandelmilch werden
vertilgt. Beim Büfett macht das Zeremoniell halt. Neben
dem ergrauten Reitergeneral schlürft der kleine Leutnant
seine Limonade, neben dem Abgeordneten in schwarzem
Frack läßt sich ein Großer des Reichs den frappierten Sekt
munden. Freiheit und Gleichheit sind ins Gastronomische
übersetzt.

Der Kaiser nimmt, wenn der Cercle beendet ist, auf der
Estrade Platz und sieht dem Tanz zu. Gegen Mitternacht
bricht der Hof auf und zieht sich zurück, in derselben Ordnung, wie er gekommen."

Der „Ball bei Hof", der einige Tage nach dem „Hofball"
stattfand, war exklusiver. Die Hofgesellschaft war unter
sich, gerade daß — gegebenenfalls — der Ministerpräsident
in Galauniform erscheinen durfte. Rund sechshundert Personen erschienen, darunter zirka fünfhundert „Zuseher", der

Rest waren Tänzerinnen und Tänzer. Geladen wurden „fremde Suiten", Leibgarden, hohe Geistlichkeit, Minister und Präsidenten und „Gesellschaft", worunter die Hofkreise sich selbst höchstpersönlich verstanden. Unter den Generalen und Obersten befanden sich stets auch ein paar Bürgerliche. Vierzig Offiziere wurden außerdem mittels „Nominal-Konsignation" des Platzkommandos als „Tänzer" eingeladen.

Die Arcierenleibgarden und die der Ungarischen Garde standen starrend von Gold und Silber im „Pietra dura" oder im „reichen Schlafzimmer" bis 11,45 Uhr Posten, weiter draußen die Trabanten von 11,30 Uhr an bis zur Abfahrt beim Eingang in den Kleinen Redoutensaal. Und schweißgebadet brachen die Lakaien vom Büfett des Hofballes um 11,30 Uhr zusammen.

Es war eine enge Welt, eine begrenzte Welt, aber noch war es eine ehrliche Welt, die auf Sitte, Anstand und Form hielt. Und die höfischen Bälle waren die letzten Gelegenheiten, wo sich die höchste gesellschaftliche Form, das spanische Zeremoniell, entfaltet hat — das letztemal am 16. Januar 1911.

Ein anderer Höhepunkt des Wiener Faschings war die Opernredoute. Ursprünglich hatte sie in den Redoutensälen stattgefunden, und jeder anständig angezogene Mensch konnte erscheinen. Seit den siebziger Jahren wurde sie in der neuen Oper abgehalten. Das Gedränge war so groß, daß man kaum tanzen konnte. Jeder Herr mußte warten, bis ihn eine maskierte Dame ansprach. In der Intrige bestand der Reiz der Opernredoute. Die Musik spielte unaufhörlich, die Stimmung war unbeschreiblich. In jeder Maske sah man eine Prinzessin — und oft war sie eine. Die Herren im Frack hatten den Zylinder auf dem Kopf und trugen Spazierstöcke von Ebenholz mit Silberkrücken. Bei der Opernredoute traf sich die beste Gesellschaft und die teuerste Demimonde.

Das erste Gschnasfest im Künstlerhaus fand vor mehr als hundert Jahren statt. Das Gschnasfest war das Kind eines glücklichen Österreich! Da lag die weite Monarchie nach Süden und Norden, nach Westen und Osten, die Wiener Stadtmauern waren gefallen, und auf den neuen Gründen wuchsen die Paläste und Museen empor. Alles gehörte dem Gedanken des Fortschritts. Der Liberalismus hatte eben das Staatsgrundgesetz geschaffen, die Menschen waren Staatsbürger, nicht mehr „Untertanen". Wenn sie auch noch in Eingaben an die Polizeidirektion schrieben, besagte Direktion möge „geruhen", dies und jenes zu bewilligen. Das Großbürgertum hatte den zähneknirschenden Feudalen ein wesentliches Stück Macht entrissen, ein Teil der Forderungen der Revolution von 1848 schien erfüllt, und die Feuerköpfe der Akademischen Legion waren Regierungsräte oder Hoflieferanten geworden. Die Künstler, die im Samtrock, mit langem Haar und Knebelbart herumliefen, waren ein angesehener bürgerlicher Stand und spielten im Wien der Makartzeit eine einzigartige gesellschaftliche Rolle. Sie bildeten eine geschlossene Einheit wie niemals vorher oder nachher.

Am 12. Januar 1870 haben sie ihr erstes Gschnasfest gegeben.

Woher das Wort „Gschnas" kommt, weiß man heute nicht mehr. Es muß aber um 1870 bereits verbreitet gewesen sein. Dem Sinne nach bedeutete es die Vortäuschung von Dingen durch Materialien, die im Wert beträchtlich von dem differierten, was sie zu sein vorgaben. So hat Makart, der in gewisser Hinsicht der geistige Vater des Gschnas genannt werden kann, wenn er Echtes nicht auftreiben konnte, auf schwarze Tischplatten manchmal die köstlichsten Elfenbeinintarsien gemalt. Bei einem Gschnasfest konnte man einen erlesenen altägyptischen Schmuck sehen, der aus Erbsen und roten Rüben bestand. Mit einem

Wort: der Gschnas hängt mit der berauschenden Dekorationsphantasie eines Bernini zusammen und ist ein Witz, der sicherlich in Barockateliers geboren wurde.

Aus dieser Idee hat sich im Lauf der Jahre eine Festkultur ganz eigener Art entwickelt, denn die Gschnasfeste waren stets visuell konzipiert und sorgfältig durchkomponiert. Da gab es keinen Mißton, da war jeder Raum ein farbiges und formales Erlebnis, und die Besucher waren im Nu völlig verändert, besonders die Frauen, bei denen die meisten konventionellen Hemmungen wegzufallen begannen, denn so etwas gab es längst nicht mehr im Leben: absolute Schönheit. Blickt man über die Liste der Gschnasfeste, die in all den Jahren gefeiert wurden, so drückt sich immer irgendwie der Zeitgeist in den Devisen aus. Drei Jahre hintereinander, von 1881 bis 1883, gab es Italienische Maskenfeste. Im „Alt-niederländischen Kirmesfest" lebte sich der Kostümrausch der Makartzeit aus. „Fin de siècle" nahm 1895 den später so berühmt gewordenen Begriff vorweg, und von 1897 bis 1900 standen alle Gschnasfeste im Zeichen des Radelns. Man muß es erlebt haben, um heute zu begreifen, wie die einfache Erfindung des Fahrrads, des Velozipeds, die Menschen außer Rand und Band bringen konnte. Und daß das letzte Gschnasfest in der Monarchie — 1911 — „Hausball bei Frau Austria" hieß, war eine wehmütige Vorahnung.

Die Gschnasfeste haben enorm viel eingebracht. Ihre Erträgnisse kamen meist dem Pensionsfonds der Künstlergenossenschaft zugute. Moderne Ballveranstalter müssen vor Neid erblassen, wenn sie erfahren, daß das Gschnasfest von 1885 einen Reinertrag von zweiundzwanzigtausend Gulden und einem Dukaten ergab. Das ergäbe ein Vielfaches in der heutigen Währung.

Die Gschnasfeste jener Zeit waren gewöhnlich auf einen Kreis von geladenen Personen beschränkt. Die Erzherzoge kamen immer — in den Unterlagen ist nichts zu finden, daß sie zahlten —, ebenso der Hochadel, der meist mit

Freikarten regaliert wurde. Aber die Bürger ließen es sich etwas kosten. Die größten Einnahmen ergab jedoch die Besichtigung der Festräume nach dem Ball. Da strömte das „Volk" von ganz Wien ins Künstlerhaus, wartete in Schlangen, von Polizei zu Fuß und zu Pferd in Zaum gehalten, und zahlte fünfzig Kreuzer. Diese Einnahmen sind meist größer gewesen als die des Gschnasfestes.

Im 20. Jahrhundert kamen meist ein paar tausend Personen beim Gschnasfest zusammen. Das Gedränge war dann gewöhnlich so groß, daß die Polizei Kordons bilden mußte. Prinzipiell waren die Gschnasfeste Kostümbälle, kam jemand im Frack, hatte er fünfzig Gulden Eintritt zu bezahlen. Die Kostüme mußten irgendwie der Devise entsprechen. In den ersten Jahren waren die Feste vielfach lebendig gewordene Seiten aus der Kostümkunde von Hottenroth; besonders die Frauen schwitzten in enormen Krinolinen und Faltenwürfen. Später hat sich das geändert, und im 20. Jahrhundert begann das schöne Geschlecht seine körperlichen Reize an diesen Abenden mehr und mehr zu enthüllen. Das Gschnasfest bekam einen internationalen Ruf, in bezug auf Schönheit und Reiz seiner Besucherinnen. Man kam oft von weither nach Wien, um am Gschnasfest teilzunehmen.

Die Gschnasgalerien, die für jedes Gschnasfest von den Mitgliedern der Künstlergenossenschaft gemalt wurden, haben — soweit sie erhalten geblieben sind — ihre Wirkung bis heute bewahrt. Es war üblich, diese Bilder nach den Künstlerfesten zu versteigern. Die Auktionen haben durchschnittlich sechs- bis siebentausend Gulden eingebracht. Die Herrschaften haben jedoch das Ganze meist als Hetz betrachtet, zwar das Geld springen lassen, aber sich wenig um die Bilder gekümmert.

Die liebenswürdige Heiterkeit der alten Gschnasfeste ist uns so fern, so weltweit fern die Entrücktheit jener unvergeßlichen Abende, da die prachtvollsten Kostüme, die bezauberndsten Frauen unter berückenden Lichteffekten in einem nimmer abreißenden Strom durch die Säle und Zimmer, über Stiegen und Treppen — berühmt ihrer erotischen Spiele wegen — zogen, da überall eine dionysische Heiterkeit regierte. Selbstentrückung und Selbstvergessenheit kam über die sonst so streng gehaltenen Frauen der Makartzeit. Wie viele Romane haben auf dem Gschnasfest ihren Anfang oder ihre Erfüllung gefunden! Rings um das Künstlerhaus warteten die Fiaker mit Fußsäcken, in denen erhitzte Ziegel lagen, und dicken Schafspelzen auf die Paare. Diese stiegen, ohne in der Garderobe ihre Überkleider zu nehmen — die Garderobescheine hatte meist der Herr Gemahl oder der Herr Vatter —, in die Fahrzeuge, die nun in gemächlichem Tempo die Fahrt durch die Hauptallee zum Lusthaus und zurück begannen. Das waren die berühmten sogenannten Porzellanfuhren. Die Polizei hat in den Nächten der Gschnasfeste oft Hunderte solcher Fahrzeuge den Praterstern passieren sehen. Viele Romane mögen in diesen Fiakern begonnen haben und zu Ende gegangen sein.

Unvergeßlich die Erinnerung, wenn man aus den großen Fenstern des Künstlerhauses in die schweigende Winternacht des Karlsplatzes blickte, auf den noch nicht eingewölbten Wienfluß mit seinen Weiden und Rüstern, zwischen denen einst im Mondschein die „Klag" gerollt...

Die Musikkapellen hörte man nur gedämpft, gedämpft nur das Evoe der Unersättlichen, Frohen, Beschwingten... Nächte, die die erlesene Höhe einer gesellschaftlichen Kultur waren, welche untergegangen ist ohne Spur und ohne Hoffnung.

Über die großen Bälle in Wien darf man jedoch die vielfältigen Privatfeste nicht vergessen, die im Fasching in Bürgerhäusern und Palästen abgehalten wurden. Ein in vieler Hinsicht „berühmt" gewordener Maskenball fand an einem Märzabend des Jahres 1826 im Palais Eszterházy statt — also viele Jahrzehnte vor den „ausschweifenden" Festen der

Makartzeit. Berühmt wurde er vor allem wegen seines Nach-
spiels, über das sich ganz Wien amüsierte. An diesem be-
wußten Abend also fuhr vor dem Palais Equipage auf
Equipage vor. Die enge Wallnerstraße war voller Neugieri-
ger, denn in Wien hatte sich das Gerücht verbreitet, daß
beim Fürsten Nikolaus Eszterházy ein großartiger Maskenball stattfinden werde. Da dieser Magnat in seinen Ausschweifungen nur durch den bereits aus Wien verbannten
Fürsten Kaunitz übertroffen wurde, konnte man sich dort
allerhand erwarten. Daß er im Palais Arenberg auf der
Landstraße einen Harem sondergleichen hielt, das raunte
man sich im Wien von damals überall zu. Mag sein, daß der
reizende kleine Pavillon im Arenbergpark, der heute eine
Meierei beherbergt, seine intimsten Orgien gesehen hat.

Die Neugierigen, die damals etwas von der Pracht fabel-
hafter Kostüme zu erblicken hofften, wurden bitter enttäuscht, denn alle Herren und Damen, die vorfuhren oder
von den krebsrot uniformierten Trägern in den öffentlichen
Sänften, welche am Petersplatz ihren Standort hatten, gebracht wurden, trugen weite Mäntel, die nichts von den
Kostümen erkennen ließen. So verliefen sich schließlich die
Neugierigen, und nur ein paar zähe Adabeis, die die ganze
Nacht zu den beleuchteten Fenstern des ersten Stockwerkes
emporstarrten, harrten aus. Sie hörten nichts als die gedämpfte Walzermusik, die bis auf die Wallnerstraße drang.

Es war aber auch kein Maskenball im üblichen Sinn des
Wortes. Ein Zeitgenosse, Georg Karl Herlossohn, der unter dem Pseudonym Eduard Forstmann in seinem Buch
„Wien, wie es ist" (Leipzig 1827) über diesen Ball berichtet, erzählt folgendes:

„Herren und Damen — die ersteren gehörten durchweg
dem hohen Adel an, was man von den Damen nicht sagen
konnte — erschienen während dieses Balles in keinem anderen Kostüm als demjenigen, welches ihnen die Natur gegeben hatte. Als die Polonaise begann, war es dunkel im
Saale. Wie der Tanz sich immer freier und reger entfaltete,

ward es heller, und als er in einen rauschenden Walzer ein-
ging, war es ganz hell geworden, denn man hatte die Lüster
heruntergelassen. Bei dem letzten Ton der Musik flog die
Beleuchtung wieder in die Höhe und es wurde wieder dunkel. Rund im Saale standen Ottomane, sie luden die er-
schöpften Tänzer und Tänzerinnen ein, man rastete daselbst paarweise eine halbe Stunde, bis die Lichter wieder
erschienen und die Adamskinder im Walzer dahintobten,
glühend und erglüht. Um elf Uhr erhielt jedermann einen
Domino, man ging in den Speisesaal, wo der Champagner
in Strömen floß."

Soweit die Schilderung Herlossohns.

In den Notizen des Wiener Polizeiarztes Dr. Joseph
Schrank ist der weitere Fortgang des Balles mitgeteilt. Als
das Souper in vollem Gang war, erschien auf der Estrade
des Saales Henriette Rothmann, eine der bekanntesten
Kurtisanen des damaligen Wien. Sie war völlig bekleidet,
machte einen Knicks vor dem Publikum, das sofort in seiner lauten Unterhaltung innehielt, und trug nun ein Gedicht
vor, das den Titel „Odeur féminine" führte. Lithographierte
Abzüge dieses Gedichtes sollen später um einen Dukaten in
Wien verkauft worden sein. Den Inhalt des Gedichtes kann
man nicht einmal andeutungsweise wiedergeben.

Als die Rothmann geendet hatte, erscholl rauschender
Beifall. Es war ein Uhr. Da sprang die Saaltür auf, „ein
Polizeirat und mehrere Polizeioffizianten traten ein und
wollten die noble Gesellschaft arretieren. Die geheime Lust-
barkeit war verraten worden. Die Kavaliere nannten ihre
Namen, und auf ihre Bitten begnügte man sich auch mit
denen der Damen. Man ließ sie frei, doch mußte sich alles
entfernen. Henriette Rothmann wollte durch eine Hintertür
entspringen, aber die furchtbare Inquisition hatte auch hier
ihre Posten aufgestellt. Man fing die schöne Nymphe ein
und leitete die Weinende in das Ankleidezimmer der Damen
zurück, wo die größte Konfusion herrschte."

Der Kaiser las am nächsten Morgen den Rapport der

Polizei. Er befahl strengste Bestrafung. Aber die Liste der Namen enthielt die der ersten Männer des Reiches, auch den seines Generaladjutanten Johann Baron Kutschera, der schon für Joseph II. Kupplerdienste verrichtet haben soll. Man konnte da nichts machen. Nur dem Kutschera, der schon ein Mann in den Jahren war, mager und schlank, mit langem, in die Stirn gekämmtem Haar, sagte er ironisch: „No, Sie müßn guat ausgschaut haben auf dem nackerten Ball!"

Die Untersuchung der Polizei begann zu laufen. Am nächsten Tag wurde die Rothmann, die auf der Elendbastei wohnte, zur Polizei auf den Petersplatz vorgeladen. Dort war damals nämlich die Polizeidirektion. Woher sie das Gedicht gehabt habe, wurde sie gefragt. Sie antwortete, einer der Kavaliere habe es ihr zum Vorlesen in die Hand gedrückt. Wer sei der Verfasser des Gedichts? Soviel sie wisse, der bekannte Wiener Schriftsteller Castelli. Daraufhin wurde sie entlassen und nach Hause geschickt.

Gleich holten die Vertrauten den Castelli, der Beamter bei der Landesregierung war. Castelli führte den Spitznamen „Höllenzote". Ihm war die Verfassung des „Odeur féminine" zuzutrauen.

Als der Polizeirat Pieringer Castelli andonnerte, lachte Castelli nur und sagte: „Das Gedicht kenne ich wohl, sein Verfasser ist Zacharias Werner."

Der Polizeirat in seinem flaschengrünen Frack mit weinrotem Samtkragen schluckte vor Schreck. Das fehlte noch, den Namen des 1823 verstorbenen Hofpredigers anzugeben! Pieringer war Castellis Angaben gegenüber machtlos, er mußte ihn laufen lassen. Am selben Abend noch erzählte Castelli die Geschichte im berühmten „Blumenstöckel" in der Ballgasse. Polizeirat Pieringer schwitzte. Etwas mußte geschehen, irgendwer mußte „abgestraft" werden. So ließ er denn die Rothmann wieder holen und ihr von der riesigen Beschließerin des Frauenarrestes bei den Siebenbüchnerinnen zwanzig Stockhiebe auf das marmorweiße Hinterteil applizieren.

Nach diesem Blick hinter die Kulissen der Privatfeste zurück zum großen Fasching in Wien:

In den siebziger Jahren des 19. Jahrhunderts begannen die gehobenen Bälle des Volkes, die Fiakerbälle, die Wäschermadelbälle. Da erschienen die berühmten Fiaker der Zeit beim Gschwandner, beim Wimberger. Der Knackerl, der Schackerl, die Wurst, 's Rostbratel, der Waldhauer, der Edelheim, der Sauer, der Brustfleck, der Pagat, die Ummurken und wie die Spitznamen der angesehensten Fiaker noch waren, unter denen sie ganz Wien kannte, die phantastisch schnell fuhren wie der berühmte Bratfisch, der Leibfiaker des Kronprinzen Rudolf.

Alle Grafen und Fürsten kamen zu den Fiakerbällen, denn die feudalen Herren waren in eigentümlicher Intimität mit den Fiakerkutschern verbunden, war doch Gustav Pick, der Komponist und Dichter des Fiakerliedes, ein Sohn des Fürsten Batthyány.

Und wer gedenkt noch der berühmten Wäschermadelbälle, zu denen sie vom Thury und dem Sechsschimmelberg kamen, in ihren kurzen, gesteiften Röcken, dem schwarzen Samtspenzer mit Perlmutterknöpfen, dem grell getupften Halstuch, dem Kopftüchel, letzteres oft zu einer primitiven Gugel geformt, zu genial flatternden Zipfen verschlungen. Die Frisur hatten sie mit Schweineschmalz glänzend aufgebaut, die hohen, scharf benagelten Stiefeletten an den Füßen, die sowohl für den Steirischen, den Ländler, den Walzer dröhnend den Takt schlugen. Ihre ebenbürtigen Geschäftskollegen, Kinder vom Grund, begleiteten sie, die ihnen die Woche hindurch die Wäsche aufgehängt hatten, und die das Handwerkzeug, die „Wäschekluppen", am blauen Vortuch, oder die „Schubkarrenbandeln" über die Achseln trugen.

Die Decke erdröhnte unter dem „Gstrampften", und wenn ein Paar den neuesten Vierzeiler intonierte, da fielen auch die anderen ein, und in den Morgenblättern konnte man davon am nächsten Tag lesen, denn diese Bälle gehörten zum Gesicht des Wiener Faschings.

Oh, sie waren einzig in ihrer Art, diese Faschingsfeste in Wien!

FRAU ANNA SACHER:
IN DEINEM LAGER ISST ÖSTERREICH

Das Haus hinter der Oper hat seine eigene Geschichte. Und sie ist zugleich die Geschichte des alten, unsterblichen Österreich, obgleich sie niemals oder nur äußerst selten in die Bücher der offiziellen Geschichtsschreiber Eingang gefunden hat. In diesem Haus sind Männer und Frauen einander begegnet, die hier nicht nur ihre eigenen Schicksale erlebten, sondern oft die Verantwortung für die Schicksale Hunderttausender ihrer Mitbürger in den Räumen dieses Hauses auf ihre Weise besprachen und bestimmten. Deshalb ist dieses Haus — das „Hotel Sacher" — ein Begriff geworden, nicht nur für Wien und ganz Österreich, sondern für eine Welt, die allerdings längst in Asche zerfallen ist.

Der alte Franz Sacher hatte eine Weinstube in der Weihburggasse und drei Söhne. Einer davon — Eduard — wurde Küchenjunge beim Fürsten Schwarzenberg, ging dann auf Reisen und eröffnete nach seiner Rückkehr ein Delikatessengeschäft in der Kärntner Straße. Er nahm ein blutjunges Mädchen, Tochter eines Wiener Fleischhauers, zur Frau. Der Eduard und die Anna arbeiteten so tüchtig, daß sie vom ersparten Geld ein Haus genau gegenüber der Delikatessenhandlung bauen konnten. Im Jahre 1876 wurde an dieser Stelle das „Hotel Sacher" als „Maison meublée" eröffnet. Und als Eduard 1892 starb, führte seine Witwe das Hotel weiter.

Sie war eine Type, ein Unikum, diese Frau Sacher, mit ihren schweren Zigarren, ihren zwei französischen Zwergbullies und dem „Lordoberkellner" Wagner. Sie besaß Organisationstalent wie ein Missionar, Energie wie ein Feldherr und Fingerspitzengefühl wie ein alter Diplomat. Sie war eine Königin in einem geheimnisvollen und unerhört gewaltigen Reich.

Vor den Fenstern des Hotels stand die Oper. Gewiß, sie steht heute noch dort, damals aber, als die zigarrenrauchende Frau Sacher, die Zwergbullies an ihre Brust gedrückt, auf diesen Bau hinausblickte, raunten und flüsterten die Séparées, glitten gewichtige Schritte über die Teppiche der Eingangshalle und war hier eine Welt versammelt, die noch nicht ahnte, daß sie einmal zum letzten Tanz — zum Totentanz — werde antreten müssen. Man parlierte und intrigierte, man lud eines der „Sachermädeln" der Oper — die so hießen, weil sie in der letzten Reihe des Ballettchors, also schon beinahe im Reich der Frau Sacher, tanzten — in eines der weniger feudalen Séparées ein, man traf sich mit Hoheiten und Finanzgrößen, mit gefährlichen Rittern der Feder, und man dachte nicht an das Morgen. Es war die Zeit, in der Schnitzler sein „Abschiedssouper" schrieb und der bittere Wermutstropfen längst in den Freudenbecher gefallen war.

Kabinette kamen und gingen, der alte Kaiser saß jeden Morgen ab fünf Uhr früh an seinem kleinen Schreibtisch, und im „Hotel Sacher" wurden die Erschütterungen des politischen Weltbebens wie mit einem geheimnisvollen Seismographen registriert. Obwohl das Knirschen einer langsam aus den Fugen gehenden Welt immer deutlicher hörbar wurde, hielten die Mauern dieses Hotels stand. Es überlebte alle, die Erzherzoge wie die Vertreter der Gentry, die Nachkriegsjobber wie die Neureichen. Doch das, was das „Hotel Sacher" einmalig machte, war nicht seine Bedeutung als Hotel ersten Ranges, sondern als Domäne, in der das Schicksal Österreichs verwaltet wurde.

In allen Hauptstädten, an allen bedeutenden Plätzen der Welt gibt es Hotels, die man weit über die Grenzen ihrer Länder hinaus kennt — prunkvolle Riesenbauten, mit raffiniertestem Luxus ausgestattet, deren innere und äußere Aufmachung, deren glattgeschliffene Farblosigkeit es darauf anlegen, den internationalen Reisenden vergessen zu lassen, daß er sich in Brüssel und nicht in Kopenhagen, daß er sich in Tokio und nicht in Berlin befindet.

Das „Hotel Sacher" hat auf solche Wirkungen von allem Anfang an bewußt verzichtet; dieses einfach anmutende Haus hinter der Oper, das von Frau Anna im wahrsten Sinne des Wortes „gemacht" worden ist, war immer ungeheuer österreichisch. Soweit landfremde Reisende dort abstiegen — man hat sich jeden sehr gut angesehen, bevor man ihm erlaubte, seinen Namen ins Fremdenbuch zu schreiben —, bereitete ihnen der erste Anblick gewöhnlich eine gewisse Enttäuschung; man hatte von diesem Hotel, dessen Ruhm rund um die Welt ging, mehr erwartet, mehr Fassade, mehr Komfort und mehr äußeren Glanz. Und es gehörte schon eine gewisse Portion Erfahrung und Einfühlungsvermögen dazu, um die subtilen Unterschiede zu begreifen, die zwischen dem „Sacher" einerseits und dem „Carlton", dem „Ritz" und dem „Splendid" anderseits bestanden. Es prunkte nicht, war aber doch außerordentlich vornehm, es wartete seinen Gästen nicht mit den höchsten Leistungsspitzen hotelmäßigen Komforts auf, war aber doch höchst „komfortabel", und seine Gäste wurden nach anderen Wertungsbegriffen eingeschätzt als jene des „Carlton", des „Ritz" und des „Splendid".

Lieber Himmel, welcher Krösus sollte denn auch diesem Haus imponieren — diesem Haus, dessen Teppiche niedergetreten waren von den Schritten der Männer, die das Schicksal Österreichs bestimmten? Viele Jahrzehnte lang ist es der Treffpunkt von Erzherzogen und Staatsmännern gewesen, Bankleute und Industriegewaltige haben am Kaminfeuer seiner Séparées verhandelt, unter seinem Dach sind gewichtigere Entscheidungen gefallen und sensationellere Skandale aufgeflogen als in irgendeinem anderen Hotel in Europa.

Und diese Gralsburg der Mächtigen, dieses intime Dorado der Eingeweihten, wurde von einer Frau geschaffen und regiert, mit selbstsicherer Energie, mit liebenswürdigem Entgegenkommen und unerhörtem Takt, mit dem sie stets ihre Gäste behandelte. Denn „behandelt" wurde man im „Sacher", das muß schon gesagt werden, zumeist gut; jene aber, die schlecht behandelt wurden, gehörten durchaus nicht einer zweitrangigen Gästekategorie an — Hocharistokraten und Minister, Politiker und Millionäre waren darunter —, sie begingen nur den unverzeihlichen Fehler, irgendwie gegen den geheiligten Ritus des „Sacher" zu verstoßen. Und dergleichen duldete Frau Anna nicht. Wer den Fuß auf die untadeligen Teppiche des Vestibüls setzte, hatte sich dem Geist dieses Hauses zu unterwerfen. Es war ein Staat im Staate, mit eigenen Gesetzen, in denen sich Außenstehende schwer zurechtfanden. Es war auch nicht ratsam, sich diesbezüglich des Näheren zu erkundigen: entweder verstand man den Ritus, dann gehörte man eben dazu, oder man verstand ihn nicht, dann hatte man im „Sacher" nichts zu suchen.

„Bei mir is 's so!" wurde einem von der Herrin des Hauses mit Nachdruck erklärt. „Die Herrschaften, denen 's da nicht g'fallt, die können ja ins ‚Bristol' gehn!"

Aber die Herrschaften gingen nicht gern ins „Bristol", wenn sie einmal bei der Sacher gewohnt hatten. Früher oder später liebte jeder die besondere Atmosphäre dieses Hauses, und jeder, sofern er nicht auf freudloseste Krankendiät gesetzt war, verspürte den besonderen Geschmack der Sacherküche; sie war das Juwel, von dem der Strahlenglanz ursprünglich ausging, und es heißt, daß Frau Anna persönlich auf Beibehaltung der Grundelemente und auf pietätvollster Pflege der Standardgenüsse bestand. Natürlich führt jedes vornehme Hotel großen Stils eine dementsprechende Küche, aber wo in aller Welt würde man es wagen, im Gefunkel feierlicher Kristallüster einen Kruspelspitz mit Kren zu bestellen? Wer würde den Mut aufbringen, sich in solcher Umgebung zu seiner Vorliebe für Beinfleisch und überkrustete Topfenfleckerl zu bekennen? Beim „Sacher" war das die natürlichste Sache der Welt — man kam von der Straße herein, begegnete im Vestibül ein paar ungarischen Magnaten — wenn's der Zufall wollte, auch einem Erzherzog —, passierte das Büfett mit seiner linksseitig angeordneten Garnierung von sehr jungen Kavalieren in Theresianistenuniform — genannt „die Sacherbuben" (sie hockten dort bei einem Glas Dessertwein und einem Stück Torte gelangweilt, aber pflichtbewußt beisammen wie eine Schar Inséparables auf dem Sprießerl) — und begab sich in den Speisesaal, um dort frank und frei „Ripplertes" und Marillenknödel anzuschaffen.

In großer Toilette, zigarrenrauchend und mit tiefer Baßstimme Befehle erteilend, durchwandelte Anna Sacher ihr Reich, wie ein General die Front abschreitet. Sie begrüßte bekannte Gäste, plauderte mit Bevorzugten, nahm Handküsse in Empfang und wachte mit strengem Blick darüber, daß „ihre Buben" nicht allzuviel tranken.

„Sie, Leopold, das wievielte Glas Wermut ham S' dem jungen Batthyány jetzt serviert?"

„Das dritte, gnä Frau."

„Na gut, aber jetzt ist Schluß, mehr kriegt er nicht." Sie wandelte weiter. Und der junge Magnat, Herr über ein halbes Königreich und viele Millionen, schwieg.

Während des Faschings und zur Zeit der großen Rennen im Spätfrühling waren die Speisesäle so überfüllt, daß später kommende Gäste im Vestibül warten mußten, bis es wieder Platz gab. Drinnen standen zwar gewisse Tische leer — sie waren nicht bestellt, nicht für einen bestimmten Gast reserviert, aber Frau Anna dekretierte, daß sie für höchst nebulose Möglichkeiten freizuhalten waren. Den gut gedrillten Sachergästen fiel es ebensowenig ein, darauf zu aspirieren, wie etwa auf freie Plätze in der Kaiserloge. Dieselbe Geschichte war es mit den Séparées — da gab es welche, die verhältnismäßig leicht zu bekommen, solche, die schwer zu bekommen, und einige, die überhaupt nicht zu haben waren; sie wurden nach einem Ritual vergeben, in dem sich nur ein paar als Kellner verkleidete Auguren auskannten.

Und doch ist aus den Sacher-Séparées, aus diesen abgeschlossenen kleinen Salons, die bewacht waren wie Kriegsgebiet, so manches herausgedrungen, das nachher eine Lawine von Skandalen entfesselte. Oft ist's gar nicht wahr gewesen, aber „man" flüsterte davon, und das Geflüster drang gewöhnlich rasch an die Ohren der betroffenen Ehemänner, in manchen Fällen sogar an jene des Kaisers.

Der Kaiser, sagt man, hat das Hotel Sacher nicht besonders geliebt — sehr zum Leidwesen der Besitzerin, die ihn vice versa ungemein verehrte; aber Franz Joseph paßte es nicht, daß kaiserliche Prinzen dort ein und aus gingen, das Hotel zu einer Art Treffpunkt und Hauptquartier machten und sich von aller Welt zuschauen ließen, wenn sie der Wirtin die Hand küßten. Gut — die sehr hohen Herren trafen dort hauptsächlich mit Leuten zusammen, die beinahe ihresgleichen darstellten, aber sie waren da zu sehr zu Hause, sie glaubten sich zu sehr geschützt vor fremden Augen, wenn die hohe Flügeltür, die zum Korridor der Séparées führte, einmal hinter ihnen zugefallen war. Es ist zum Beispiel nie bewiesen worden, ob die böswillige und heimtückische Behauptung des Erzherzogs Ludwig Viktor auf Wahrheit beruhte, aber er erschien eines Tages beim Kaiser, um ihm zu erzählen, daß Luise von Coburg mit einem gewissen Grafen Mattachich in einem Sacher-Séparée soupiert habe.

Luises Schwester, die Kronprinzessin Stephanie, überbrachte der Beschuldigten die Neuigkeit.

„Stephanie, ich schwöre dir, es ist nicht wahr."

„Aber der Ludwig Viktor hat dich doch gesehen. Der Kaiser glaubt ihm, er ist schließlich sein Bruder."

„Mein Mann weiß aber, daß kein wahres Wort daran ist — ich habe an diesem Nachmittag stundenlang

1   Das Opernhaus und seine Umgebung. Lithographie von Franz Alt, um 1875.

2   Am Graben. Grisaille von Wilhelm Gause. 1888.

3 Rendezvous beim Sirk. Aquarell von Karl Feiertag. Um 1900.

4 *Rechts:* Frühling auf der
Ringstraße. Grisaille von
Wilhelm Gause. Um 1895.

5 *Unten:* Radfahrerinnen
beim Blumenkorso. Gri-
saille von Wilhelm Gause.
1897.

6 Franz Joseph und Kronprinz Rudolf im Jagdwagen. Aquarell von Gottfried August Wilda. 1887.

7 Besuch der Kaiserin Elisabeth in der Volksküche. Gemälde von August Mansfeld. 1876.

Johann Strauß in Ischl.
Tempera von Theodor Zasche.

9   Bildnis der Katharina
    Schratt. Um 1875.

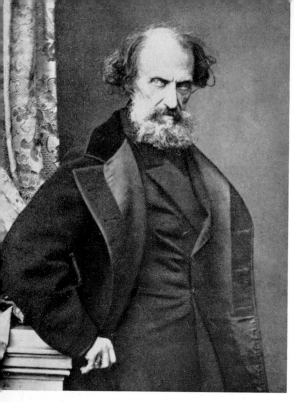

10   Josef Kriehuber.
Photographie.

1 Georg Ferdinand Wald-
müller. Photographie.

Rechts: Makart-Karikatur.
Aquarell von Hans Canon.

Unten: Haus und Atelier
des Malers Hans Makart.
Aquarell von Theodor Hör-
mann.

14   Der Hofball. Aquarell von Wilhelm Gause. 1900.

15   Der Wäschermädlball. Ölgemälde von Wilhelm Gause. 1898.

16 Bildnis der Anna Sacher. Photographie, aquarelliert, mit hinzugemaltem Hintergrund. 1898.

17   Sektfrühstück im Sacher. Zeichnung von Karl Karger.

18   Die Kellner. Sepia von Felician Myrbach. Um 1895.

19   Verkehrsgefahren der Ringstraße. Kolorierter Holzschnitt von
       Karl Klič. Um 1890.

20 Die erste Volksküche in Wien. Federzeichnung von Josef Eugen
Hörwarter. 1873.

21 *Links:* Die Angabe. — Studentenwohnungswechsel. Aquarell von Gustav Zafraunek. Um 1890.

22 *Rechts:* Tanzende Wäschermädln. Zeichnung von Josef Engelhart. 1894.

23   „Die rote Bestie". Aquarellierte Tuschzeichnung von Moritz Jung.

Der Brand des Ringtheaters in Wien,
am 8. Dezember 1881.

Ein furchtbares Unglück hat die Kaiserstadt Wien, ja die ganze österreichische Monarchie in tiefste Trauer versetzt! Das große und prachtvolle Ringtheater ist, während die Vorstellung begonnen hatte, bis auf die Umfassungsmauern niedergebrannt, 992 Menschenleben gingen dabei verloren. Die todten, verkohlten Körper wurden nur gliederweise aus dem Schutt hervorgezogen und gewährten einen Anblick, der wirklich haarsträubend zu nennen ist. Wie aus Wien berichtet wird, waren alle Vorsichtsmaßregeln außer Acht gelassen worden, das Gaslicht war verlöscht, tiefste Finsterniß herrschte auf den Gängen und in Folge dessen war es unmöglich, die Ausgänge ins Freie zu finden, es erstickten daher viele Menschen und eine große Anzahl wurde erdrückt. Das größte Entsetzen herrschte auf den vollbesetzten Gallerien, viele Menschen sprangen von dort hinab in das Parterre um dem Feuertode zu entgehen, fanden jedoch bei dem Sturze ebenfalls ihren Tod. Es wird einer langen Zeit bedürfen, ehe Wien in der Lage sein wird, dieses grauenvolle Unglück zu vergessen.

№ 1254.

24 Der Brand des Ringtheaters. Kolorierter Holzstich, Zeitungsausschnitt.

mit ihm gestritten, ich war überhaupt nicht außer Haus."
Stephanie schaute die Schwester mitleidig an. „Wie ich
ihn kenne, wird er sich hüten, mit dem Erzherzog anzubin-
den. Paß auf, an ihm hast du keinen Helfer."

Sie behielt recht. Philipp Coburg rührte sich nicht, und
wahrscheinlich wäre die ganze Geschichte im Sande verlaufen, wenn nicht der Kaiser auf einer offiziersmäßigen Aus-
tragung des Ehrenhandels bestanden hätte. Jenes in aller-
höchstem Auftrag stattfindende Duell zwischen Philipp
Coburg und dem Grafen Géza Mattachich stellte den Auf-
takt einer Katastrophe dar, die in der Folge die belgische
Königstochter und den ungarischen Grafen gemeinsam ver-
schlang.

Die repräsentativen Balkonzimmer des ersten Stockwerkes waren ein für allemal an Nikolaus von Szemere vergeben — den berühmten Spieler, Pferdezüchter, Multimillio-
när und Philanthropen, den Mann, der aus purem Aberglauben Anzüge von lächerlicher Buntheit trug, der daheim
einen geschwungenen weißen Leinenhut auf dem Kopf hatte
und an den Füßen Strümpfe in verschiedenen Farben. Zu
diesem Mann, der, abgesehen von besagtem Aberglauben,
der wiederum eng mit seiner Spielleidenschaft zusammenhing, von einer glasklaren Vernunft und Nüchternheit war,
flüchtete Frau Sacher gewöhnlich mit allen Sorgen und
Nöten.

„Szemere, der Ludwig Viktor plauscht da G'schichten
aus, die gar nicht wahr sind. Der Mattachich ist nicht bei
uns gewesen und die Luise auch nicht. Was soll ich jetzt
tun?"

„Nichts."

Sie fuhr auf. „Aber, lieber Freund, ich kann doch die
zwei nicht in der Patsche sitzenlassen. Ich weiß, daß sie
nicht im Séparée waren, und der Oberkellner Wagner weiß
es auch."

Szemere lächelte über seiner dicken Zigarre. — „Schön.
Dann lassen Sie einfach Ihren Oberkellner als Zeugen ge-

gen einen kaiserlichen Prinzen auftreten. Morgen können Sie Ihr Hotel gleich zusperren."

Frau Sacher seufzte. Ihr Freund und Berater hatte ja recht — sie würde mit ihrer Erklärung beim Kaiser nicht durchdringen. Seit diese peinliche Affäre mit dem Erzherzog Otto in ihrem Haus passiert war, hegte Franz Joseph eine verstärkte Aversion gegen das Hotel; es war noch ein Glück, daß diese Aversion nicht auch auf seine Tischgäste übergegriffen hatte, denn nach großen Festtafeln bei Hof kamen sie zur Sacher wie verhungerte Wölfe.

Das hatte nämlich seinen Grund darin, daß man an diesen Tafeln mit der grandiosen Speisenfolge eisern am althergebrachten Habsburgerzeremoniell festhielt und an Kaisers Tisch *à la cour* speiste — was bedeutete, daß man nur so lange kauen und schlucken durfte, als Franz Joseph kaute und schluckte. Nun war der alte Herr aber seit jeher ein sehr schwacher Esser, nahm von dieser oder jener Speise ein paar Bissen und legte die Gabel schon hin, bevor die anderen ihr Besteck recht in die Hand genommen hatten. An all den großartigen Diners und Soupers hatten nur die Tafeldecker und Lakaien ihre Freude — die bekamen nämlich nach gewohntem Brauch die „Reste", während die illustren kaiserlichen Gäste, die Diplomaten und Minister, der Hochadel und die Herren der Landstände, nach solchen allergnädigsten Empfängen schnurstracks ins Hotel Sacher fuhren und Mahlzeiten bestellten, die ihrer gehobenen Stimmung entsprachen.

„Beim Franz Joseph kann man nach Herzenslust verhungern", sagte der ungarische Ministerpräsident Graf Tisza.

Die Herrin des Hotels freute sich über solche Äußerungen; denn wenn sie auch den Kaiser verehrte, seiner berühmten Küche gegenüber bekundete sie die wache Aufmerksamkeit einer Rivalin. Sie wollte den Wettkampf mit der kaiserlichen Küche nicht nur qualitativ, sondern auch quantitativ aufnehmen; und als Szemere, unmittelbar nach dem Derbysieg seines „Confusionarius", bei ihr anfragte, ob sie sich an eine ganz große Sache heranwage, eine Siegesfeier für sein Pferd, und sechshundert Gäste in der Freudenau bewirten könne, da schaute sie ihn nur groß an. „Selbstverständlich."

„Dazu müßte Ihr Hotel unten am Rennplatz stehen, verehrte gnädige Frau."

„Kommenden Samstag wird's eben in der Freudenau stehen", sagte Frau Sacher resolut, und sie hielt ihr Wort.

Man hat in der österreichischen Gesellschaft von diesem wunderbar gelungenen und monströsen Fest noch jahrelang gesprochen — es kostete nicht viel weniger, als der Confusionarius-Sieg dem Besitzer des Hengstes einbrachte, aber Frau Sacher brachte es tatsächlich fertig, aus zwei primitiven Wirtshäusern, in denen sonst nur das Stallpersonal einkehrte, aus zehn Meter langen Büfetts, aus hufeisenförmig arrangierten Tafeln und einer Unmenge behaglich zusammengerückter Tische eine Art ländlicher Sacherfiliale zusammenzubauen. Zwei Kapellen spielten die lange Nacht hindurch; unter Reihen bunter Lampions, im Schein hunderter Windlichter soupierte und champagnisierte die ganz große Gesellschaft Österreichs. Sie waren alle da, die bewährten Sacher-Gäste, die Braganza und die Baltazzi, die Kinsky und die Trauttmansdorff und wie sie alle hießen, die Pferdezüchter und die Jockeyklubleute, hoher Adel und allerhöchste Plutokratie, ein paar Erzherzoge und ein paar Schauspielerinnen. Und der volle Sommermond, der schüchtern durch die Kastanien hindurchblinzelte, wunderte sich vielleicht darüber, daß diese sorglos selbstbewußten Menschen da unten, so eingesponnen in eigene, höchst unwichtige Interessen, so völlig absorbiert von Pferderennen und Jagden, von Geldgeschichten und Flirts, das dumpfe Rauschen überhörten, das, drohendem Wellenschlag gleich, rings um das Land emporschwoll. Was wußten sie schon von einem gewissen Masaryk und diesem Sozialisten Adler? Was kümmerten sie Clémenceau und die sonderbar eng gewordenen Beziehungen, die Rußland neuerdings mit dem

Balkan verband? Ihr Adel, ihre Privilegien und ihr Reichtum, das alles hat Jahrhunderte bestanden, und sie können sich nicht vorstellen, daß es jemals anders kommen könnte. Conrad von Hötzendorf, Erzherzog Franz Ferdinands Protegé, gehörte auch zu Szemeres Gästen. Nicht ganz so ahnungslos wie jene, promenierte dieser philosophisch angehauchte Feldherr unter dem Sternenhimmel und besah das glitzernde Getriebe aus einer gewissen Distanz.

„Wissen Sie, wie mir das vorkommt?" sagte er zu seinem Begleiter. „So muß es im Lager Belsazars gewesen sein, als die Medo-Perser bereits vor den Toren seiner Stadt standen."

Man schrieb den Frühsommer 1914.

Übrigens hat es auch schon in früheren Jahren prominente Leute gegeben, denen die von allen Sorgen bürgerlichen Alltags entschlackte Atmosphäre beim Sacher Unbehagen verursachte. Einer davon war Girardi; er gab zwar vor, das Wirtshaus sei ihm zu nobel und zu teuer, auch laufe er dort auf Schritt und Tritt Gefahr, der Odilon zu begegnen, aber die Wahrheit lag tiefer; der geniale Schauspieler, der über eine gehörige Portion von gesundem Menschenverstand verfügte, wußte zuviel von unverschuldeter Not und unbelohntem Verdienst, um sich in dieser filtrierten Sorglosigkeit wohl zu fühlen. Vielleicht fürchtete er auch, dort nicht richtig zur Geltung zu kommen, es gab andere Stars — politische und sportliche, militärische und solche vom Turf — genug, er ging nicht hin, und Frau Sacher überwand den Schlag.

Daß aber Lueger ihr Haus beinahe demonstrativ mied, daß dieser populäre Bürgermeister des „kleinen Mannes" das Hotel Sacher durch maliziöse Bemerkungen als eine Art „Zuflucht der Überflüssigen" hinstellte, das ging ihr wider den Strich. Anläßlich eines Balles im Rathaus ließ sich die temperamentvolle Frau hinreißen, eine boshafte Bemerkung über das Fest zu machen, die natürlich auf kürzestem Wege zu den Ohren des Bürgermeisters gelangte.

Nun war aber Lueger eitel und kein guter Verzeiher; er schwieg, aber von diesem Moment an galt die Sacher im Rathaus als erledigt.

Sie zuckte lächelnd die Schultern, als gute Freunde sie dies wissen ließen — schließlich kann man auf das Rathaus verzichten, wenn man die Hofburg hinter sich weiß —, aber dann kam ein Tag, da der Chefkellner, der eben in Szemeres Appartement abservierte, vom Balkon aus gerufen wurde.

„Kommen Sie einmal heraus, Wagner", sagte Szemere und zeigte mit der Zigarre auf die Straße hinunter, wo ein halbes Dutzend Männer mit Meßbändern und geheimnisvollen Apparaten hantierten. „Was machen die Leut' da eigentlich?"

Wagner gestand, daß er es nicht wisse — er wolle sich aber sofort erkundigen. Der Portier wußte aber auch nicht Bescheid. Was scherte sich das Sacher-Personal schon viel um Straßenarbeiter? Endlich direkt nach Zweck und Sinn ihrer Tätigkeit befragt, gaben diese Leute eine erschütternde Antwort. „Ah, nix", meinten sie friedlich, „mir tan nur ausmessen, weil 's Gleis für die Elektrische herkommt. Die Opernschleifen wird da umi g'führt, wissen S'."

Frau Sacher erlitt einen Schwächeanfall, als sie davon erfuhr. Straßenbahngeleise vor ihrem Hotel! Auf diesem exklusiven Boden, Equipagen und Gummiradlern vorbehalten, sollte die Elektrische klingeln — Tag und Nacht klingeln und ihre Gäste um den Schlaf bringen! So etwas war unmöglich!

„Das gibt's nicht!" erklärte sie energisch und begann gegen das Projekt Sturm zu laufen, Eingaben und Proteste auszusenden, einflußreiche Freunde vorzuspannen — aber siehe da, alles blieb wirkungslos. Dieser Bürgermeister war zu populär und zu streitbar, man hütete sich, ernsthaft mit ihm anzubandeln, und auf direkte Anfragen kam eine ebenso unverblümte Antwort: Es sei im Interesse des Verkehrs notwendig, die Schleife so und nicht anders zu legen. Die

Bequemlichkeit einiger weniger müsse eben vor der Bequemlichkeit tausender Straßenbahnpassagiere zurückstehen.

Und so geschah es auch. Die Geleise wurden gelegt, und zu allen Tages- und Nachtzeiten ärgerten sich die exklusiven Sachergäste über das Knirschen und Klingeln dieses „vulgären" Beförderungsmittels. Es hätte eines unmißverständlichen kaiserlichen Befehls bedurft, um die Sache abzustellen, aber der Kaiser war für derartiges nicht zu haben. Keiner getraute sich, ihm mit einer solchen Bitte zu kommen — nicht einmal die Metternich, die Frau Annas Du-Freundin war. Ungestört klingelte und knirschte es also vor dem „Sacher" weiter, bis ein Donnerschlag kam, der diese Geräusche tausendfach übertönte.

Der Weltkrieg brach herein wie eine Sturmflut, und auf einmal hatten die Sacher-Gäste andere Sorgen als diese Opernschleife, die die Auffahrt der Equipagen behinderte — man besaß doch Güter, Schlösser, Bergwerke, Brauereien, Fabriken, in Ungarn, Polen, im Banat, in allen Grenzländern. Dort lag die Wurzel der Macht, von dorther kam der Reichtum, und das alles war auf einmal bedroht!

Ein ungeheures Durcheinander setzte ein, die alten Gäste reisten Hals über Kopf ab, andere, die man nie zuvor im „Sacher" gesehen hatte, bezogen die verlassenen Räume — niemand fragte mehr nach Kleinigkeiten, jeder war froh, ein Quartier zu bekommen.

Und doch leuchtete damals der alte Glanz von Wien noch einmal auf — nicht mehr so strahlend, sondern grell und übersteigert —, um dann endgültig zu erlöschen.

Die Feste wurden rar, die kleinen Privatsalons im „Sacher" waren nun leicht zu mieten, nicht nur für Auserwählte, sondern für alle, die sie haben wollten. Mein Gott, wo war die „Coterie", wo waren die „Zirkel?" Die Erzherzoge saßen auf ihren Gütern oder irgendwo am Rande des Schlachtfeldes, höchstens, daß der junge Erzherzog Max, der Bruder des Kaisers, wenn er von der Front kam, ein paar Freunde zu einem kleinen Souper beim Sacher lud.

Und da beklagte sich der Chefkellner Wagner, daß die jungen Herrschaften nach ungarischer Sitte noch immer die leergetrunkenen Gläser an die damastbespannten Wände schmissen.

Wie nicht anders zu erwarten, geriet Frau Sacher in Zorn und ließ den hohen Gastgeber in ihren Privatsalon „vorladen". Als er hereinkam, milderte sich ihre finstere Stimmung allerdings; dieser junge Erzherzog repräsentierte halt noch immer ein Stückchen der vergangenen guten Zeit, aber nichtsdestoweniger war sie sehr streng zu ihm.

„Sagen Sie, Kaiserliche Hoheit, wie stellen Sie sich denn das vor? Wir in Wien müssen auf jedes Glaserl und auf jedes Stückerl Porzellan aufpassen, weil überhaupt nichts mehr zu kriegen ist — von der Wandbespannung will ich gar nicht reden —, und Sie schmeißen meine Gläser dutzendweise an die Wand? Wenn das alle Gäste täten, könnte ich mein Hotel in vier Wochen zusperren. So was darf nicht mehr vorkommen, das bitt' ich mir aus!"

Er entschuldigte sich verwirrt — Front, Übermut des Daheimseins, und was halt ein Soldat in solchen Fällen anführt. Sie sagte lange nicht alles, was zu sagen sie sich vorgenommen hatte, und entschuldigte ihre Milde nachher mit einem sonderbaren Wort:

„Er hat halt so ein liebes habsburgisches G'schau."

Aber lange hielt sich diese tatkräftige Frau mit Sentimentalitäten und pietätvollem Festhalten an nicht mehr Zeitgemäßes nicht auf. Sie sah zu, wie Thron und Reich in Trümmer gingen, wie die Adelspaläste und reichen Besitzungen in obskure Hände gelangten, sie war eine der wenigen, die im Chaos die Eindringlichkeit des Unterganges erkannten.

Sie erkannte es und handelte danach; sie war der neuen Zeit aufgetan und ungeheuer tüchtig. Diese Frau, die man in Wien „die Wirtin der Könige" nannte und von der es mit einem abgewandelten Dichterwort hieß: „In deinem Lager ißt Österreich", diese Frau lud neue Gäste in ihr Haus, zwölf Studenten speisten jahrelang gratis an ihrem Tisch, nicht schlechter verköstigt oder weniger aufmerksam bedient als die Leute, die in Autos und Equipagen vorfuhren. Dafür bekam sie als erste Bürgerin der österreichischen Republik das Goldene Verdienstkreuz, und die damit zum Ausdruck kommende Anerkennung ihres guten Willens war eine der letzten Freuden, die ihr die neue Ära bereitete.

Fünfzig Jahre lang hatte sie die Geschicke des Hauses hinter der Oper geführt und damit viele Seiten geheimster österreichischer Geschichte geschrieben. Doch auch ihr blieb am Lebensabend der Schmerz nicht erspart. Streitigkeiten in der Familie brachten sie schließlich so weit, daß sie selbst den Antrag auf ihre Entmündigung stellte. Als sie starb, wurde ihr Sarg rund um das Hotel getragen, und Tausende säumten die Straßen, Tausende, von denen vielleicht nur ein paar jemals dieses Haus betreten haben mochten.

Auf dem Dornbacher Friedhof ist sie begraben, die Frau Anna Sacher. Und jene Zeit, die mit ihr starb und schon zwölf Jahre früher bestattet wurde, läßt sich nur in der Erinnerung noch zurückrufen.

AUF DER GASSEN

ARMSEIN IN WIEN

Von den Armen im alten Wien weiß man wenig. Niemand von den Gebildeten hat sich um sie gekümmert und ihre Schicksale aufgeschrieben. Nur ab und zu läßt die Sprache eines allerhöchsten Kabinettschreibens von ihnen ahnen. Es gibt da zum Beispiel das einzige Arbeiterschutzgesetz Josephs des Zweiten, der am 20. November 1786 anbefiehlt, daß die in den Fabriken arbeitenden Kinder jede Woche wenigstens einmal gewaschen und gekämmt werden müßten! Und zweimal im Jahr vom Arzt zu visitieren seien.

Ein Hofdekret vom 11. Januar 1842 bestimmte das zwölfte Lebensjahr als Mindestalter der jugendlichen Fabriksarbeiter. Wenn sie jedoch drei Jahre in die Schule gegangen waren, konnten sie auch schon mit neun Jahren zu den Maschinen gesetzt werden, an denen sie zehn Stunden am Tag zu arbeiten hatten. Im Alter von zwölf bis sechzehn Jahren betrug ihr Arbeitstag zwölf Stunden. Die Nachtarbeit für Kinder wurde verboten, aber keiner scherte sich darum. In den Kattundruckereien beschäftigte man sieben- bis achtjährige Kinder!

Die Entlohnung war noch 1847 menschenunwürdig. Eine Weißnäherin verdiente als Heimarbeiterin zehn Kreuzer im Tag, eine Handschuhmacherin zwölf Kreuzer, ein Maurergeselle brachte es auf fünfundzwanzig Kreuzer täglich.

Der in der Revolution von 1848 bekanntgewordene Abgeordnete Violand schrieb 1850:

„Die Folge der furchtbaren Zustände der abhängigen Arbeiterklasse war, wenigstens in Wien, wie ich aus eigener Anschauung weiß, grenzenlose Immoralität und sittliche

Verwilderung. Ganze Vorstädte, wie Thury, Liechtenthal, Altlerchenfeld, strozzischer Grund, Margarethen, Hundsthurm, neue Wieden, Fünf- und Sechshaus, wimmelten von ausgehungerten, zerlumpten Arbeitern, und abends füllten die unglücklichen Mädchen der Fabriken in dem jugendlichsten, selbst Kindesalter die Glacien und den Stadtgraben, um für einige Groschen jedem dienstbar zu sein. Im Jahre 1845 oder 1846 zogen sie sogar mit jungen Fabriksarbeitern, den sogenannten Kappelbuben, welche auf die Annäherung der Polizei zu achten hatten, in den Straßen der inneren Stadt herum und scheuten sich nicht, zur größeren Bequemlichkeit ihres horizontalen Nebengewerbes Bänke und Polster mitzunehmen. Auch nächtliche Anfälle und Beraubungen auf den Glacien kamen damals fast täglich vor.

Dieses Wegelagererunwesen bestand durch fast einen ganzen Winter, welcher damals sehr streng war und welcher die Arbeiterbevölkerung eben deshalb und weil sie die Heizung nicht erschwingen konnte, zu solchen Gewalttätigkeiten nöthigte. Das schaudervolle Elend dieser Fabrikssklaven, namentlich im Winter, ging in das Unglaubliche, und doch waren sie überglücklich, wenn sie nur nicht ihren Verdienst verloren, denn dann blieb ihnen nichts übrig als zu verhungern oder zu stehlen. Es gab viele brotlose Menschen, welche fast ohne jede Bekleidung sowohl im Sommer als im Winter sich des Tages hindurch in den Unratscanälen aufhielten, und des Nachts, um frische Luft zu schöpfen und etwas zu erwerben und zu genießen, Einbrüche und Raubanfälle begingen und sich dann im Prater oder in elenden Kneipen herumtrieben.

Ich besuchte einst zur strengen Winterszeit einen Polizeikommissär in seinem Amte und gewahrte daselbst im Vorzimmer vielleicht zwanzig solcher Troglodyten, welche eben zusammengefangen worden waren. Sie hatten bloß ein zerlumptes Hemd und leinene Unterbeinkleider an dem von Schmutz und Unrath wie mit einer Kruste überzogenen Körper. Überall sah ihnen das Fleisch hervor, die Füße, um sie zu erwärmen, waren mit Fetzen umwickelt, und jede Kopfbedeckung fehlte. Ich hatte in Wien noch niemals Leute in einem ähnlichen Aufzug erblickt, aber in Folge meiner Erkundigung erfuhr ich von dem Polizeicomissär, daß noch gar viele derart unglückliche Menschen in den Canälen steckten, von denen man gar nicht begreifen könne, wie sie ein solches Leben auszuhalten im Stande wären."

Anton Langer hat 1848 die damalige Wiener Arbeiterwohnung folgendermaßen beschrieben:

„In einer weitentlegenen Vorstadt, nahe an der Linie, vielleicht, ja sehr häufig außerhalb der Linie, erhebt sich ein niedriges Gebäude. Elende, kleine, niedrige Zimmer, deren Atmosphäre von aufgehängter Wäsche, dem aus der Küche hineinschlagenden Rauch, durch unreine kleine Kinder vergiftet, nasse Wände, gebrochene Fenster, durch die der Wind hineinpfeifft, der bald den Staub herunterfallen läßt, wenn ein Wagen vorbeirasselt, bald wieder Regen durchsickern läßt, elende, zerbrochene Möbel, ein Tisch, ein paar Stühle, ein, höchstens zwei Betten, das ist der Palast des braven Mannes, der als unterstes Glied im Staate, auch zugleich das breiteste, festeste ist. Und für diese elende Baracke zahlt er sechzig, siebzig, auch achtzig Gulden Zins im Jahr. Zusammengepfercht mit Weib, Kind, häufig auch mit Bettgehern, kann er sich kaum bewegen, wohin er sein Auge wendet, leuchtet ihm das Bild seines Elends entgegen, es fehlt ihm die Ruhe im Hause, die Freude am Hause, ist's ein Wunder, wenn er aus diesem Fegefeuer ins Branntweinhaus flüchtet. In dieser unreinlichen, übelriechenden, von Ungeziefer wimmelnden Wohnung soll er schlafen, sich ausrasten von den Mühen des vergangenen, stärken zu den Mühen des kommenden Tages.

Bei Tagesanbruch muß er auf, denn eine Stunde, oft mehr, vergeht, bis er von seiner Wohnung an den Ort seiner Arbeit gelangt. Ebenso lange braucht der von der Arbeit Ermüdete, bis er heimgelangt. Woher soll ihm des Lebens Freudigkeit kommen? Und dennoch dieser kaum erschwingliche Zins? Ein Drittheil seines Lohnes zum wenigsten muß der Arbeiter täglich für den Zins erübrigen, ein Drittheil seines blutigen, sauren Verdienstes an einen Hausherrn geben, der es nicht der Mühe werth findet, seinen rauchenden Herd, seine beschädigten Mauern ausbessern zu lassen, der dem armen Arbeiter unnachsichtlich sein Bißchen wegnehmen und pfänden läßt, wenn er seine paar Kreuzer nicht pünktlich dem Zinsungeheuer in den Rachen wirft. Man denke sich nun noch, daß eine Krankheit hinzukommt, daß des Arbeiters Weib, seine Kinder oder gar der Vater selbst aufs Krankenlager kommen. Wie soll ein Mensch in einem so elenden Loche gesund werden? Ein bißchen reine Luft, ein bißchen Wärme hätten Menschen gerettet. Allein, in solchen Wohnungen muß der Mensch zugrunde gehen. Alljährlich fordert die Brustwassersucht zahlreiche Opfer aus den Arbeitern. Ich will nicht sagen, daß die elenden Wohnungen daran schuld sind, aber daß sie einen großen Teil dazu beitragen, wird jeder Mediziner bestätigen!"

Das also ist das Bild auf der Rückseite der entzückenden Gemälde von Waldmüller, Ranftl, Eibel oder Danhauser. Und man lese, die reizenden Landschaften Enders oder Gauermanns vor sich, was in einem 1847 erschienenen anonymen Buche über die Bettler steht:

„Diese Classe von Unglücklichen und Bedürftigen ist in Österreich so zahlreich und bemitleidenswert wie nirgendwo und vielleicht aus dem Grunde noch beklagenswürdiger, weil sie auf einem überaus reichen Grund und Boden im tiefsten Elend schmachten und ringsum babylonische Üppigkeit, Schwelgerei und sinnlose Verschwendung sehen und überdies die traurige, herabdrückende Überzeugung haben, daß ihre reichen Landsleute ebenso rücksichtslos in ihrer Freigebigkeit wie in ihrem ganzen Leben sind und theils aus wirklichem Mitleid, theils aus Ehrenzwang und Prahlsucht dahin das meiste Almosen werfen, wo das lauteste Hilfsgeschrei ertönt und wo die ausgeübte Wohltätigkeit am glänzendsten in die Augen springt, ja wo sie mit Namen und Ziffern durch Zeitungen und Journale ausposaunt wird. Der Fremde kann sich kaum einen Begriff machen, mit welcher Unverschämtheit und bedrohlichen Keckheit der Bettel in den Umgebungen Wiens, zumal in den Gebirgs-gegenden, getrieben wird. Es ziehen die Truppen rüstiger Burschen, die in Folge jahrelanger Bekanntschaft von den Bauern schon Spitznamen bekommen haben, und ganze Bettlerfamilien unter verschiedenen Vorwänden von Ort zu Ort, erpressen durch Furcht den Beitrag, welchen das Gefühl versagt, und unterlassen es nicht, den frucht-tragenden Bäumen und Feldern ihre diebischen Besuche zu machen. Ja, der Bettel wird so systematisch betrieben, daß selbst faule Handwerksburschen jeden Freitag ihre Arbeit einstellen, bettelnd sich das Doppelte ihres gewöhnlichen Erwerbes verschaffen und somit eine von Almosen abhän-gige Existenz einer durch Arbeit errungenen vorziehen. Der so als Gewerb betriebene Bettel ist ein Krebsgeschwür der Gesellschaft, er vererbt sich tatsächlich von den Eltern auf die Kinder, die als Säuglinge auf die Wanderschaft mit-genommen werden, um mehr Mitleid anzuregen, später aber sich selbst überlassen sind und wie das wilde Vieh auf-wachsen, um sonach selbst das Geschäft der Eltern am Bettelstabe fortzusetzen."

Das Intelligenz- und Studentenproletariat des Wiener Biedermeier lebte nicht viel besser. Füster, der berüch-tigte Feldpater der Akademischen Legion, berichtet herz-zerreißend:

„Ich habe zwar oft von der Armuth gehört, die unter Studenten herrschte, hätte sie mir aber nie so groß vorstel-len können. Es übersteigt diese Armuth jeden Begriff, nur die hoffnungsvolle Jugend, die in sich eine unversiegbare Quelle des Muthes hat, kann sie ertragen. Nicht wenige Studenten gab es, welche wochenlang keine warme Speise genossen, deren einzige Nahrung Brot und Wasser war. Die armen Menschen verdarben sich ohne Verschulden die Gesundheit für ihre ganze Lebenszeit. Von anderen Entbehrungen in Kleidung, Wäsche und dergleichen nicht zu sprechen, erwähnen wir der Wohnungen vieler armer Studenten: finstere, feuchte, im Winter nicht geheizte Kellerlöcher, alles eher als Menschenwohnungen zu nennen, waren ihre Behausung.

Wenn die Collegien und die öffentlichen Bibliotheken ihnen nicht ein Asyl gewährten, würden sie im Winter vor Kälte zugrunde gehen müssen. Wir kannten einen Studenten, der gar kein Quartier hatte, sondern im Winter in den Heuschobern, Wagenremisen und Scheunen weit außer der Stadt wohnte, und im Sommer, wenn es nicht regnete, unter freiem Himmel schlief. Wer all dieses Elend angesehen, hätte blutige Thränen über die namenlose Armuth vieler Studenten weinen müssen. Die meisten Armen fand man verhältnismäßig unter den Juden. Den jüdischen Studenten standen die gewöhnlichen Erwerbsquellen der Studenten, die sogenannten Instructionen, das Lectionengeben, wegen des Religionsvorurteiles nicht in dem Maße offen als den christlichen Studenten, von denen übrigens auch nicht viele reichlich damit versehen waren."

War dieses Bild aus der ersten Hälfte des vorigen Jahrhunderts schauerlich, so ist es ein paar Jahrzehnte später noch nicht viel besser. Werfen wir einen Blick in ein paar Zeitungen aus dieser Zeit! Sie sind wie Momentaufnahmen aus einem längst verklungenen Leben, sind ganz Augenblick, Ereignis, Schicksal ohne Retouche, ohne Gruppierung, ohne Kommentar.

Im *Illustrierten Wiener Extrablatt* von 1884 kann man aus den Vernehmungen der magistratischen Untersuchungskommission über das Bettlerwesen folgende Einvernehmung lesen:

„Ich war ein magistratisches Kostkind. Wie die Pfleg aus war, haben mich meine Pflegeeltern hinausgestoßen, und ich bin dagestanden ganz allein. Da ich niemanden gehabt hab', bin ich auf den Bau gegangen. Dort war ich drei Tage,

und dann hat mich ein Bettler angeworben. Ich hab'
manchen Tag drei bis vier Gulden verdient. Nie aber was
behalten, weil es mir die älteren Bettler weggenommen
haben.“

„Die älteren Bettler? Existieren denn viele in Wien?“

„Ganze Haufen, zumeist in Ottakring und Simmering,
dort wohnen sie alle mitsammen. Unter der Brücke in
Simmering hab' ich mit vielen beisammen gewohnt, dort
haben wir uns Löcher gegraben und mit den von den Haus-
türen weggetragenen Strohdacken austapeziert. Das hat
warm gegeben. Das Geld, was ich erworben hab', hab' ich
in ein zweites Loch geben und mit einem Stein zugedeckt.
Wie stark ich's auch vergraben hab', den nächsten Tag
war's weg.“

„Wo hast du noch gewohnt?“

„Wenn die Polizei was gespannt hat, san mir davon und
haben in der Stadt in den Kanälen geschlafen.“

„Was sind deine Eltern?“

„I hab' keine.“

„Du hast niemanden?“

„Nein. Ich kann mich nur an eine alte Frau erinnern, die
mich zu einer Brücke getragen hat.“

„Und dann?“

„Dann hat's mir an Stoß geben und is' wegglaufen.“

„Was ist dann geschehen?“

„Dann hat mich ein Bettler gefunden und mir gsagt, daß
ich stottern und krumm gehen soll. I bin dann noch mit
zehn klane Kinder zsamm in einer Kammer in der Stern-
gassn glegen, und da hat ma uns gsagt, welche Gassen am
besten sind.“

„Wo hast du zuletzt gewohnt?“

„In aner Hundshütten im Prater.“

Über das soziale Leben der Arbeiter in dieser Zeit finden wir wenig in den Zeitungen. Man sah in ihnen blut-
dürstige Bestien oder Haustiere.

Prämierte doch der niederösterreichische Gewerbeverein

brave Arbeiter und Werkführer, von denen der jüngste
21 Jahre, der älteste 51 Jahre in derselben Fabrik gearbeitet hatte:

Womit?

Mit einer bronzenen Medaille!

DIE ZWILLINGSSKLAVEN

Am Schottenfeld sah es zur Zeit des Siebenjährigen Krieges noch sehr dörflich aus. Weite Kornfelder wogten, die Fabriken standen in großen Obstgärten. So auch die Fabrik des Herrn k. k. privilegierten Bandfabrikanten Johann Baptist Neuenhauser.

Wastl und Poldi waren Zwillinge, Schauspielerkinder, die mit dem Vater allein blieben, als die Mutter plötzlich am Schlagfluß verstarb. Gerade als der Herr Prinzipal sie und ihren Mann nach Ofen engagiert hatte. Was sollte nun der arme Wittiber mit den beiden achtjährigen Kindern anfangen?

So brachte er sie in die Bandfabrik des Herrn Neuenhauser, denn sie waren gerade im richtigen Alter für das Anlernen der Arbeit an den neuen französischen Webstühlen. Kinderfinger haben viel Gefühl, das war gut, um zarte Garne zu sortieren.

Kost, Quartier, ein Gewand jedes zweite Jahr und Schuhe sowie zwei Gulden jedesmal zu Michaeli wurden ausgemacht. Für fünf Jahre zahlte der Herr Fabrikant das Geld dem Vater auf die Hand.

Damals waren Fabriken noch etwas Neues in der Wienerstadt. Es gab fast keine Facharbeiter. Die Unternehmer ließen sie um teures Geld aus Belgien, aus Deutschland kommen. Kinder abzurichten war billiger und aussichtsreicher.

Freilich starben die Fratzen wie die Fliegen in den dumpfen, nie gelüfteten Arbeitsräumen und in den Treppenkammerln und Schuppen, in denen sie wohnten. Sie hielten auch die Arbeitszeit von dreizehn bis vierzehn Stunden

179

nicht aus, sie waren zu zart und fast durchwegs rachitisch. Und deshalb hatte der dicke Herr Neuenhauser viel Ärger, verlor viel Geld und mußte das halt am Essen derer sparen, die am Leben blieben.

Der Wastl und die Poldi blieben am Leben, wuchsen und wurden groß. Aber Lesen und Schreiben lernten sie nicht, und auch in die Kirche ließ der Herr Neuenhauser sie nur selten gehen, denn meist mußten sie auch am Sonntagvormittag arbeiten.

Sie lebten in namenloser physischer und moralischer Verkommenheit, aber sie klammerten sich in ihrer Einsamkeit aneinander, kapselten sich ab und entgingen so dem reißenden Strom, der in die Tiefe führte. Ein seltenes Ereignis in dieser Welt des Elends.

So erreichten die Zwillinge ihr sechzehntes Jahr. Sie waren trotz ihrer Jugend bereits Vorarbeiter, auf die der „Arbeitsvatter" ihres Saales nicht wenig stolz war. Besonders stolz war er aber darauf, daß der „gnä Herr" in der letzten Zeit immer wieder beim Webstuhl der Poldi stehenblieb und ihre Arbeit lobte. Sie war ein bildhübsches Frauenzimmer geworden, wenn auch, nach den Begriffen jener Zeit, etwas mager. Wie hätten die beiden Kinder bei solcher Ernährung auch Fett ansetzen sollen?

Schließlich schickte ihr der Herr k. k. Fabrikant einen neuen Kittel von bedrucktem Kattun, später sogar eine Haube. Zwei Tage nachher ließ er um sieben Uhr früh sagen — im Sommer arbeitete man von vier Uhr an — die Poldi solle herüberkommen und ihm die Schokolade ans Bett bringen. Jedermann in der Fabrik wußte, was das bedeutete.

Als der „Arbeitsvatter" ihr das ausrichtete, begann das Mädchen zu weinen, und der Wastl stellte sich schützend vor seine Schwester. „Das einzige, was das Madl hat, is ihre Unschuld, sie därf net einer zum gnä' Herr! I leids net! Wer wird's nachher heiraten", schrie er und stieß den „Arbeitsvatter" weg.

Schreiend lief der in die Wohnung des gnädigen Herrn und kam alsbald mit dem Hausknecht zurück.

Nach wenigen Augenblicken lag der Junge blutend am Boden, das schreiende Mädchen wurde weggerissen, und die anderen Weber sperrten den Burschen in die Krautkammer. Sie brachten auch kurze Zeit später die Poldi blutig und mit zerrissenen Kleidern dort hinein. Sie hatte dem Herrn Fabrikanten das ganze Gesicht zerkratzt.

Um acht Uhr kamen die „Grundwachter" und führten die Geschwister zum „Gassenkommissär".

Verruchte Bösewichter und gemeinschädliche Leut nannte er sie, ein Exempel für den ganzen Grund werde er statuieren! Acht Tage ins Rumorhaus und dann mit dem Wasserschub in den Banat!

Einen Monat später schwammen die Geschwister auf einer großen Plätte die Donau hinab und landeten nach vielen Wochen in Temeswar.

Man führte sie und noch fünfzig Leidensgenossen unter Trommelschlag vor das Stadttor, wo schon viele Leute warteten. Hinter Barrieren, an die man sonst Ochsen kettete, mußten die Schüblinge antreten. Die Leute kamen zu ihnen, ließen den Mund aufmachen, befühlten ihre Muskeln, kurz, es ging zu wie auf einem richtigen Sklavenmarkt, bei dem Dienstbotenmarkt in Temeswar.

Die Poldi wurde von einem serbischen Kaufmann aus Neusatz, einem älteren, wohlhabenden Mann engagiert. Er nahm jedesmal, wenn der Wasserschub von Wien kam, die hübschesten Frauenzimmer auf und verkaufte sie über die nahe Grenze in türkische Harems.

Hier in Temeswar war für die Geschwister der Augenblick der Trennung gekommen, weinend nahmen sie Abschied voneinander.

Den Wastl wollte niemand haben, er war zu schwach. Und so wurde er mit zahlreichen Unglücksgefährten, die auch niemand haben wollte, auf einen Leiterwagen verladen und in den Banat hineingeschickt, bis zum Dorfe Schön-

felden. Dort verwies man ihn an die „Landesadministration",
die ihn zu Fuß ins Land hinausschickte, auf die Suche nach
Arbeit.

Nun brauchten aber die deutschen Bauern mit ihren vielen
Kindern keine Knechte. Wastl wurde überall abgewiesen und
mußte sich von Schweinetrank und Maiskolben, die er auf
den Feldern stahl, nähren. Schließlich entschloß er sich, nach
Neusatz zu seiner Schwester zu wandern. Da er aber den
richtigen Weg nicht kannte, verirrte er sich und kam auf
eine Straße, die donauaufwärts führte, in Richtung Wien.
Es dauerte aber nicht lange und er brach von Hunger ge-
schwächt mitten auf der Fahrbahn zusammen.

Dieser Augenblick nun brachte die große Wende in seinem Schicksal, denn damals war es, als Kaiser Joseph, noch
war er erst Mitregent, seine erste Reise in den Banat machte.
Und der Vorreiter seines Reisewagens sah Wastl auf der
zerfahrenen Straße liegen. Der Bursch wurde mit Kirsch-
wasser gelabt und in die seidenbespannte Kutsche gesetzt,
wo er dem Kaiser seine traurige Geschichte erzählte.

Kaum war man in Temeswar angekommen, nahm Joseph II. den Wastl überallhin mit. Alles mußte er ihm zeigen und erklären. Die Beamten der „Landesadministration"
und die „Ministerialbancohofdeputation" in Wien, bei der
der Banat versetzt war, zitterten vor dem Zorn des Kaisers.
Nach Neusatz wurde sofort eine Estafette geschickt, aber
die arme Poldi war schon längst verkauft. Sie war auch
nicht zurückzubekommen, als der Kaiser zehntausend Gulden für sie aussetzte, ja man konnte nicht einmal erfahren,
wohin sie verhandelt worden war.

Der reiche Kaufmann wurde aber für zehn Jahre in das
Temeswarer Zuchthaus gesperrt.

Als der Kaiser wieder in Wien war, verlangte er die sofortige Einstellung des „Temeswarer Wasserschubs". Sein
Bericht rührte nicht nur vertrocknete Staatsräte, sondern
auch seine Mutter, die im Alter unendlich mißtrauische
Maria Theresia, die schließlich auf den Akt schrieb: „Placet.

Wider die Abschaffung des Schubs hätte viel zu sagen: Man kann selben aber auf zwei Jahre suspendieren, um den Effekt hievon zu sehen. Ich will glauben, daß viele Exzessen in der Exekution geschehen. Vielleicht könnten aber diese abgestellet werden und dennoch die Sache bleiben. Allein man wird das Weitere überlegen können: indessen solle der Schub suspendieret werden."

Er blieb es für alle Zeit.

Wastl wurde vom Kaiser zum k. k. Kamerkalfaktor, das heißt zum Kammerofenheizer gemacht. Aus Sehnsucht nach der verlorenen Schwester heiratete er nicht und ist — hoch in den Neunzig — als jubilierter „Saaltürhüter" im „Blauen Hof" zu Laxenburg gestorben. Acht Tage nachdem der Kaiser Franz Joseph den Thron bestiegen hatte.

DIE ERSTEN „GASTARBEITER"

Über das „gemeine Volk" im Wien der Barockzeit wissen wir sehr wenig. Es konnte meist nicht lesen und schreiben, und eine Figur wie der Liebe Augustin ist uns nur durch Überlieferung bekannt. Er ist der einzige Wiener jener Zeit, der sich etwas schärfer aus dem Gewölk des „gemeinen Pöffels" abhebt. Von dem Leben des zahllosen Lakaienvolkes, das in prächtigen Livreen den Weg der hohen Noblesse säumte, ist uns ebenfalls nichts bekannt, nur in Abraham a Santa Claras „Merk's Wien" finden sich Stellen wie folgende, die der Lakaien absonderliches Leben ahnen lassen:

> Wo vor Laggey mit Keyerey
> Die Posten mußten tragen,
> Ob d' Polster-Katz noch wohl auf sey?
> Mit allen Umständ fragen...

Man kann sich heute das Leben im barocken Wien, das vielfach einem fortwährenden Theater glich, kaum mehr richtig vorstellen.

Wie heißt es doch im oben erwähnten Büchlein: „Die schöne Residenz und Burg war wirklich von dem römischen Kaiser und dessen volkreichen Hofstatt bewohnt, der Adel fast in einer unzählbaren Menge nicht ohne kostbare Pracht, frequentierte ganz diensthaft den Hof, von allen Orten und hohen Höfen thäten ab- und zulaufen die eilfertigen Curiere, absonderlich dazumalen war mit höchster Verwunderung zu sehen der prächtige Einzug der grossen Moscowitischen Gesandtschaft, die in etlich hundert Personen bestund, sondern auch der ansehnliche und den alten Römern zu Trutz angestellte Eintritt des polnischen Ambassedors, allein auch ein hundertäugiger Argos hätte genug zu gaffen gehabt, wobei das versammelte Volk in den Gassen beiderseits, wie eine lebendige Ring-Mauer gestanden, und sich über solchem irdischen Pomp verkreuzigt. Alles war in der Stadt in höchstem Wohlstand, nichts mangelte, was zur Lust und Gunst der Welt konnte träumen, auf allen Gassen und Strassen, deren über hundert, war kein Kieselstein, so nicht von dem Volk und häufigen Forestier wurde betreten. Die klingenden Trompeten und allerseits erschallende Music aus der Adelichen Palast und Höfen machten immerzu ein solch annehmisches Getös, dasz man dafür gehalten, der Himmel muss haben ein Loch bekommen, wodurch die Freuden Metzenweis in die Stadt gefallen."

Es muß schon ein phantastisch-herrliches Leben für die hohe Noblesse gewesen sein, und auch ihre Lakaien müssen ein Dasein hoch über den Bürgerlichen geführt haben. Vor etlichen Jahren erschien in der Reihe der Bonner orientalischen Studien das Werk „Leben und Abenteuer des Dolmetschers Osman Aga", übersetzt von Krentel und Spies. Die Erinnerungen existierten nur in einem einzigen Manuskript, das der berühmte Wiener Orientalist A. Kremer im 19. Jahrhundert im Orient kaufte und das heute im Besitze des Britischen Museums in London ist. Osman Aga war ein Wachtmeister der türkischen Kavallerie, der bei der Kapitulation der türkischen Festung Lipova in Ungarn in die Kriegsgefangenschaft der Kaiserlichen geriet und nun nach den damaligen Gebräuchen ein langjähriges Sklavendasein bei den Christen lebte. Nicht anders erging es den christlichen Kriegsgefangenen in der Türkei. Osman Aga wechselte vielfach seinen Herrn und kam schließlich als herrschaftlicher Lakai nach Wien, wo er viele Jahre gelebt hat. Als es ihm doch schließlich gelang, in die Türkei zu flüchten, hat er seine Erinnerungen niedergeschrieben. Ganz einfach und schmucklos hat er damit eine Seltenheit sondergleichen in der osmanischen Literatur geschaffen, die wenig Autobiographien zählt.

Osman Aga ist in Temeswar geboren und stammte anscheinend aus einer islamisierten ungarischen oder serbischen Familie. Er kam nach Wien und in den Besitz des Grafen Christoph Dietmar von Schallenberg — 1688 war Osman gefangen worden und blieb elf Jahre ein Leibeigener. „Gleich als ich in sein Haus kam", schreibt er, „führte man mich dem Grafen vor. Dieser betrachtete mich eine Weile prüfend und schickte mich dann in die Lakaienstube. Bald darauf kam auch schon der Kleiderbewahrer meines Herrn und brachte mir aus der Gewandkammer eine Heiduckentracht aus rotem Tuch. Ich mußte meine alten Kleider ablegen und diese Livree anziehen. Außer mir war noch ein junger Serbe im Hause. Er trug die gleiche Heiduckenlivree wie ich, so daß wir beide zusammenpaßten und gewissermaßen ein Paar bildeten. Wenn unser Herr sich in die Kutsche setzte, gingen wir immer als Läufer neben dem Wagen her."

Was das Lakaiendasein in Wirklichkeit aber war, geht aus nachfolgender Geschichte hervor: „Eines Tages aber fuhr unser Herr zum Palast eines gewissen Grafen Friedrich von Falckenhayn, der in der Zeughausgasse [Renngasse] wohnte, und schickte dort den Wagen und die Lakaien nach Hause, wobei er uns beiden befahl, am Abend um neun Uhr wieder mit der Sänfte zur Stelle zu sein. Als wir da heimwärts gingen, sagte mein Gefährte, den sie ‚Ratz' riefen, mit bedenklicher Miene zu mir: ‚Mein Lieber, ich fürchte, jetzt wird es dir leid tun, daß du hierher gekommen bist. Jetzt wirst du nähmlich sehen, was es heißt, einen Mann wie unsern Herrn in der Sänfte durch Wien zu tragen!' Nun, nachdem wir zu Hause eine Zeitlang herumgesessen hatten, hingen wir uns die Tragegurte der Sänfte um den Hals und trugen die leere Sänfte von unserem Palais, also von der Gegend beim Stubentor, zum Zeughaus hinüber. Dabei schnitten mir die Riemen in die Schultern, daß mir Hören und Sehen verging, und ich dachte mit höchster Sorge daran, wie das wohl werden würde, wenn da erst unser Herr drinnen sitzen würde! Der war nämlich ein großer, dicker Mann und wog gewiß seine hundert Okka! Am Abend also kam dort unser Herr heraus und stieg gleich unter der Treppe in die Sänfte, während die Lakaien die Wachslichter anzündeten. Als wir dann unsern Herrn hochheben und losgehen wollten, da knackten und krachten mir alle Wirbel im Rückgrat und kaum, daß wir zur Türe hinauskamen, fingen auch schon meine Füße an, unter mir im Zick-Zack davonzutanzen. Zwar trug ohnehin ich vorne und mein Gefährte hinten, weil er etwas stärker war als ich, aber wir waren kaum fünfzehn Schritte vom Tore weggekommen, da strauchelte ich und wäre um ein Haar hingefallen. Daraufhin begann unser Herr zu schreien: ,Halt! Halt! Bleibt stehen! Macht die Tür auf, ich will hinaus!' Er stieg aus und schimpfte auf uns: ,Morgen lasse ich euch tausend Hiebe geben und in Eisen legen!' "

Woraus man sieht, welch zitternder Glanz ewig über den so herrlich kostümierten Lakaien lag, die im übrigen ein toll-hektisches Leben führten.

„Einmal", erzählt Osman, „als unsere Herrschaften zu einem Gastmahl eingeladen waren, ließen mir zwei andere von der Dienerschaft keine Ruhe und drangen in mich, ich solle mit ihnen ausgehen, um in einem Wirtshaus Wein zu trinken. Obwohl ich keine rechte Lust dazu hatte, gab ich ihnen endlich nach, und wir gingen also in die Weinstube ,Zum grünen Baum' nicht weit vom Neutor [die Neutorgasse erinnert heute noch daran]. Dort gab es immer Musik und Tanz und gute Unterhaltung bei reichlichem Essen und Trinken. Wir setzten uns an einen Tisch und aßen und tranken, und nachher stand einer meiner Gefährten auf und fing an zu tanzen, auch wir trieben uns ein paar Mädchen auf und nun wurde die Stimmung immer lebhafter. Die Zeit verstrich, der Abend verging, und als es nahe an Mitternacht war, ging es schon recht hitzig zu, wir nahmen einigen Burschen die Mädchen weg, und als sich das einer nicht gefallen ließ, setzte es Zank und Streit, und schließlich war es so weit, daß wir ein paar Leuten die Weinhumpen an den Schädel schmissen und sie aus der Stube hinauswarfen. Der Wirt hatte daran wenig Freude, denn die meisten Gäste waren schon gegangen, um nicht in die Rauferei hineinzugeraten. Als nun nur mehr wir drei mit den Mädchen und den Musikanten übriggeblieben waren, sagte also der Wirt zu uns: ,Die Gäste habt ihr mir schon vertrieben — jetzt geht aber auch ihr! Es ist ohnehin schon spät geworden. Außerdem habe ich im Hause Soldaten von der neuen Wache einquartiert, die können nicht schlafen und wollen endlich Ruhe haben!' Wir aber schimpften auf die Soldaten und auf den Wirt, kümmerten uns nicht weiter um ihn und ließen uns in unserer Unterhaltung nicht stören. Da sich jedoch die Musikanten nicht weiterzuspielen getrauten, fingen wir auch mit denen Streit an, fielen über sie her und versetzten dem einen und dem andern ein paar Maulschellen, bis wir schließlich mit allem und jedem rauften und eine gewaltige Schlägerei im Gange war. Auf einmal wurden wir gewahr, daß draußen mehr als zwanzig Mann von den früher erwähnten neuen Soldaten mit ihren Seitengewehren darauf lauerten, daß wir hinauskommen würden. Es war kein Zweifel, daß sie uns überfallen wollten. Wir aber waren nun auf unserer Hut, achteten einer auf den andern und verständigten uns darüber, wie wir wohl hinauskönnten, denn die Soldaten paßten vor der Gaststube und an der Treppe und auch unten im Toreingang auf uns. Nun, wir traten alle drei zu gleicher Zeit mit blanken Säbeln und Stoßdegen zur Stubentür hinaus und drängten uns mitten durch die Burschen hinunter. Der Wirt sperrte das Tor auf und ließ uns hinaus — zuerst der eine und dann der zweite, und ich kam zum Schluß. Als ich mich bückte, um durch das niedrige Tor hinauszutreten, sausten auch schon ein paar Seitengewehre auf meinen Kopf nieder, sie waren aber nicht scharf und taten also zwar ziemlich weh, schlugen mir jedoch keine Wunde. Mit einem Satz war ich draußen, wandte mich mit dem Säbel zurück zum Tor und schrie: ,Da müßt ihr schon anders zuschlagen! Raus mit den Hundsfötten, daß wir miteinander ein Hühnchen rupfen!'

Aber da hatte keiner die Schneid, herauszukommen, denn sie sahen, daß der erste, der sich zeigen würde, meinen Säbel an den Schädel bekommen würde. Inzwischen aber kam vom Neutor her, wo die deutschen Soldaten Wache standen, ein Korporal mit fünf oder zehn Mann auf uns zu, so daß es für uns an der Zeit war, uns aus dem Staube zu machen. Sowie wir nun in dieser Gasse vom Neutor weg gegen das Eckhaus liefen, in dem der Rumorhauptmann seinen Sitz hatte [Ecke Tiefer Graben und Wipplingerstraße] stürzten uns dreißig oder vierzig neue Soldaten mit gezücktem Seitengewehr nach, während von rechts her die Soldaten von der Wache auf uns zuliefen, um uns festzunehmen. Aber wir drei ließen einander nicht im Stich, sondern stellten uns mit dem Rücken zueinander auf und griffen jeden Soldaten, der uns in die Nähe kam, mit dem Säbel an, daß die Funken von den Klingen stoben. Ein paar von den Deutschen wurden an der Hand oder sonstwo verwundet und kehrten daraufhin wieder um. Als wir so kämpfend zu dem erwähnten Haus kamen, stürzten dort plötzlich fünfzehn oder zwanzig Rumorsoldaten mit ihren langen Hellebarden heraus und hätten uns fast den Weg abgeschnitten. Aber wir rannten schnell an ihnen vorbei und gelangten dann, ständig mit unseren Verfolgern fechtend, durch den Tiefen Graben und das Strohgassel [Strauchgasse] in die Gegend beim Landhaus und damit zum Palais Polheim [heute Herrengasse 15], in dem unser Herr wohnte und das von jeder Strafverfolgung befreit war. Dort hatte man den Lärm schon gehört, und als uns der Pförtner erkannte, machte er sofort das Tor auf und ließ uns hinein, während in den umliegenden Häusern bereits die Leute aus den Fenstern schauten, um zu sehen, worum es bei der Rauferei gehe. Am nächsten Tag ließ sich der Stadtkommandant von Wien unseretwegen bei unserem Herrn beschweren. Als unser Herr aus der kaiserlichen Burg heimkam, stellte er eine Untersuchung über den Vorfall der vergangenen Nacht an und schimpfte fürchterlich. Ich kam ohne Prügel davon, weil ich die Schuld auf die beiden andern schob, aber diese wurden empfindlich gezüchtigt."

Diese Geschichte mutet wie eine Blitzlichtaufnahme an: Der Heiduck in seiner roten Husarenuniform durch den Tiefen Graben flüchtend, das schwache Geblinzel der schon damals eingeführten Öl-Straßenlampen, das Geschrei und Waffengeklirr im nächtlichen Wien — es ist ein einzigartiges Bild aus dem Alltagsleben des „gemeinen Volkes".

Unter solchen und ähnlichen Abenteuern lebte Osman elf Jahre in Wien, bis es ihm gelang, in die Türkei zu flüchten, wo er heiratete und Dolmetsch beim Pascha von Temeswar wurde. Als Prinz Eugen 1717 Belgrad eroberte, fand Osmans Familie bei der berühmten Explosion des türkischen Pulvermagazins den Tod. „Später heiratete ich wieder", seufzt er, „und hatte dann in sieben Jahren drei Söhne, einer von ihnen ist gestorben, die beiden andern leben noch. Mich hat das Schicksal nach dem Willen des allerhabenen und allmächtigen Herrgotts schließlich hieher nach Istanbul verschlagen, wo ich ein klägliches Dasein friste. Aber ich gedenke der ehrwürdigen Tradition, die da sagt: ‚Für den wahren Gläubigen ist die irdische Welt ein Höllenpfuhl, für den Giauren ein Paradies.'"

A HETZ MUSS SEIN

Wie war es eigentlich im alten Wien um den Spaß und die Unterhaltung der großen Masse bestellt?

Der Gipfel wienerischer Rokokounterhaltung war die Tierhetze. Und es waren beileibe nicht nur die Leut' von der Gass'n, die diesem blutrünstigen Schauspiel mit Hingabe zusahen, sondern auch sorgsam gepuderte Gesellschaften nahmen Platz und lorgnettierten das Publikum, um festzustellen, wer da und wer nicht da war.

Außer dem rein lokalen Begriff der „Hetzgasse" im dritten Bezirk ist von diesem schrecklichen Sport gottlob nichts geblieben als der Dialektausdruck „a Hetz", um den Gipfelpunkt vollkommener, allerdings nicht spiritueller Unterhaltung zu bezeichnen.

Und wie ging es nun im Hetztheater zu?

Langsam trat der riesige Hetzmeister, der einen glänzenden Metallhelm nach römischer Art trug, von dem ein prächtiges Straußenfedergesteck nickte, durch ein kleines Türchen in die Arena. Er war ganz in Grün gekleidet. Stürmischer Beifall begrüßte ihn, als er, die Hand an den Helmrand gelegt, die Runde machte. Endlich wieder bei dem Türchen, nahm er die rote Hetzpeitsche von der Schulter und knallte dem aufjauchzenden Publikum ein Solo vor.

Vorsichtig öffnete er ein großes, schwarz-gelb gestrichenes Tor, und ein ungarischer Stier mit blutunterlaufenen Augen stürzte heraus. Dumpfes Brüllen entrang sich seinem Maul, als auf einen Wink des Hetzmeisters vier kräftige Hunde mit lautem Gebell in die Arena liefen und den milchweißen Stier zu umkreisen begannen. Wiederholt stieß er mit den Hörnern nach den Hunden, aber sie wichen geschickt aus, worauf das Publikum unmutig zu pfeifen begann. Dadurch erschreckt, ließ der Hetzmeister zwei mächtige Bullenbeißer los, die den Stier sofort angingen. Ehe der sich's versah, hatten sie seine beiden Ohren geschnappt und hielten ihn an diesen empfindlichen Stellen fest. Ein verzweifeltes Schnauben entrang sich der breiten weißen Brust. Die Musik des ersten Bürgerregiments, die bereits auf einem Podium in der ersten Galerie Platz genommen hatte, fiel mit einem Tusch von Pauken und Trompeten ein. Während das Publikum wie rasend klatschte und mit den Füßen stampfte, führten die Bullenbeißer den überwundenen Stier wie Polizisten aus der Arena. Als sie draußen waren, trat der Hetzmeister vor und machte ein tiefes Kompliment. Gleich verschwand er wieder, und ein brauner Bär erschien, der träge und grantig dahergewatschelt kam. Die Zuschauer zischten und schimpften bei seinem Anblick, man wußte, daß er kein Kämpfer war. „Der g'hört ins alte Eisen!" hörte man rufen. Zwei jüngere, lebhafte Bären folgten dem alten Griesgram. Der eine setzte sich alsbald vergnügt in das kleine Wasserbassin am Fuß des Steigbaumes, während der andere den Steigbaum zu erklettern begann, von dessen Spitze sich ein Äffchen davongemacht hatte. Oben angekommen, blieb er sitzen, der Äpfel gewärtig, die ihm das Publikum zuzuwerfen pflegte. Aber die Leute waren heute schlecht aufgelegt, sie wollten Kampf sehen, sie wollten Blut sehen, sie pfiffen. Schon liefen vier Plänklerhunde in die Arena und begannen den alten Bären zu zausen, der sich widerstandslos zur Tür hinausführen ließ. Gleich darauf stürzten ein paar gefleckte Solofänger laut bellend herein und im Hui auf den jungen Petz in seinem Bad. Er brummte jämmerlich auf, ein Ohr war ihm abgebissen worden. Schwacher Applaus belohnte die zweifelhafte Heldentat.

Der Hetzmeister kam mit seinen Knechten. Das blutende Tier wurde fortgebracht, der Bär vom Steigbaum mit langen Stangen heruntergeholt, die Zuschauer schimpften laut.

Nach einem alten Wolf, den die Hunde elendiglich zerbissen, kam eine jämmerlich schreiende Hyäne dran, die immer wieder in ihren Käfig zurückwollte. Der Hetzmeister bekam saftige Grobheiten zu hören. Aber schon war Pause, die Musik fing wieder zu spielen an, und das Äffchen schaukelte auf dem Steigbaum, wo es neuerlich seine Stücklein trieb.

Auf einmal stand ein bengalischer Tiger, ein kräftiges, schönes Tier, mitten in der Arena. Er riß das Maul weit auf und brüllte. Das Publikum erschauerte.

„Dar Tiga! Dar Tiga! Jö! Wia der ausschaut! Wia der ausg'hungert is! Bravo, Hetzmasta, bravo!"

Es wurde still, bis man auf einmal eine fette Stimme vernehmlich hörte: „Schreckbar is er! Wann aber der Großsultl über eahm kummt?"

Man lachte.

„Ka Großsultl", wurde gerufen, „kannst net les'n, blader Binder? A Lampl kummt, a Lampl, wo bleibt denn dös Lampl?"

Schon wurde ein weißes Lämmchen hereingestoßen. Es blökte laut in seiner Todesangst. Schon hieb es der Tiger mit einem Tatzenschlag zusammen. Knochen krachten. Mit drei Bissen hatte er das Tierchen verschlungen. Die Musik fiel ein.

„Das Lampl hat wenig Bluat g'habt", meinte ein erfahrener Stammgast, „schau, schau!"

Ein Hase wurde gehetzt, der Tiger vermochte das schnelle Tier nicht zu erwischen. Es verschwand vor den Augen des Publikums, man wußte nicht wo, und der Tiger wurde ausgepfiffen. Gleich ließ ihn der Hetzmeister wegführen. Ein Reh wurde von einer kläffenden Meute gehetzt, es wurde im Handumdrehen gerissen und bekam vom Hetzmeister mit theatralischer Gebärde den Fang.

„Das Reh is' nix, is zu g'schwind oh'gfangen wurdn, das g'hört si net", hörte man murren.

Drei Trompetenstöße. Ein großer Löwe erschien in der Arena und schüttelte seine Mähne, ohne sich um die bellenden Hunde zu kümmern. Immer lauter bellten sie, wagten sich aber nicht an ihn heran. Schon pfiff die ganze dritte

Galerie, bald fielen auch die andern ein. Der Hetzmeister steckte erschrocken den Kopf aus seinem Verschlag. Freundschaftlich bellten ihn die Hunde an, liefen zu ihm. Der Löwe stand ruhig in der Mitte und legte sich schließlich nieder. Der Hetzmeister schwitzt vor Aufregung. Er feuerte seine Hunde an: „Scheckel, Pascha, Waldmann, huß, huß..." Die braven Tiere gehorchten. Ein Tatzenschlag, zwei Hunde lagen tot da, ein dritter schleppte sich jämmerlich heulend mit gebrochenem Rückgrat zu seinem Herrn. Das Amphitheater raste vor Beifall...

Am 1. September 1796 brannte das Hetztheater ab, und Kaiser Franz erteilte keine Bewilligung für den Wiederaufbau. Aber die unheilvolle Sehnsucht der Massen nach Blut, Mord und Hetze als Mittel zum Zwecke der Unterhaltung konnte der Kaiser damals natürlich auch nicht bremsen. Nur wandte sich das Interesse von den Tieren weg den Menschen zu. Öffentliche Hinrichtungen waren schon immer Sensationen gewesen, und die schaurige Freude der Massen am Töten nahm immer mehr zu, bis sie im Jahr 1868 ihren Höhepunkt in Wien erreichte. Und keine Reue trübte den „Genuß" an diesen Schauspielen, obwohl die „Gehetzten" Menschen waren, aber es waren ja „Malefizpersonen", die für ein Verbrechen bestraft wurden, und die „Hetz" geschah im Namen der Justiz!

Der Schauplatz hatte gewechselt: Man pilgerte nach Favoriten, wo es noch in der zweiten Hälfte des vorigen Jahrhunderts nichts als weite Felder gab und im Jahre 1868 das letzte Mal ein Mensch bei der Spinnerin am Kreuz gehängt wurde.

Es war Georg Ratkay, ein Tischlergehilfe aus Ungarn und „harber Bitz", der am hellichten Morgen einen Raubmord an seiner Bettfrau begangen, sie unbedeutender Werte wegen mit einem Hobeleisen umgebracht hatte. Die Polizei packte ihn bald. Das erstemal, daß mit Hilfe der noch jungen Presse ein Kriminalfall in Wien seine Aufklärung fand, denn der genaue Zeitungsbericht war es, der wesentlich zur

Verhaftung des Übeltäters, welcher sich unter falschem Namen herumgetrieben hatte, beitrug.

Ratkay war, wie sich bei der Gerichtsverhandlung im März 1868 herausstellte, der typische Fall des leichtsinnigen Burschen, des Spielers, der nicht an morgen denkt, des feschen Kerls, den die Frauen lieben und der sie ausnützt. Er hatte als Infanterist die Schlacht bei Königgrätz mitgemacht, und ein Menschenleben bedeutete nicht viel für ihn. So war denn das Todesurteil für das Publikum keine Überraschung. Man glaubte jedoch allgemein, daß der Kaiser Ratkay zu lebenslänglichem Kerker begnadigen werde, denn in Wien war seit Jahren keine Hinrichtung mehr vollzogen worden. Der neue Scharfrichter Willenbacher hatte wohl in der Provinz bereits sechsunddreißig Menschen hingerichtet, aber noch niemanden in Wien.

Der Kaiser machte jedoch von seinem Begnadigungsrecht keinen Gebrauch.

Am 28. Mai 1868 wurde Ratkay das bestätigte Urteil im Kleinen Schwurgerichtssaal vorgelesen, nur vor einem Publikum von Journalisten. Den ungeheuren Andrang der Bevölkerung hielt die Justizwache mit Mühe zurück. Alle Gänge des Landesgerichtes waren überfüllt, und als Ratkay nach der Urteilsverlesung in seine Zelle zurückgebracht wurde, schrie alles auf, so schrecklich sah er aus. Weste und Kragen aufgerissen, die Augen wie bei einem Wahnsinnigen im schneebleichen Gesichte rollend. Ein Tuberkulöser, der sich in die erste Reihe gedrängt hatte, erlitt vor Aufregung einen Blutsturz und verschied auf der Stelle.

Unterdessen hatte sich der Scharfrichter, ganz in Schwarz gekleidet, im Landesgericht eingefunden, um das Protokoll mit den Fragen, ob er den Mut und die physische Kraft zur Exekution habe, sowie ob er die nötigen Riemen und Galgen besitze, zu unterzeichnen, worauf ihm das Exekutionsdekret mit dem großen Siegel eingehändigt wurde.

Ratkay, der sich unterdessen mit dem Gedanken „Pardon unterm Galgen" beruhigt hatte, verlangte ein Gebetbuch und zwanzig Kuba-Zigarren, worauf er, eine Zigarre im Mund, eine Seite des Gebetbuches nach der andern herunterzulesen begann. Als der Gefängnisgeistliche zu ihm kam, brach Ratkay in Tränen aus, betete mit ihm zusammen und machte so eifrig in Reu' und Leid, daß der Priester später seine Bußfertigkeit rühmte.

Ratkay mußte noch einen vollen Tag in der Zelle verleben, denn seine Hinrichtung war erst für den Morgen des 30. Mai festgesetzt worden.

Das Volk debattierte, wo es ging und stand, über Ratkay, alles war der Meinung, nur sein Geständnis habe ihn an den Galgen gebracht, denn nach den Grundsätzen der damaligen Rechtspflege wäre es unmöglich gewesen, über einen hartnäckig Leugnenden das Todesurteil zu verhängen.

Diese Wartezeit genügte aber auch, um eine Völkerwanderung nach Wien hervorzurufen. Bis aus Mähren, der Steiermark, der Slowakei kamen Bauern mit ihren Wägelchen herangefahren, und die Felder um den Galgen bei der Spinnerin am Kreuz waren bereits in der Nacht vom 29. auf den 30. Mai 1868 von Zehntausenden besetzt. Findige Unternehmer hatten Holztribünen errichtet, sämtliche Wiener Dirnen sich hier ein Stelldichein gegeben. Polizeikonfidenten berichteten später von Orgien, die sich um den Galgen herum abgespielt hatten. Viele hundert Würstel- und Brezelmänner verkauften beim Schein von Stallaternen ihre Waren, Lieder erschollen von allen Seiten, der Klang von Ziehharmoniken war überall zu hören. Man entzündete große Lagerfeuer. Ein wahrhaft Brueghelsches Bild, über dem das neue, weißlich schimmernde Galgenholz drohte, vor dem zwei Posten standen.

Nicht minder hoch ging es vor dem Landesgericht her. Um fünf Uhr morgens war seine Umgebung bereits überfüllt. Ganze Kompanien der Militärpolizei mußten Spalier bilden und vor dem Tor selbst eine Eskadron der Liechtenstein-Husaren aufmarschieren, während Ratkay für seinen letzten Gang vorbereitet wurde.

Um fünf Uhr lag der arme Sünder bereits in der Hauskapelle des Landesgerichtes auf den Knien, während der Priester die letzte Messe las. Die Messe, welcher nur der Todeskandidat beiwohnen darf und während welcher Ratkay ununterbrochen weinte.

Es war bereits heller Tag. In den Zweigen hörte man die Vögel singen, und als man Ratkay aus der Zelle, in die er nach der Messe zurückgebracht worden war, zum letzten Gang führte, zitterte er am ganzen Leibe, verlangte aber dringend nach dem Blumenstrauß, den ihm die Landesgerichtskantine geschickt hatte, sowie nach einem frischen Taschentuch. Er hatte sich besonders sorgfältig frisiert, die „Sechser" an den Schläfen nach vorne gekämmt, und als er in den Hof trat, weinten die weiblichen Gefangenen, die an den Fenstern ihrer Zellen hingen, laut auf. Darauf hatte er gewartet. Lächelnd winkte er ihnen mit dem Taschentuch, dann bestieg er den Wagen.

Es waren schöne Equipagen, die man beim Fuhrwerksunternehmer Jantschky gemietet hatte. Der arme Tischler fuhr in einem feinen Landauer mit livriertem Kutscher zum Tode. Drei Kutschen folgten, alle umgeben von einem ambulanten Husarenspalier. Wohin der Zug kam, läutete in der Kirche das Zügenglöckchen.

Unterdessen war Stunde für Stunde ein nicht endenwollender Zug durch die Matzleinsdorfer Linie gerollt, denn es kam das feine Publikum für die Tribünen. Die „Herrschaften" fuhren ihre Wagen zu einer förmlichen Burg zusammen, wie beim Rennen. Sie waren ganz unter sich und mit Ferngläsern bewaffnet. Schon gab es allerlei zu sehen. Das Infanteriebataillon, welches um den Galgen Karree zu bilden hatte, war nämlich zu spät gekommen, fand die Massen dicht um den von einer schwachen Postenkette geschützten Galgen gelagert und mußte sich mit dem Kolben Bahn brechen. Messer und Stöcke wurden gegen das Militär geschwungen. Dragoner, die später in Zugskolonne in die Menge ritten, machten mehr Luft.

Unterdessen war der Todeszug bei der Matzleinsdorfer Linie angelangt. Die Menschen standen dort so dicht, daß man nicht weiterkonnte. Ratkay, der mit dem Geistlichen allein im ersten Wagen saß, fiel in Ohnmacht und sah nicht mehr, wie die berittene Polizei ihre Pferde in die Leute trieb. Er erwachte erst, als sie an Ort und Stelle waren, aber auch dort war es fürs erste trotz der größten Anstrengungen nicht möglich, auszusteigen, so dichtgekeilt stand die Menge. Endlich war ein Spalier, das durch die Massen zum Galgen führte, gebrochen. Man ging über staubiges Gras. Die Sonne schien. Dunst lagerte trotz der frühen Stunde — es war acht Uhr — über allem. Der Pater forderte den Unglücklichen, der, verzweifelt nach dem herangaloppierenden Reiter mit dem Pardon Ausschau hielt, zum letzten Gebet auf. Lallend sank Ratkay in die Knie. Und als er fertig war, gab ihm der Geistliche auf die rechte und linke Wange den Friedenskuß, versah Stirn, Mund und Brust mit dem Kreuzeszeichen: „Gehe hin in Frieden!"

Die Gerichtskommission, ganz in Paradeuniform, schwarze Straußenfedern auf den Hüten, goldene Lampassen an den weißen Hosen, drängte sich ächzend vor. Der Scharfrichter Willenbacher, im Frack, den Zylinder in der Hand, trat mit einer tiefen Verbeugung näher.

„Im Namen des Landesgerichtes", schnaufte der aufgeregte Hofrat, „im Namen des Landesgerichtes übergebe ich Ihnen Georg Ratkay zur Vollstreckung des Urteils!"

Laut betete der Pater: „Herr Jesus, nimm seinen Geist auf und sei ihm ein gnädiger Richter!"

Der bebende Ratkay hielt die Blumen fest in der Hand, der Schweiß perlte ihm über das Gesicht. Die Massen wagten kaum zu atmen. Schon wurde Ratkay zum Galgen geführt.

Willenbacher stand auf einem Podest hinter dem Pfosten.

Die Schnur um Ratkays Hals. Eine riesige Hand in schwarzem Glacéhandschuh legte sich auf Ratkays Scheitel. Eine andere packte seinen Hals, brach mit dem berühmten

Griff den Halswirbel — ruck — und Ratky schwebte zwischen Himmel und Erde.

Ein Moment Totenstille. Willenbacher legt die Riesenhand auf des Toten Herz. Dann beginnt er die Leichentoilette. Schließt die aufgerissenen Augen, den klaffenden Mund, streicht die Haare zurück, legt den Kopf künstlerisch auf die rechte Seite.

Auf einmal brandet Gelächter empor. Eine Tribüne ist eingebrochen. Die Damen sind in ihren Krinolinen possierlich heruntergepurzelt, man sieht ihre bis zur halben Wade reichenden Höschen. Aber schon dröhnt das Kommando des Majors: „Kniet nieder zum Gebet!"

Die dünne Stimme des Geistlichen versickert.

Auf einmal ein neuer Wirbel. Riesengeschrei. Ein Fiakerkutscher hat den „Stößer" nicht abgenommen.

Schon marschieren die Truppen ab. Die Wagen rollen. Und nun flutet das Volk um den Galgen, an dem Ratkay hängt, noch immer die Blumen in der Hand. In der braunen Hose, die er trug, als er die Bettfrau umbrachte.

Und so ist Ratkay den ganzen Tag, einen Samstag, bis sechs Uhr abends am Galgen hängen geblieben. So wollte es der Brauch. Ununterbrochen von Tausenden umlagert, die im Schatten eines Galgens Mittag aßen, Kaffee tranken und ihm immer wieder vorwurfsvoll zuriefen: „Hättst net g'standen!" Das war Ratkays Todes- und Grabgesang.

Der Arimathäa-Verein brachte einen ungehobelten Sarg, obwohl Ratkay nach dem Gesetz ohne Sarg hätte verscharrt werden sollen. Um sechs Uhr taten ihn die Knechte des Herrn Willenbacher in den Sarg und hoben eine Grube aus, dreiundachtzig Schritt von der Spinnerin am Kreuz entfernt, senkten den Sarg hinein, stampften die Erde darüber und machten alles dem Boden gleich.

Der liberale Ministerrat hat sich sehr über diese Szenen skandalisiert und schaffte die öffentlichen Hinrichtungen ab.

SEIN NAME WAR MAYER...

Im Justizbetrieb der Biedermeierzeit gab es unglaubliche Mängel und Lücken, die zu den größten Schwierigkeiten führten, wenn es um fehlende Informationen ging. Und wenn ein Mensch — oft war es wie in unserer Geschichte irgendein armer Teufel — einmal im Räderwerk der „Rechtsprechung" hängenblieb, so konnte es ihm passieren, daß er sich ein Leben lang nicht mehr von einem Verdacht zu befreien vermochte.

Am 1. Dezember 1823 läutete eine Hausbesorgerin aufgeregt an der Wohnung des „Vertrauten" im Stubenviertel. Vor Aufregung stotternd, berichtete sie dem Polizisten, daß in ihrem Haus ein verdächtiger Kerl mit Silberlöffeln von Tür zu Tür gehe, die er unglaublich billig anbiete.

Schon hatte der Vertraute seinen Ochsenziemer zur Hand, den Zylinder auf dem Kopf, und nach wenigen Schritten standen die beiden vor einem hageren Burschen mit Sommersprossen, der in seinem dünnen grünen Flausch nicht wenig zitterte. Gehorsam folgte er dem großen, dicken Vertrauten, der ihm das Paket mit den Silberlöffeln gleich abgenommen hatte, auf den Petersplatz in die Polizeidirektion, wo in einem gutgeheizten Zimmer das Verhör begann.

Schüchtern gab der Arretierte seinen Namen als Jakob Gottlieb Mayer an, wies einen Paß der badischen Gesandtschaft vor, ebenso ein Wanderbuch des Marktgerichtes Pinkafeld, nach welchen Ausweisen er zu Hechingen geboren, katholisch, ledig und seines Zeichens Drechsler war.

Über die Silberlöffel erzählte Mayer eine Reihe sich widersprechender Geschichten, weshalb er wegen Verdachts eines verbrecherischen Diebstahls an das städtische Kriminalgericht am Hohen Markt an der Ecke der Tuchlauben überstellt wurde. Dort erhielt er den Kriminalrat Philipp zum Untersuchungsrichter. Nach wenigen Stunden war dem Kriminalrat klar, daß er einen abgefeimten Spitzbuben vor sich hatte.

Damals gab es noch keine Photographie, und Pässe waren nichts als ein Stück Papier, das eigentlich nur auf den Angaben seines Besitzers basierte.

Der Polizei hatte Mayer einen Roman erzählt, charakteristisch für das Milieu der armen Teufel jener Zeit. Er heiße eigentlich nur Jakob Mayer, sei ein Soldatenkind, wisse nicht, wo er geboren sei, wäre dreißig oder vierunddreißig Jahre alt, genau wisse er das nicht, habe keine Profession erlernt und sei niemals eingesperrt gewesen. Mit seiner Mutter, die Elisabeth Heß geheißen und sich als Hausiererin mit Fleckkugeln, Tintenpulver und Stiefelwichse durchgebracht habe, sei er bis in sein zwölftes Jahr herumgezogen, bis ihn seine Mutter bei Bozen in Tirol bei einem Kesselflicker zurückgelassen habe. Nach zwei Jahren habe er diesen Mann verlassen, sich auf eigene Füße gestellt und sei nun durch Salzburg nach Bayern, danach wieder nach Österreich und Ungarn gezogen. Seinen Unterhalt hätte er sich durch Hausieren verdient, nie einen Anstand gehabt, und obwohl es ihm recht kümmerlich ging, habe er die Freiheit jedem anderen Erwerb vorgezogen. Zu Pfingsten 1823 habe er in St. Pölten einem Drechslergesellen einen Paß auf den Namen Jakob Gottlieb Mayer abgekauft, sei damit nach Bayern weitergezogen, habe einen Handwerksburschen getroffen, der Kaspar hieß, und sei mit ihm nach Wien weitergewandert. Der war ein Silberarbeitergeselle gewesen, und sie hätten sich beide durchgebettelt bis Wien, wo sie das Fechten wiederaufgenommen hätten. Nun habe es sich geschickt, daß der Kaspar, der in einem bestimmten

Hause betteln wollte, ihm sein Ränzel zum Halten gegeben habe. Ein paar Minuten später sei er aus dem Hause gestürzt, habe gerufen: „Die Polizei kommt!", und sei auf und davon. Er hinter ihm drein, habe ihn aber nicht mehr erreichen können und nur bemerkt, daß der Kaspar etwas fallen ließ. Als er es aufhob, hätte er bemerkt, daß es Silberlöffel waren, in ein Schnupftuch gebunden. Den Kaspar habe er trotz allem Suchen nicht mehr finden können, und da sei ihm der Gedanke gekommen, die Silberlöffel, die ja keinen Eigentümer mehr hatten, zu verkaufen. Und da habe man ihn ganz unschuldigerweise arretiert.

„Weil der Paß des Drechslers", sagte er, „bald zu Ende gegangen wäre, ging ich zur badischen Gesandtschaft und löste einen neuen."

In der Kanzlei der Gesandtschaft fand die Polizei den abgelaufenen Paß, er war zu Steckborn den 1. April 1823 für den Drechslergesellen Jakob Gottlieb Mayer ausgestellt, und zwar auf Grund eines früheren Passes mit Datum Schwyz, den 5. Februar 1822.

Der Kriminalrat Philipp ließ hurtig nach Steckborn und nach Schwyz schreiben, wo man bestätigte, daß der Paßwerber am 5. Februar 1822 ein Papier für zwei Monate bekommen habe, weil ihm Schiffsleute von Gersau bestätigten, daß ihm der Hut mit dem Wanderbuch in den See gefallen wäre. Das war alles.

Nun fand der Kriminalrat unter „Mayers" Habseligkeiten verschiedene Rezepte für Kölnischwasser, Fleckkugeln usw., aber auch Notizen mit Marschrouten, in welchen Häusern gut einzukehren sei, wo sich die Grenze am leichtesten überschreiten lasse, wo die Pässe zu vidieren wären, wo man Bettelleute und leichte Frauenzimmer treffe. Auf die Frage, welchen Ausweis er vor dem ersten Paß besessen, leugnete er, je einen gehabt zu haben, was den Kriminalrat als offensichtliche Lüge so ärgerte, daß er ihm sogleich mit dem Haselstock fünfzehn Hiebe auf den nackten Rücken geben ließ. Was nichts nützte. Worauf der Rat die Zellengenossen einvernahm über das, was der „Mayer" ihnen erzählt habe. Sie erzählten ganz verschiedene Geschichten. Alle ähnlich vorgenommenen Untersuchungen verliefen im Sand.

So vergingen die Jahre. 875 Stockhiebe ließ der Untersuchungsrichter dem Unglücklichen insgesamt verabfolgen. Doch er brachte nichts aus ihm heraus. Immer wieder schickte er ihm Zellengenossen ins Polizeigefängnis des alten Siebenbüchnerinnenklosters, die ihn ausfragten. Sie hielten ihn für einen Fleischer oder Bierbrauer, denn er kannte alle Brauhäuser in Württemberg und im Schwarzwald. Auch in den Rheingegenden wußte der „Mayer" Bescheid. Immer wieder erzählte er aber andere Geschichten. So einmal: „Im Oktober 1823 ließ ich in Steyr mein Wanderbuch vidieren und zog mich dann auf Seitenwege. Mein Plan war, über Wilhelmsburg durch das Gebirge nach Wiener Neustadt zu gehen. Am fünften Tag erreichte ich um Mittag den Ort Kilb, erbettelte mir den Mittagstisch und ging dann über einen Berg auf Wilhelmsburg zu. Plötzlich hörte ich im Wald die Stimmen von Leuten, die sich stritten. Ich schlich durch die Bäume ganz in die Nähe und erblickte in einer kleinen Lichtung zwei Handwerksburschen, jeder von ihnen hatte ein offenes Bündel vor sich. Der eine sagte eben: ‚Du kannst die Stiefel haben, aber du mußt noch fünf Gulden herauszahlen.' Darauf erwiderte der andere: ‚Und wenn ich bis morgen auf die Nacht hier sitzen müßte, so bekommst du keinen Heller von mir. Die Stiefel gehören mir, denn nicht du, sondern ich habe sie mir erobert. Überhaupt hätten wir gescheiter getan, nach Graz zu gehen und alles dort zu verkaufen, denn in St. Pölten sind doch die größten Pfennigfuchser.' Diesen Worten entnahm ich, daß die Handwerksburschen irgendwo einen Diebstahl begangen hatten, und es juckte mich, ihnen den Fang abzujagen. Darum trat ich in das Dickicht zurück und schrie aus Leibeskräften: ‚Hieher, Leute, umstellt das Holz, da sind die Halunken, die Diebe!' Kaum hörten die Handwerksburschen meinen Ruf, als sie wie aufgejagte Hirsche durch das Unterholz und auf die Straße hinausrannten. Ich folgte ihnen nach, indem ich unausgesetzt schrie: ‚Haltet sie auf! Haltet sie auf!‘ Die aber liefen über Hals und Kopf, und als ich sie nicht mehr sah, kehrte ich um und machte mich über ihre Bündel. Ich schlug den Weg nach St. Pölten ein, fuhr dort mit einem Landkutscher nach Wien und stieg im Wirtshaus ‚Zur Stadt Bamberg‘ ab.“

Wohin der Kriminalrat Philipp wegen des „Mayer“ nicht noch schrieb! An die Kreisämter in Steyr und Wels, an die französischen Präfekturen von Straßburg und Kolmar, an die Kreisämter Linz, St. Pölten, Krems und Salzburg. Nach Bayern, an das Landgericht Alt-Ötting, Holfeld und an die Polizeidirektion München, an das Landgericht Gföhl und an die Spezialkommission zu Pinkafeld.

Aus diesem unendlichen Papierkrieg entwickelten sich zahlreiche Reisen des „Mayer“, Hand und Fuß in Eisen, auf einem Leiterwagen, vier Soldaten mit geladenen Gewehren hinter sich. So kutschierte er durch die österreichischen Lande. Alles nur, um sein „Nationale“ festzustellen.

Ob er nicht der Franz Mayer wäre, Deserteur vom Regiment Großherzog Baden, ein Räuber von Ruf, beteiligt an drei Mordtaten und unter den Seinigen bekannt als der „bayrische Hiasel“?

In Tirol wäre es ihm fast an den Kragen gegangen. In einem Gebirgstal, wo der Weg zwischen himmelhohen Bergen verlief, kamen er und seine Eskorte in ein fürchterliches Gewitter hinein. Von den Bergen schoß das Wasser so schnell und reißend herab, daß das schmale Tal im Nu ein schäumender See war. Die Soldaten sprangen heraus und kletterten auf Bäume und Felsen. Nur der angeschmiedete „Mayer“ mußte im Leiterwagen bleiben, den die Fluten dahintrieben. Er lenkte, so gut er konnte, die zitternden Pferde, gelangte ins Seichte, wo die durchnäßte Eskorte ihn alsbald wieder erreichte.

Viele Reisen dieser Art hat der arme Inquisit zurückgelegt, doch das Gericht fand nichts über ihn heraus. Nach fünf Jahren schrieb der Kriminalrat Philipp resigniert in den Akt: „Sosehr Inquisit bemüht war, sich das Ansehen eines ungebildeten Vagabunden zu geben, und ungeachtet er behauptete, er habe von seinen Eltern, nur wenn sie auf ihrer Wanderschaft bei Bauern einkehrten und sich Schreibmaterialien vorfanden, etwas weniges Schreiben gelernt, dagegen gar keinen Religionsunterricht genossen, ja er sei niemals in die Kirche gekommen und habe seine Länderkunde nicht aus Büchern, sondern durch Wanderschaft geschöpft, so erhellt anderseits aus seinem ganzen Benehmen, aus der Wahl seiner Ausdrücke, daß dieser Mensch wenigstens in seiner Jugend einen ausgedehnten Unterricht und sogar eine wissenschaftliche Bildung erhalten haben müsse, und hieraus ergebe sich von selbst sein längerer Aufenthalt an einem bestimmten Ort. Dieser Aufenthalt könne noch nebstbei durch die Heilung von Verletzungen an seinem Körper angenommen werden, wenn man seinen verkürzten Daumen, dann die Narben von Wunden an der Schulter und am Fuße in Betracht ziehe. Der Aussprache nach dürfte der Inquisit ein Rheinländer sein. Sein Betragen im Arrest, seine Anordnungen, dort die möglichste Reinlichkeit zu erzielen, mit der Bemerkung, daß nur dadurch eine längere Gefangenschaft zu ertragen sei, spräche für die Wahrscheinlichkeit, daß er schon früher verhaftet gewesen sein müsse. Ungeachtet die Gewißheit vorhanden ist, daß der Verhaftete Namen, Familienverhältnisse und sein Vorleben nur verschweige, um dadurch schwere Verbrechen zu verdecken, müsse man sich mit ungenügenden Resultaten zufriedenstellen, weil kein Zwangsmittel bestände, wodurch der vorgebliche Heimatlose zur Aufdeckung seiner Haft vermocht werden könne. Nun erscheint aber nach der bestehenden höchsten Vorschrift ein Mensch, dessen Geburtsort nicht ausgemittelt werden kann, zu dem Orte gehörig, wo er sich am längsten aufgehalten hat, und dadurch wird der Inquisit ein Wiener."

So wurde denn „Mayer" nach fünfjähriger Untersuchungshaft wegen Diebstahls zu fünf Jahren schweren Kerkers verurteilt. Diese Sentenz ist auch vom Obergericht bestätigt worden. Am 25. Juni 1828 wurde ihm das Urteil verkündet. Die damalige Justiz kannte eine Anrechnung der Untersuchungshaft noch nicht.

„Mayer" wurde in das k. u. k. niederösterreichische Provinzial-Strafhaus in der Leopoldgasse übergeführt. Dort starb er nach drei Monaten an der Tuberkulose.

HANS-JÖRG GRASEL:
EIN RÄUBER- UND GENDARM-SPIEL

Auf das Betteln und Stehlen war die Wirtschaft der Eltern des Hans-Jörg Grasel gegründet, als deren erstes Kind er am 20. April 1790 geboren wurde, Sohn eines Schinders und Enkel eines Gerichtsdieners. Damit war er aus der Gemeinschaft ehrsamer Bürger ausgestoßen, denn ein Schinder war ebenso „unehrlich" wie ein Gerichtsdiener, den wiederum derselbe Haß traf wie einen Henker: Mußte doch der Gerichtsdiener bei den zweihundert Halsgerichten, die es damals in Niederösterreich gab, nur zu oft Henkerdienste versehen, da dem hochadeligen Grundherrn, der die Gerichtsbarkeit über seine „Untertanen" besaß, die Verschreibung eines Scharfrichters meist zu teuer war.

Der Knabe wuchs zwischen Einbrüchen, Messerstechereien und grauenhaften Leidenschaftstragödien heran. Niemand lehrte ihn lesen und schreiben, aber das Rotwelsch der „Gauner" sprach er schon als Kind fließend. Er hatte kein festes Heim. Der Vater, auf dem Spielberg verurteilt, war von dort entsprungen, und nun zog die Familie unter falschem Namen von einer Wasenmeisterei zur anderen, denn alle Schinder im Lande waren irgendwie miteinander verschwägert. Waren doch Henker, Gerichtsdiener und Abdecker eine Kaste, die nur untereinander heiraten konnte und sozusagen eine große Familie bildete.

Einige Zeit hatte Grasels Vater ruhig auf der Wasenmeisterei in Veszprim in Ungarn gelebt, die er sich aus dem Erträgnis seiner Einbrüche gekauft hatte, aber lange hielt ihn sein unruhiges Blut nicht an einem Ort. Er nahm seinen

Buben und zog wieder in die Welt hinaus. Sechzehn Jahre war Hans-Jörgl alt, als er seinen ersten Einbruch verübte. Die Zahl der Verbrechen, die er in seinem achtundzwanzigjährigen Leben beging, sollte mehr als zweihundert betragen. Daraus kann man Hast und Ziel seines Daseins ermessen.

Man muß bedenken, daß die große Zeit des Grasel in die Jahre der Franzosenkriege fällt. Rasch hintereinander waren die fremden Heere durch Niederösterreich gezogen, mit all ihrem Gefolge von Marodeuren, Dirnen und Gesindel jeglicher Art. In dem von zahlreichen Katastrophen heimgesuchten Heer hatten sich viele Truppenkörper aufgelöst, überall sah man Deserteure. Dazu kamen die Invaliden, welche der Staat buchstäblich dem Verhungern preisgab. Und noch dazu fand man auf dem flachen Lande — so unglaublich es klingt — nicht die Spur einer Polizei: im Polizeistaat des Kaisers Franz!

Lag doch, wie bereits erwähnt, die Gerichtspflege in den Händen der adeligen Grundherrschaften, und die wiederum ließen sie von einem „Justiziär", der außerdem meist ein vielbeschäftigter Güterbeamter war, besorgen. Als Amtsorgane waren Gerichtsdiener am Werk, meist selbst Verbrecher. Mit einem Wort, ein geradezu phantastisch verkommenes Staatswesen, dieses alte Österreich, in dem der junge Grasel, der in seiner Art ein begabter Mensch gewesen ist, im Handumdrehen zum Rinaldo Rinaldini Niederösterreichs wurde und es fast zehn Jahre lang bleiben konnte.

Sein Ruhm ist legendär geworden. Generationenlang rankte sich um sein Andenken ein Kranz merkwürdigster Legenden. Dabei ist Grasel kein Straßenräuber gewesen. Niemals hat er jemanden am Weg beraubt, er brach immer nur in Häuser ein und hat bei einem solchen Einbruch bloß einmal eine Frau ermordet. Ein beinahe „ehrenwerter" Räuber! War er allerdings betrunken, hatte ein Menschenleben für ihn nicht mehr Wert als das einer Fliege.

Seine Bande umfaßte im Lauf der Zeit mehrere hundert Personen, wobei man sich unter „Bande" aber keine feste Organisation vorstellen darf, sondern vielmehr an einen ausgedehnten Kreis von „Geschäftsfreunden" denken muß, von denen nur etwa ein halbes Dutzend zu seinen unmittelbaren „Mitarbeitern" zählte.

Da fand man in buntem Durcheinander Deserteure, kleine Bauern, Schullehrer, Weber, Juden und auch einen einarmigen Invaliden von der Schlacht bei Wagram, der nichts zu essen hatte. Selbstverständlich durfte in diesem seltsamen Gemälde niederösterreichischer Bauernromantik das Weib nicht fehlen, und in Dutzenden von niederösterreichischen Dörfern besaß Grasel einen ganzen Harem, der auch für Nachkommenschaft sorgte.

Um das Jahr 1814 und zur Zeit des Wiener Kongresses war Grasel bereits zu einer wahren Landplage geworden, der man durch Aufgebot von Militärmassen vergeblich Herr zu werden suchte, bis endlich die verzweifelten Landrichter des Korneuburger Kreises der obersten Polizei-Hofstelle die Idee eingaben, auf Grasel einen Preis von viertausend Gulden zu setzen; für die damalige Zeit und das Milieu, in dem Grasel lebte, ein ungeheures Vermögen. Dennoch hat sich unter seinen Getreuen keiner gefunden, der ihn ans Messer geliefert hätte. Er sollte erst einer der raffiniertesten Polizeikomödien erliegen, die in Österreich jemals ausgeführt worden sind.

Der „Vertraute" David Mayer nahm das große Werk auf sich und entwarf einen hinterlistigen Plan. Zufälligerweise war eine von Grasels Geliebten in dieser Zeit verhaftet worden und saß im Drosendorfer Arrest. Mit Bewilligung der Behörde arrangierte Mayer, der sich für einen Gauner ausgab, ihre Flucht und kam so in den Kreis Grasels, dem bisher noch kein Polizeimensch nahegekommen war. Grasel fühlte sich damals bereits unsicher und wollte nach Schlesien; Mayer, der vorgab, von dort zu stammen, bot sich an, ihn dorthin zu führen.

Am 19. November 1815 sollte Grasel mit Mayer in einem „Steirerwagerl" die Fahrt antreten. Es war vereinbart, daß des Nachts bei der Durchfahrt durch das Dorf Mörtersdorf (in der Horner Gegend) die Verhaftung des berühmten Räubers erfolgen solle. Was nun folgte, war eine echt österreichische Komödie, bei der nichts klappen wollte.

Vor allem wirkte das Gift nicht, das Mayer Grasel in den Kaffee schüttete, und der „Vertraute" bekam es gräßlich mit der Angst zu tun, als der schwerbewaffnete Räuber neben ihm absolut nicht schläfrig wurde. So fuhren sie denn durch die schweigende, mondüberglänzte Nacht, und als der Wagen sich Mörtersdorf näherte, hielt Mayer auf der Straße und begab sich unter dem Vorwand, erst im Dorf nachzusehen, ob keine Gefahr bestand, in die Ortschaft, um nach der versteckten Polizei zu suchen.

Er fand sie nicht. Der Angstschweiß trat dem unglücklichen „Vertrauten" auf die Stirn. Alles schlief schon. Ab und zu bellte ein Hund, und erst nach vielem Herumirren sah er in einem Fenster Licht. Er trat näher. Es war ein Wirtshaus, in dem Bauern mit zwei Kanonieren Karten spielten. Er klopfte an das Fenster. Alles fuhr auf. Mayer aber sagte schnell: „Ich bin ein Vertrauter von der Brünner Polizei und habe draußen den Grasel auf meinem Wagen. Wenn ich mit ihm im Wirtshaus bin, müßt's ihr mir helfen, ihn zu binden, sonst kommt's alle auf den Spielberg."

Alles stand da wie vom Donner gerührt. Noch wurde rasch ein Stichwort vereinbart, auf das die Bauern aus dem Nebenzimmer herauszustürzen hätten, und gleich darauf war Mayer wieder fort.

Nach einer Viertelstunde betrat er mit Grasel die Stube. Nur der Wirt und ein Kanonier saßen darin. Es war ein Uhr nachts. Mayer fragte nach einem Zimmer, das Stichwort fiel. Nichts rührte sich! So sehr saß die Angst vor Grasel allen im Nacken. Mayer wurde vor Aufregung ganz schwindlig. Endlich faßte er sich und sprang mit einem Riesensatz dem ihm gerade den Rücken zuwendenden Grasel aufs Genick. Der stürzte polternd zu Boden, und auf einmal war der Bann gebrochen: alle Bauern warfen sich auf den am Boden Liegenden und banden ihn wie ein Kalb.

Mayer hatte seine viertausend Gulden bei diesem Räuber- und Gendarm-Spiel im Schweiß seines Angesichts verdient.

Grasel saß mehr als zwei Jahre in Wien in Untersuchungshaft, lange Zeit war er an die Mauer geschmiedet. Wurde er zum Verhör geführt, rasselte seine Kettenlast so laut, daß man es überall im alten Schrannengebäude am Hohen Markt hören konnte. Und die ganze Zeit über wußte er, daß ihm das Todesurteil bevorstand.

So fand denn auch am Samstag, dem 31. Januar 1818, am Glacis vor dem Neutor, dort, wo heute die Roßauer Kaserne steht, die Hinrichtung statt. Zwei seiner nächsten Spießgesellen folgten Grasel in den Tod. Sie wurden fast bewußtlos durch die Stadt zum Galgen geschleift. Da alle Deserteure waren, mußten sie zu Fuß zum Richtplatz gehen, denn der Armesünderwagen stand bloß zivilistischen Übeltätern zu. Nur Grasel bewahrte Ruhe und Kaltblütigkeit.

Es war sehr nebelig, und am Fuß des Galgens stehend beobachtete er, wie seine beiden Kumpane gehenkt wurden. Als die Reihe an ihn kam, küßte er den Henker, und als ihm dieser die Schlinge um den Hals warf, bat Grasel noch um einen Augenblick Geduld. Er stand erhöht und nahm erst jetzt die ungeheuren Menschenmassen wahr, die zu seiner Hinrichtung zusammengeströmt waren. Ein Leuchten flog über seine Züge und er sagte laut vor sich hin: „Jö, die Leut'!"

Eine Minute später lebte er nicht mehr.

Ein Tod, wie er österreichischer nicht gedacht werden kann.

TRAGÖDIEN AUF DER RINGSTRASSE

Mehr als hundert Jahre sind vergangen, seit Kaiser Franz Joseph an den Innenminister Baron Bach jenen Brief schrieb, in dem die Niederreißung der Stadtmauern und Basteien befohlen und der Bau der Ringstraße, dieser noch heute in Europa einzigartigen Straße, angeordnet wurde.

Es hat Jahrzehnte gedauert, bis sie dann endgültig fertig war, in den achtziger Jahren, nachdem man sie 1865 als kläglichen Beserlpark eröffnet hatte. Aber welche Rolle hat sie seitdem in der Geschichte Wiens gespielt!

Schon der Vorgänger der Ringstraße, der alte, baumbestandene Stadtgraben, ist ein Ort seltsamer, ja schrecklicher Schicksale gewesen, denn in ihm vollzog sich in jeder schönen Nacht eine ungeheure Orgie der billigsten käuflichen Liebe. Hier brannten keine Laternen, und nur der Vollmond war es, der sein Silberlicht über die uralten, leise rauschenden Pappen streichen ließ. Was hier an Lustmorden geschah, läßt sich nicht schildern. Und wie auch heute die Morde an Prostituierten oft unentdeckt bleiben, so sind damals, bei der noch so primitiven Polizeitechnik, die meisten Opfer ungerächt geblieben.

Eine Untat, die sich ungefähr an der Stelle, wo heute das Café Landtmann steht, zwischen Mölker- und Löwelbastei, ereignete, hat die damalige Wienerstadt bis in ihre Tiefen erschüttert, weil sie ein Kapitel von der Nachtseite menschlicher Leidenschaften enthüllte, von dem damals außer ein paar Polizeiräten kaum jemand wußte. Seltsam ist nur, daß ganz Wien im Handumdrehen davon erfuhr, obwohl unter Metternich die Zeitungen keine Berichte von Morden bringen durften.

In einer kalten Winternacht, am 14. Januar 1842, fand ein Finanzwächter unterhalb der Mölker- und Löwelbastei, in der Nähe des Paradeisgartels, einen sterbenden Knaben, dessen Kopf schreckliche Wunden aufwies. Da es damals noch keine Hilfsmittel zur Beförderung Kranker gab, trug der Finanzer das Kind den weiten Weg in das Allgemeine Krankenhauses, wo der Knabe bei der Übergabe starb. Die Polizei stand vor einem Rätsel.

Erst am nächsten Tag wagte eine verängstigte Mutter die Abgängigkeit ihres Buben anzuzeigen, wofür sie erst einmal tüchtig angeschnauzt wurde, weil sie so lange mit der Anzeige gewartet hatte. Als die arme Mutter im Allgemeinen Krankenhaus schluchzend vor der Leiche zusammenbrach, wurde sie vom Polizeikommissar neuerlich angeschrien. Er drohte ihr fünfundzwanzig Hiebe auf den nackten Hintern an, weil sie ihren Sohn offenbar ohne Aufsicht hatte herumstrawanzen lassen und er wahrscheinlich aus Übermut auf die Stadtmauer geklettert und heruntergestürzt sei. Worauf die Frau schluchzend erwiderte, das Kind sei nie übermütig gewesen und wäre außerdem in Begleitung seines Onkels, des Malergehilfen Karl Feid, ausgegangen. Der Kommissar lachte, sie aber ließ trotz ihrer hellen Tränen nicht davon ab, daß etwas dahinter stecke, denn das arme Kind habe keinen Mantel mehr angehabt und der Kerl sei auch nicht mehr nach Hause gekommen...

Der fehlende Mantel machte auf die Polizei keinen Eindruck. Im Stadtgraben triebe sich nachts so viel Gesindel herum, dem es ohne weiteres zuzutrauen wäre, einem verletzten Kind den Mantel zu stehlen, und der Onkel sei wahrscheinlich über den Unfall des Buben so erschrocken, daß er sich nicht mehr nach Hause getraut hätte. Aber die Frau widersprach fortwährend, ihr Bruder sei ein Falott, da müsse ein besonderer, ein anderer Grund vorliegen...

Worauf die Polizei ihre Registratur durchsah und über den sechsundzwanzigjährigen Karl Feid eine „Relation" fand, in der zu lesen war: „...hat sowohl während des Schulbesuches wegen Mangel an Fleiß als auch bey der Mahlerei wegen seiner Nachlässigkeit und Trägheit so schlechte Fortschritte gemacht, daß er hierdurch seinen Lebensunterhalt zu verdienen außer Stande war, und nach dem Ableben seiner Aeltern von seinen nächsten Verwandten unterstützt und erhalten werden mußte..."

Auch zu der in Frage kommenden Zeit war Karl Feid arbeitslos. Der Polizeikommissar konnte nicht begreifen, weshalb er das Kind zu einem Abendspaziergang eingeladen hatte, was er sonst niemals tat. Warum auch blieb der Zimmermaler verschwunden? Sollte die weinende Mutter doch recht haben und der Kerl irgend etwas über die Geschichte wissen? Aber er lebte doch mit seinen Leuten nicht in Feindschaft, und wegen des Mantels das Kind umbringen? Nein, das war zu unwahrscheinlich.

Da kam in die Polizeidirektion, die damals am Petersplatz neben dem Pfarrhaus untergebracht war, ein anonymer Brief: „Von Gewissensqualen gemartert", stand darin, „schreibe ich diesen Brief. Die Gerüchte, welche in Wien über den Tod des Knaben im Stadtgraben kursieren, sind leider nur zu sehr begründet. So wenigstens ist es meine Überzeugung. Ich hatte leider das Anbot eines Unbekannten angenommen. Sie wissen sicherlich, welche Verworfene die Löwel- und Mölkerbastei des Abends bevölkern. Der Knabe aber fürchtete sich vor mir und lief zu jenem Unbekannten, mit dem er erschienen, zurück. Aus Angst, in eine unangenehme Situation zu geraten, entfernte ich mich rasch gegen die Burg. Ich hörte hinter mir nur noch heftig schimpfen, dann einen Schrei und endlich einen dumpfen Fall. Als ich von der Auffindung des Leichnames hörte, wußte ich sofort, daß es sich um diesen Knaben handle, an dessen Tod ich nun, ohne es, bei Gott, zu wollen, mitschuldig geworden bin. Suchen Sie mich nicht, denn ich verlasse gleichzeitig die schöne Kaiserstadt, um mich weit in die Welt zu schlagen und das Schreckliche zu vergessen. Möge der Himmel Ihnen zur Ergreifung des gesuchten Unholdes helfen..."

Das brachte die Polizei und die Konfidenten auf die Beine. Fürs erste wurden die Grabenstrotter und Kappelbuben arretiert, und der Hof der Polizeidirektion widerhallte stundenlang von dem Jammergeschrei der Verhafteten, die die Polizei fürs erste mit dem Haslinger verprügelte. Das war damals gesetzmäßig. Fünf Tage später arretierte ein Polizeikorporal den Karl Feid bei einem Branntweiner in der Roßau. Bei ihm verhalf der Haselstock zu überraschenden Geständnissen. Von dem Verfahren haben sich nur Aktenbruchstücke erhalten, in denen es heißt: „Bei dem Hang zum Müßiggang und Trunke war diese Unterstützung durch seine Anverwandten zur Befriedigung seiner selbstgeschaffenen Bedürfnisse unzulänglich. Er bestahl daher im Jahre 1836 seinen einzigen Wohltäter um einen namhaften Betrag, und gelang es ihm durch falsche, sogar mit einem Eide bestätigte, gerichtliche Aussage, den Verdacht von sich abzuwenden und bis zu seiner gegenwärtigen Verhaftung unentdeckt zu bleiben, während welcher Zeit durch die eingetretene Verjährung seine Strafbarkeit erloschen ist.

Im Jahre 1840 geriet er wegen eines zu Nachtzeit verübten Diebstahls als schwerer Polizeiübertreter in Untersuchung und Strafe, welche jedoch seine Besserung nicht bewirkte, denn obwohl er die nötige Unterstützung fortan genoß, ließ er sich bei seinem Müßiggange und Hange zum Wohlleben, um Geld zu erhalten, dahin verleiten, einem bisher unentdeckt gebliebenen Manne einen Knaben zur Unzucht zuzuführen.

Zur Erreichung dieser schändlichen Absicht wählte er seinen eigenen, achtjährigen Neffen, lockte denselben an sich, führte ihn auf Umwegen am 14. Jänner d. J. abends auf die Mölkerbastei, wo er ihn jenem Manne überließ. Da jedoch der Knabe sich der ihm zugemuteten Unzucht hinzugeben weigerte, vielmehr dem in der Nähe wartenden Karl Feid zulief, ihm drohte, dieses Alles seinem Vater zu entdecken, und sich durch das Zureden des Karl Feid nicht beruhigen ließ, so faßte Letzterer den Entschluß, den Knaben, um die Entdeckung der Tat zu verhindern, um das Leben zu bringen und in den Stadtgraben zu werfen. Diesen Entschluß führte er auch auf der Stelle aus, indem er den Knaben, ohne daß dieser etwas ahnen konnte, ergriff und über die neun Klafter und vier Schuh hohe Mauer [zirka fünfzehn Meter] in den Stadtgraben hinabstürzte. Den zurückgebliebenen Mantel des Knaben eignete sich Karl Feid zu, veräußerte denselben am folgenden Tage, und brachte das gelöste Geld in der nächsten Nacht im Wirtshaus durch.

Den thätigen Bemühungen der Polizeibehörde gelang es schon am 19. Jänner darauf, rechtliche Inzichten dieses Verbrechens gegen den Karl Feid zu entdecken und sich seyner Person zu versichern. Vor dem Criminal-Gerichte legte Karl Feid ein mit den gerichtlichen Erhebungen vollkommen übereinstimmendes Geständnis ab.

Bey der vorschriftsmäßig veranlaßten Sektion des noch am 14. Jänner, abends, im Stadtgraben aufgefundenen und bald nach seiner Überbringung in das k. k. Krankenhaus verstorbenen Knaben wurde von den Gerichtsärzten befunden, daß derselbe durch einen Sturz von bedeutender Höhe eine absolut tödliche Verletzung am Kopfe durch zwey Knochenrisse auf der Schädelbasis mit Extravasat dieser Verletzung gestorben sey."

Karl Feid hatte, sowie er sich gestellt sah, alles zugegeben. Er ist eine Erscheinung, wie sie leider bis heute im Wiener Untergrund nicht ausgestorben ist — haltlos, dumm und arbeitsscheu. Ein typisches „Wiener Früchterl".

Er wurde am 15. September 1842 im Galgenhof des damals noch neuen „Grauen Hauses" gehängt. Am Tage zuvor hat ihn niemand im „Aussetzzimmer" besucht.

An der Stelle, wo später das feierliche, in strenger Reiß-
brettgotik von Schmidt gebaute „Sühnhaus" stand, finan-
zierte in der Gründerzeit die Unionbank den Bau der „Komischen Oper", die Ernst von Förster 1873 im Stil der
Makartzeit, mit Statuen und Säulen überladen, um 900.000
Gulden errichtete. Aber der Grundriß des Theaters war
denkbar ungünstig. Ein Gewirr von engen Gängen und
steilen Treppen führte zu den Sitzen. Die Anlage war un-
übersichtlich und verworren, nur von außen sah das Theater
pompös aus.

Der Stadterweiterungsfonds hatte den Grund abgetreten,
und die Direktoren der Unionbank versprachen sich ein
glänzendes Geschäft, denn hier sollten Operetten und Ton-
stücke leichten Genres, denen die Hofoper verschlossen blieb,
aufgeführt werden. Aber es gab nichts als fortdauernde
Pleiten, obwohl die Gallmeyer auftrat und der berühmte
Strampfer eine Zeitlang Direktor war. Erst als der gewesene
Hof-Operndirektor Franz von Jauner das Theater übernahm, schienen sich die Dinge zum Besseren zu wenden.
Sarah Bernhardt gab im November 1881 ein zehntägiges
Gastspiel, und am 7. Dezember 1881 fand hier die deutsch-
sprachige Premiere von Offenbachs „Hoffmanns Erzählun-
gen" statt, die ein rauschender Erfolg wurde. Ganz Wien
strömte zur nächsten Vorstellung.

Gegen dreiviertel sieben Uhr abends war das Haus bereits
ziemlich besetzt. Im Orchester stimmten einige Musiker
ihre Instrumente, Damen mit hohen Chignons und unbe-
quemen seidenen Toiletten — der „cul de Paris" war seit
kurzem Mode — sahen durch das Opernglas nach Bekannten aus, die Herren strichen sich den Bart, den jeder schicke
Kavalier tragen mußte. Erwartungsvolle Stimmung im ganzen
Zuschauerraum.

Die Gasbeleuchtung der Bühne wurde damals durch einen
elektrischen Apparat mittels Überspringen des Funkens auf
einen Schlag entzündet. An diesem Abend versagte jedoch
der Apparat bei der Beleuchtung der vierten Soffitte, es ent-

217

zündete sich bloß eine kleine Anzahl Brenner. Statt das Gas abzudrehen und den Beleuchtungskasten zu revidieren, ließ man neuerlich Gas ausströmen und setzte die elektrische Zündung nochmals in Funktion. Es gab einen Knall, eine Flamme schlug hoch. Im Bruchteil einer Sekunde stand der Schnürboden unter Feuer. Irgendein Unglücksmensch öffnete die Tür zur Bühne, so daß Luft von der Straße herein-strömte und die Flammen wie ein Blasbalg anfachte. Der herabgelassene Hauptvorhang blähte sich unter dem enor-men Druck auf und wurde bis zur Höhe der zweiten Galerie in den Zuschauerraum geschleudert. Eine Riesenflamme fuhr in das jäh aufschreiende Publikum. Ein Bühnenarbeiter sah eine junge Frau im Parkett, die von den Flammen erfaßt wurde, auflodern wie ein Bündel Stroh. In diesem Moment erlosch die Gasbeleuchtung. Der Feuerwächter des Theaters, Breithofer, ein blutjunger Mensch, hatte in seiner Verwir-rung den Haupthahn der Gasleitung abgedreht, und neben den Ausgängen brannten keine roten Lämpchen, man hatte vergessen, sie anzuzünden. Mit einem Schlag war es im Theater dunkel, und fast alle Menschen, die sich in diesem Moment noch im Gebäude befanden, mußten sterben. Sie erstickten innerhalb der nächsten zehn Minuten. Nach offi-ziellen Meldungen gab es 384 Tote, wie viele Menschen aber tatsächlich zugrunde gegangen sind, weiß man bis heute nicht.

Auf dem Schottenring bemerkte man den Brand erst einige Minuten später. Eine große Flamme schlug plötzlich aus dem Dach des Theaters. Zuerst glaubte man an ein Rauchfangfeuer, da die Flamme auf Sekunden entschwand, dann wieder emporloderte, wieder entschwand. Die vor dem Theater und im Foyer Dienst machenden fünf Wachleute liefen in die nebenan befindliche Polizeidirektion und mel-deten das Feuer. Dort aber dachte man in der allgemeinen Verwirrung nicht an den Feuertelegraphen, sondern schickte einen Polizisten in einem Fiaker zur Feuerwehr Am Hof. Die Feuerwehr fuhr einige Minuten später mit der einzigen Dampfspritze in der Maria-Theresien-Straße vor. Die Wasserwagen begannen zwischen dem Donaukanal und dem Theater zu pendeln, denn noch gab es keine Feuerwehrhydranten.

Es brannte bereits zehn Minuten, die Korridore und Stiegen waren mit Erstickten gefüllt. Polizeirat Anton Landsteiner aber meldete den Erzherzogen Albrecht und Wilhelm sowie dem Ministerpräsidenten Grafen Taaffe: „Alles gerettet!" Die Herren standen in den Gartenanlagen vor dem Parlament, das damals in einem niedrigen Fachwerkbau an der Stelle des Maria-Theresienhofes untergebracht war, und betrachteten das brennende Theater.

Der Feuerschein tauchte alles in Tageshelle und beleuchtete die blendend weißen Türme, Filialen, Strebepfeiler und Spitzen der Votivkirche, die breite Front der noch im Bau befindlichen Universität. Auf der Maria-Theresien-Straße erschienen unterdessen die Sänger und Sängerinnen, das Chorpersonal, schon im Kostüm und geschminkt, einige in Teppiche oder Vorhänge gewickelt. Sie konnten vor Schreck nur stammeln: „Alle sind verbrannt, alle sind tot!" Aber die Polizei fuhr sie barsch an: „Verbreiten Sie keine Gerüchte, sonst werden Sie arretiert!" Fünfundzwanzig Angehörige des Bühnenpersonals kamen in den Flammen um.

Auf der Loggia des Theaters in der Heßgasse erschienen plötzlich zahlreiche Hilferufende. Die Zuschauermassen umgaben das brennende Theater bereits so dicht, daß etliche der Zuschauer von der Loggia auf die ausgebreiteten Hände sprangen, sie kamen mit leichten Verletzungen davon. Schließlich breitete die Feuerwehr das einzige Sprungtuch aus. Auf diese Weise wurden noch sechzig oder siebzig Personen gerettet.

Der Staatsanwalt Graf Lamezan, eine damals ebenso bekannte wie berüchtigte Persönlichkeit, war, das Amtskappel auf dem Kopf, ins Foyer getreten. Sein Bericht läßt die ganze hilflose Verwirrung des damaligen Polizeiapparates erkennen: „Kaum hatte ich einige Sekunden vor dem brennenden Theater gestanden, kam der Wachmann Ignaz Winkler zu mir und meldete mit verstörter Miene, daß sich droben im Stiegenhaus Menschen befänden, von denen er nicht wisse, ob sie verbrannt oder ob noch einige am Leben seien. ,Führen Sie mich hinauf', gebot ich, gleichzeitig gab ich einigen Wachleuten und Feuerwehrmännern den Befehl, mich hinaufzubegleiten. Wir gingen sogleich durch das mit dichtem Qualm erfüllte Foyer, in welchem eine totale Finsternis herrschte, von da rechts über die Stiege, die zur Ersten Galerie führte. Soviel konnten wir in der Dunkelheit konstatieren, daß sich weder im Foyer noch auf der Stiege, die zur Ersten Galerie führte, Menschen befanden. Es drang auch kein Laut an unser Ohr. Da entfaltete sich plötzlich vor uns ein schreckenerregender Anblick; wir sahen im Parterre die hellen Flammen auflodern und ein starker Luftzug peitschte die Flammen durch die Fenster- und Türöffnungen, dem Stiegenhause eine glänzende Beleuchtung verleihend. ,Nun mir nach', rief ich meinen Begleitern aufmunternd zu, ,wir müssen hinaufkommen!' Und wieder machte die Stiege eine Biegung, und hier herrschte gänzliche Finsternis, die namentlich demjenigen das Vordringen sehr erschwerte, der mit den lokalen Verhältnissen so wenig vertraut war wie ich. Ich ersuchte einige Herren, sich sogleich hinabzuverfügen, damit Wasserschläuche heraufgeleitet und gleichzeitig Fackeln mitgebracht werden möchten. Doch mein Ersuchen nach Wasser und Fackeln blieb erfolglos, so schritten wir denn so gut es unter den gegebenen Verhältnissen möglich war, um die Biegung herum. Im selben Augenblick blitzte eine Flamme auf und das Haarsträubendste, was jemals ein Auge ersehen mochte, bot sich unseren Blicken dar. Wir sahen vierfach bis fünffach übereinandergehäufte Menschenkörper vor uns liegen. Endlich kamen die ersehnten Fackeln. Herzerschütternder, herzzerreißender Anblick! Die Menschen waren übereinander mit dem Vorderteil ihrer Körper nach abwärts, mit dem unteren Teil nach oben gerichtet und sie lagen über- und untereinander. Hie und da bemerkte man noch das Zucken einiger Glieder, hier das Zucken eines Fußes, dort das Zittern einer Hand, es schien in dem einen und in dem andern noch Leben vorhanden zu sein. Wir schritten nun zur ‚Bergung‘, das heißt zur Beseitigung der obenauf liegenden Leichen, und unseren Anstrengungen war es gelungen, im Zeitraum einer halben Stunde siebenundachtzig Leichen über die Stiege hinab in den Hofraum der angrenzenden Polizeidirektion zu schaffen. Soweit meine Kräfte reichten, habe ich selbst ein Dutzend Leichen hinabgetragen. Dadurch war die Stiege bis zum Schnürboden trotz des dichten Rauchqualmes und der furchtbaren Hitze freigemacht. Die vorgefundenen Leichen waren alle äußerlich unversehrt und nur zum geringen Teil durch Hautabschürfungen und Kontusionen entstellt. In den oberen Partien der Stiege, in der Nähe des Schnürbodens fanden wir die Leichen vollkommen geschwärzt. Die Art und Weise, wie die Unglücklichen übereinandergehäuft dalagen, die Stellung der Arme und Füße manifestierten den Grad des Todeskampfes, dem die armen Menschen erlegen waren. Der letzte Leichnam, den wir fanden, war ein weiblicher. Er lag mit dem Oberkörper nach abwärts, der fast unversehrt war, die Füße jedoch und die Kleidung waren verbrannt. Hinter diesem Körper, zum Teil schon begraben von dem feurigen Schutt, lagen noch drei fast ganz verkohlte Körper, von deren Kleidung man gar nichts mehr wahrzunehmen vermochte. Über diese Leichen hinweg schritt ich noch fünf Stufen, ein weiteres Vordringen war schlechterdings unmöglich. Unten angelangt, war mein Erstes zu fragen, ob dieselben Arbeiten wie hier auf der rechten auch auf der linken Seite bewirkt worden. Ich mußte zu meinem Entsetzen bemerken, daß in der grenzenlosen Panik keine Seele daran gedacht hatte.“

Unterdes begannen die Galerien einzustürzen. Eine zahllose Schar von Leichen kam mit dem Schutt herabgerollt. Die Leiche eines besonders dicken Mannes blieb an einer Eisenstange hängen und brannte fettriefend bis zum Morgen. Man sah sie den ganzen 9. Dezember dort hängen. Das Theater selbst hat noch eine Woche lang gebrannt. Der Geruch des prasselnden Menschenfettes, der dem Parterre entstieg, soll grauenhaft gewesen sein. Die Unglücklichen hatten sich in ihrer Todesangst meist so aneinandergeklammert, daß es einer nicht unbedeutenden Kraftanstrengung bedurfte, sie zu lösen. Stumm, bleich, mit weitgeöffneten Augen oder halbverbrannt mit versengten Haaren und entstelltem Angesicht lagen sie in dichten Haufen übereinander.

Ein Journalist notierte: „Ein junger Mann in eleganten Kleidern, einen Brillantring an den halbverkohlten Fingern; ein kaum sechzehnjähriges Mädchen mit blauen Seidenstrümpfen und eleganten Halbschuhen, die Kleider verrußt und halbverbrannt, das Antlitz aber, trotz der Todesangst, die ihm aufgeprägt war, himmlisch schön."

Der einzige, den man lebendig aus den Leichenhaufen hervorzog, war der Beamte der Bodencreditanstalt Ludwig Kriechbaum, der sogleich mit schweren Quetschungen ins Krankenhaus gebracht werden mußte.

Unter dem Schutt, der von den Galerien ins Foyer herunterkollerte, fand man außer Leichen zahlreiche Körperfragmente. So wird ein Frauenfuß erwähnt, der in einer hohen Gummizugstieflette steckte, wie sie damals Mode war, bis zur Höhe des Gummizuges erhalten, dann aber verkohlt und abgetrennt. Vielen Leichen hing die hoch angeschwollene Zunge aus dem Mund; unheimlich anzusehen waren die weißen gefletschten Zähne in den vom Rauch fast durchweg geschwärzten Gesichtern. Den meisten war das Nasenbein eingeschlagen, der Brustkorb eingedrückt, vielen die Schädeldecke geborsten und das Gehirn zu einer harten Masse zusammengebacken. Anfangs hatte man von der Dritten und Vierten Galerie herzzerreißendes Stöhnen und Weinen vernommen, das bald verstummt war. In einer Toilette fand man später sechs Menschen, die zu einer Masse zusammengeschmolzen waren.

Inzwischen war die Nachricht von dem Unglück bis in die entlegensten Teile Wiens und seiner Vororte gedrungen. Jeder, der einen Angehörigen oder Bekannten im Theater wußte, eilte auf den Schottenring zum Ringtheater und dann in den Hof der Polizeidirektion, wo man die Leichen geborgen hatte. Dazwischen legte man verkohlte Köpfe, abgerissene Arme, verkohlte Rümpfe. Da der Hof sie sehr bald nicht mehr fassen konnte, deponierte man die Reste in den Korridoren, wo die Gas-Schmetterlingsbrenner ihr unruhiges Licht über das makabre Bild tanzen ließen. Dazwischen irrten Verzweifelte umher und suchten die Reste zu identifizieren. Grauenhafte Szenen haben sich hier ereignet. Ein alter Mann starb vor Aufregung. Später trug man die Reste auf Tragbahren umständlich ins Allgemeine Krankenhaus hinüber, wo man sie im „Leichenhof" niederlegte. Sie reihten sich bis zu „Kaiser Josephs Gugelhupf", der einstigen Irrenanstalt. Die Ärzte in blauen Mänteln, wie sie damals üblich waren, haben mehr als achtundvierzig Stunden ununterbrochen gearbeitet. Der Arimathäa-Verein brachte Hunderte von roten Holzsärgen. In den fürchterlichen Gestank des verbrannten Menschenfleisches mischte sich der Geruch des Karbols, das man zur Desinfizierung literweise in die Särge goß. Auch die Ruine des Theaters wurde damit überschüttet. Tagelang schaufelte man den Schutt durch feine Siebe, was Berge von menschlicher Asche ergab, Hunderte von einzelnen Fingern und Zehen, Kiefern und Hirnschalen. Von dem Bruder der später so berühmt gewordenen Baronesse Mary Vetsera fand man keine Spur, obwohl ihn Zeugen im Theater gesehen hatten.

Man hat die Leichen dann großartig auf dem Zentralfriedhof bestattet und ihnen ein pompöses Grabdenkmal errichtet.

Direktor Jauner wurde in einem Gerichtsverfahren empfindlich gestraft und ihm der Adel aberkannt. Die Fähigkeit, je wieder ein Theater zu leiten, wurde ihm abgesprochen. Nach einigen Jahren hat er es sich wieder „gerichtet". Im

Jahr 1900 erschoß er sich als Direktor des Carl-Theaters. An der Stelle der Ruine hat Kaiser Franz Joseph das „Sühnhaus" erbauen lassen, dessen Zinsertrag wohltätigen Zwecken zufloß. Der Brand des Ringtheaters aber hat auf die ganze Welt furchtbaren Eindruck gemacht. Er führte zur modernen Theaterpolizei, und der eiserne Vorhang fehlt seither in keinem Theater der Welt.

Der 12. November 1918, ein Dienstag, war unfreundlich und feucht. Von Mittag bis zwei Uhr hatte es geregnet, aber trotzdem waren Zehntausende auf dem Ring, besonders um das Parlament herum, zusammengeströmt, denn am Nachmittag sollte hier die „deutsch-österreichische" Republik ausgerufen werden. Es ist schwer, die damalige Stimmung der Wiener zu schildern. Der Krieg war verloren, jeder hungerte, aber das Ende der Monarchie konnten viele nicht begreifen. Die Sozialdemokraten und die Alldeutschen begrüßten es freudig, aber für die andern war es der Einsturz des alten Vaterhauses, ohne das sich niemand die Welt und das weitere Leben vorstellen konnte. Es bedeutete das Ende eines sozialen Seins, das im Grunde nach unveränderlichen Begriffen organisiert gewesen war und einem Ruhe, Sicherheit und geregelten Lebenslauf garantierte. Wohl war das System der Monarchie durch den verhängnisvollen Krieg erschüttert, aber die Tatsache dieses Endes begann doch erst an diesem unfreundlichen Novembertag Hunderttausenden dumpf und undeutlich bewußt zu werden.

Die Sozialdemokratische Partei hatte einen Massenaufmarsch befohlen, der am Schwarzenbergplatz beginnen und am Parlament vorbeiziehen sollte, wo die schwerbäuchigen Herren des „deutsch-österreichischen" Staatsrates auf der Parlamentsrampe zu den Liedern eines Männergesangvereins die Republik ausrufen sollten.

Halb Wien lief damals noch in der kaiserlichen Uniform herum, hatte die Kokarde mit dem K Kaiser Karls von den

Kappen gerissen und durch einen roten Stoffetzen oder eine rot-weiß-rote Kokarde ersetzt. So kam es, daß das Militär das Straßenbild beherrschte und die kommunistische „Rote Garde" mit Gewehr und scharfer Munition aufmarschiert war. Sie nannte sich „Volkswehrabteilung Stiftskaserne" und wurde von intellektuellen Salonkommunisten geführt, deren Kommandant der Reserveoberleutnant Egon Erwin Kisch war, der sich später als internationaler Reporter einen Namen machte und in der Sowjetunion starb. Alle trugen den Mantelkragen weit offen, denn das war in der k. u. k. Armee verboten gewesen, hatten die Sterne vom Kragen getrennt, aber die „Genossen" Offiziere trugen den geschliffenen Säbel mit dem goldenen Portepee umgeschnallt.

Die Tramway hatte den Verkehr eingestellt, und als die Spitze des Demonstrationszuges beim Parlament eintraf, gab es ein schreckliches Durcheinander, denn die neugierigen Zuschauer hatten die Fahrbahn blockiert. Soldaten drängten das laut protestierende Publikum weg, um Platz für den Zug zu machen. Auch sie waren äußerst nachlässig adjustiert, hatten alle möglichen roten Abzeichen auf die Kappen gesteckt und führten, wie die Genossen von der Stiftskaserne, eine rote Fahne. Über die Köpfe des Publikums, das alle Bäume, Tramwaywartehäuschen und das Gitter des Volksgartens erklettert hatte, ragten Plakate, und auf der Rampe, vor den Säulen des Parlaments, gab es ein riesiges Transparent mit der blutroten Aufschrift „Hoch die sozialistische Republik". Das Ganze hatte das Aussehen einer sozialdemokratischen Parteiveranstaltung, und was sich von deutschnationalen Studenten und Mittelschülern mit schwarz-rotgoldenen Fahnen sehen ließ, wurde arg verprügelt; die Fahnen zerbrach man und warf sie in den Straßenschmutz. Die Offiziere der Roten Garde flirteten mit eleganten Salonkommunistinnen in weiten Glockenröcken und hohen, bis zum Knie reichenden Schnürschuhen aus Sämischleder.

Die Fenster der Ringstraßenhäuser waren geschlossen, ebenso alle Geschäfte, Gast- und Kaffeehäuser in der In-

225

neren Stadt. Viele hatten die Auslagen mit Brettern vernagelt.

Endlich erschienen, nachdem in langen Reden im Sitzungssaal des Herrenhauses fünf Minuten vor vier Uhr die Republik ausgerufen worden war, die Mitglieder des Staatsrates, die Staatssekretäre und Nationalräte auf der Rampe. Sie trugen warme Winterröcke und steife Hüte und waren meist durch gewaltige Spitzbärte oder buschige Schnurrbärte ausgezeichnet.

Der großdeutsche Dr. Dinghofer, Präsident des Nationalrates, hielt eine Rede, die kein Mensch verstand, denn seine Stimme trug nicht weit. Zum Schluß kreischte er mit wilden Handbewegungen: „Seht die Fahnen Rot-Weiß-Rot!" und zeigte auf die Flaggenmaste, wo zwei dicke Amtsdiener eben daran waren, die funkelnagelneuen Fahnen aufzuziehen. Aber die Offiziere der Roten Garde stießen sie weg, zogen die Säbel und schnitten aus den Fahnenblättern den weißen Streifen heraus, worauf zwei im wahrsten Sinn des Wortes „rote Fetzen" in die Höhe gingen. Alle möglichen Redner ergriffen zugleich das Wort, der Männergesangverein stimmte „republikanische" Lieder an, Fritz Adler sprach am Minervabrunnen, ein Kommunist auf den Stufen, Julius Deutsch auf der Rampe — es war ein heilloses Chaos. Plötzlich pflanzte die Rote Garde das Bajonett auf und begann hinter ihren Offizieren — Oberleutnant Kisch, dem Kommandanten der Roten Garde, Oberleutnant Kronecker, dem Kommandanten des ersten Bataillons, Oberleutnant Walter, Kommandanten des zweiten Bataillons, und Reservehauptmann Doktor Max Ermers mit den gelben Aufschlägen des k. u. k. Infanterieregiments Nr. 99 — die Rampe hinaufzulaufen. Die Kommunisten wollten durch einen Staatsstreich die Macht ergreifen. Sie begannen in die Luft zu schießen. Knapp vor ihnen wurde das große Bronzetor geschlossen, worauf sie wütend in die Glasscheiben der Tür feuerten, die krachend in Scherben gingen. Ein wahrer Kugelregen schlug in die Marmorsäulen des Atriums.

Kein Mensch wußte, was los war. Die Massen, von tödlichem Schrecken erfüllt, begannen nach allen Seiten zu flüchten, wobei der zehnjährige Karl Blab und der dreiundsechzigjährige Eisenhobler Franz Klein aus Favoriten bis zur Unkenntlichkeit zertrampelt wurden. Man konnte ihre Leichen lange nicht agnoszieren.

Über vierzig Personen stürzten mit durchschossenen Armen und Beinen, mit schweren Knochenbrüchen zu Boden. Dem Pressechef des Staatsrates, Ludwig Brügel, wurde im Parlament ein Auge ausgeschossen. Julius Tandler leistete ihm Erste Hilfe. Angehörige aller möglichen Berufe waren unter den Opfern: Schriftsteller, Infanteristen, Tischler, Kontoristinnen, Dreher, Beamtinnen, Schülerinnen, Laufburschen, Buchhalter, Hilfsarbeiter, Privatiers, Eisenbahner, Schuhmacher, Werkmeistersgattinnen, Schustersgattinnen, Trägerinnen, Wäscherinnen, Maschinisten. Der Anteil der Frauen unter den Verwundeten war erstaunlich groß.

Nach fünf Minuten war die Ringstraße leer. Zahllose Schirme, Hüte, Brillen, falsche Gebisse, Schuhe und Damentaschen lagen umher. Die Tore des Parlaments waren versperrt, vor ihnen standen Gruppen der wütenden Roten Garde, die eine Durchsuchung des Hauses nach Maschinengewehren verlangten, denn das jähe Herunterlassen der vielen Fensterladen des Parlaments hatte wie Maschinengewehrfeuer geklungen. Eine kleine Deputation wurde eingelassen, die sich mit der ehrenwörtlichen Versicherung, daß es im Hause kein Maschinengewehr gab, begnügen mußte. Der geplante Trick mit der Suche nach Maschinengewehren, die ihren Angriff verdecken sollte, war ihnen nicht gelungen. Die Sozialdemokraten ließen sich nicht düpieren. Außerdem stand die Wiener Polizei, mit Mannlichergewehren bewaffnet, fest zur Regierung.

Gegen sechs Uhr, als es bereits dunkel war, begann die Tramway wieder zu verkehren. Die Farce dieses Republiktages war im Chaos untergegangen, aber ein Kind und ein alter Arbeiter hatten bei dieser in der Geschichte Österreichs einzig dastehenden Feier sterben müssen. Niemand weiß mehr von ihnen. Schicksal auf der Ringstraße.

So weit entfernt wie der 12. November ist uns heute schon die ganze Geschichte der Ersten Republik, in der immer wieder Blut geflossen ist, die „Roten" und die „Schwarzen" einander immer wieder bekämpft haben und in der man nie so viel Ruhe kannte wie in den Jahren der Zweiten Republik.

Auf der Trümmerstätte der Österreichisch-Ungarischen Monarchie waren die Nachfolgestaaten entstanden, der Begriff der „kleinen Entente", der heute ebenfalls ganz vergessen ist, war damals höchst real. In Wien sammelten sich zahllose politische Desperados, die aus ihren Heimatländern hatten fliehen müssen, und arrangierten hier politische Intrigen und eine Verschwörung nach der andern, wobei die Leute vom Balkan besonders aktiv waren. Für sie war Wien der Platz ihrer konspiratorischen Zusammenkünfte, seit 1902 im Hotel Wandl hinter der Peterskirche jene Verschwörung beschlossen worden war, die im nächsten Jahr das gräßliche Ende der serbischen Dynastie Obrenowitsch herbeiführte. An die Macht kamen dadurch die Karageorgewitsch, die dann 1914 eigentlich den Ausbruch des Ersten Weltkriegs verschuldeten.

Nach 1918 folgte in Bulgarien eine bluttriefende Diktatur der andern. Zwischen dem neuen Jugoslawien und dem bulgarischen Bauernvolk wogte ein jahrelanger Kampf um Mazedonien, an dem auch Griechenland beteiligt war. Das alles geschah im Schatten Europas, sozusagen in einer entlegenen Seitengasse. Im Westen wußte man kaum etwas davon, bis die Schüsse der Mencia Carniciu am 8. Mai 1925 die Greuel dieser Bandenkriege an der Schwelle Europas jäh enthüllten.

Es war eine lärmende Balkan-Provinzgesellschaft, die an diesem Abend im Burgtheater in der zweiten Loge des Dritten Ranges Platz nahm. Man gab „Peer Gynt" von Ibsen, und die blasse, magere, lungenkranke Mencia Carniciu hatte unablässig gedrängt, sich das Stück anzusehen. Endlich hatte sie den Wojwoden Todor Panitza, seine Familie und seinen Leibwächter ins Burgtheater gebracht. Panitza war ein großer, stämmiger, glattrasierter Mensch mit einem eigenartigen energischen Gesichtsausdruck, er wirkte wie ein unternehmender Holzhändler. Seine Augen konnten manchmal eiskalt und grausam blicken.

So saßen sie denn endlich eng zusammengedrängt in der Loge, diese Mazedonier, die vom inneren Gehalt des „Peer Gynt" kaum etwas begriffen haben dürften. Mencia Carniciu saß hinter Panitza auf dem erhöhten Sitz in der Ecke und fingerte immer wieder unter ihrem Rock herum. Sie sprachen mazedonisch miteinander, was hier niemand verstand, und in der großen Pause ging Mencia Carniciu auf die Toilette, schob den Rock hoch und entnahm einem Säckchen an der Innenseite ihrer „Reformhose" eine zehnschüssige Mauserpistole, die sie in ihre Handtasche steckte.

Das Stück näherte sich seinem Ende, Peer Gynt stand auf dem im Sturmesbrausen sinkenden Schiff, es gab viel Lärm und Donner auf der Bühne, als die bleiche Mazedonierin auf einmal zu schießen begann. Viermal schoß sie dem Wojwoden durch den Kopf, durch die Zunge und den Kehlkopf. Sie hörte auch nicht zu schießen auf, als der Mann lautlos über die Logenbrüstung gesunken war und sein Blut vom Dritten Rang ins Publikum tropfte, das anfangs nicht begriff, was geschehen war. Mencia Carniciu schoß Panitzas Frau nieder, dann seinen Leibwächter und trat, die rauchende Pistole in der Hand, in den Logengang, wo ihr ein Logenschließer die Rechte mit der Waffe zu Boden bog und sie in das Zimmer des diensthabenden Polizeibeamten schleppte, den sie mit zitternder Stimme bat, die Tür abzusperren, damit sie nicht von den Anhängern des gerichteten Ungeheuers umgebracht würde.

Die Loge sah furchtbar aus. Der Boden war mit Panitzas verspritztem Gehirn und Knochensplittern seiner Schädel-

decke übersät, die in einer immer größer werdenden Blut-
lache schwammen. Die Angeschossenen stöhnten laut, das
Publikum, das endlich begriffen hatte, begann zu schreien
und strömte zu den Ausgängen, die beruhigenden Worte,
die Max Reimers von der Bühne sprach, blieben ungehört.
Schon erschienen die Ärzte der Rettungsgesellschaft mit
ihren rosa Kappen.

Mencia Carniciu war blaß wie Papier und hatte tiefe
Schatten unter den Augen, aber sie verhielt sich vollkommen ruhig. Sie gab an, sie habe den Verräter Panitza aus
eigenem Entschluß erschossen, denn er sei ein Agent der
jugoslawischen Regierung geworden... Zweifellos aber hat
sie ein Urteil der IMRO, der mazedonischen Geheimorgani-
sation in Sofia, ausgeführt, mit dessen Erledigung sie als
tuberkulöse Todeskandidatin wohlüberlegt betraut worden
war.

Ihre Tat war ein Glied in der Kette zahlloser Morde, die
die Mazedonier seit 1908 an ihren eigenen Landsleuten begingen und die aus dem Kampf gegen die Türkenherrschaft
zu erklären sind: 1908 war die europäische Türkei noch
ein großes, weites Land, in dem die unsagbar korrupten
Paschas mit Mausergewehren und Galgen über die Christen
herrschten. Seit fünfhundert Jahren herrschten sie hier in
einer unvorstellbar primitiven und barbarischen Weise.
Längst waren unter ihrem Joch die Griechen, Serben,
Bulgaren, Kutzowallachen und Mazedonier zu halbwilden
Bestien entartet, die sich der Türkei mit denselben Mitteln
erwehrten.

Mencia Carniciu, die ihr Attentat mit dreiundzwanzig
Jahren verübte, hatte als vierjähriges Kind mit ihrer Mutter aus der mazedonischen Heimat vor den Türken fliehen
und dabei vierundzwanzig Stunden unter einer Brücke bis
zum Halse im Wasser stehen müssen, von wo ihre Tuberkulose, ihr Nierenleiden und ständiger Rheumatismus
stammten. Todor Panitza hat eine große Rolle in der
mazedonischen Bewegung gespielt. Er war ein berühmter

Anführer der Komitatschibanden, die keinem Türken Pardon gaben und auch keinen Pardon erwarteten. Der Backfisch Mencia hatte mit glänzenden Augen zu ihm aufgeblickt und ihn angebetet. Das alles wurde anders, als nach dem Balkankrieg die Türkenherrschaft zu Ende war und die mazedonische Bewegung sich in Föderalisten und Autonomisten teilte. Die ersteren waren für Bulgarien, die letzteren für die mazedonische Unabhängigkeit.

Der ermordete Panitza war ein Mann, auf den das Wort eines alten Flugblattes zutraf: „Blut trank er wie Wasser..." Wie viele Menschen er umgebracht hatte, wußte er schließlich selbst nicht mehr. Als Panitza einige Jahre vorher in Sofia Boris Srafow und Michael Garwanow, nachdem er bei ihnen gegessen und sie ihn zu später Stunde an die Tür begleiteten, beim Adieusagen plötzlich erschossen hatte, war Mencia Carniciu von ihm abgefallen. Schon im Jahr 1924 hatte sie sich eine Pistole gekauft.

Sie fuhr ihres Leidens wegen oft nach Wien und wohnte schließlich am Neubau, in der Seidengasse Nr. 32. Panitza hatte sich mit einer ihrer Freundinnen verheiratet, und Mencia wurde deshalb in den Kreis des sonst sehr vorsichtigen Wojwoden aufgenommen. Er hatte seinen Sohn in der Grinzinger Landeserziehungsanstalt und wohnte damals im Hotel Mariahilf.

Der Polizeiarzt stellte bald Mencia Carnicius Haftunfähigkeit fest; sie wurde in das Sanatorium Himmelhof in Ober-St.-Veit gebracht. Nach vier Monaten aber wurde sie verhandlungsfähig erklärt, und am 30. September 1925 fand im Landesgericht die Verhandlung gegen sie statt, der sie, meist auf einer Tragbahre liegend, beiwohnte.

Sie bereute ihre Tat mit keinem Wort, sondern stellte fest, daß Panitza im Dienste Jugoslawiens gestanden und den Tod verdient hatte wie all die andern „verräterischen" Mazedonier, die die IMRO in Prag, Mailand und in Bulgarien hatte erschießen lassen.

Die zarte, totenblasse Frau verantwortete sich kühn und

selbstsicher. Das Wiener Gericht konnte diese Welt des Mordens nicht begreifen, denn die Idee des franzisco-josephinischen Rechtsstaates war in all diesen früheren kaiserlichen Beamten noch eine Selbstverständlichkeit. Kopfschüttelnd sagte der Staatsanwalt schließlich resigniert, daß man die Angeklagte ohnehin niemals zum Strafantritt werde verhalten können.

Die Geschworenen sprachen Mencia Carniciu schuldig, sie wurde zu acht Jahren schweren Kerkers verurteilt.

Aber sie hat nie ein österreichisches Gefängnis betreten. Man brachte sie wieder auf den Himmelhof, wo sie ihren Tod erwarten sollte.

Die Wiener ärztliche Kunst rettete sie jedoch. Mencia Carniciu genas von der schweren Tuberkulose und verschwand unauffällig aus Österreich. Angeblich hat sie später geheiratet und wurde mehrfache Mutter.

Schon waren die Stadtmauern und die Basteien verschwunden. Nur beim Schottentor ragte noch die Mölkerbastei — weit größer als ihr heutiger Rest — und auf dem jetzt von der Schreyvogelgasse, der Oppolzergasse und dem Ende der Löwelstraße begrenzten Block stand der zauberhafte Empirebau des Palais Lubomirski. Die Schienen der klingelnden Pferdetramway liefen unten vorbei, begleitet von den Reihen der Gaslaternen, in denen nachts die Schmetterlingsbrenner ihr rötlich zuckendes Licht über die dünnen Zweige der jungen Platanen fallen ließen. Man baute bereits emsig an der Votivkirche, deren Quadern noch schneeweiß leuchteten, am Schottenring hatten sich Rothschild und der berüchtigte Warrens schon ihre „Prachtbauten" errichten lassen, und im mageren Beserlpark am Schottentor stand ein kokettes Schweizerhaus aus Holz, das die Generaldirektion der Straßenbahn beherbergte.

Diese Generaldirektion regierte bereits über ein weitreichendes Liniennetz. Vom Praterstern trabten die munteren Pferde um fünfzehn Kreuzer über das Schottentor nach Hernals und Dornbach, die Wagen hatten weiße Lampen und schwarze Tafeln mit goldener Schrift. Gelbe Lampen und gelbe Tafeln trugen die Wagen, die vom Praterstern über das Schottentor nach Döbling gingen, grüne Lampen und grüne Tafeln die Linie, die vom Praterstern über die Bellariastraße nach Hietzing lief. Innerhalb der Linie, dem heutigen Gürtel, kostete jede Fahrt nur zehn Kreuzer. Manche Wagen hatten einen ersten Stock, auf dessen Höhe man sich zur Sommerszeit von kühlen Lüftchen umfächeln ließ.

Von der heutigen Universität zog sich bis zum heutigen Parlament eine weite Wiese, der Paradeplatz. Er umfaßte das ganze Gebiet des heutigen Rathauses und des Rathausviertels. Auf dieser Wiese exerzierten jeden Tag die Soldaten aus der Alserkaserne und der Stiftskaserne, hier konnte man sie immer wieder zur Musik des Radetzkymarsches defilieren und die Generaldecharge mit blinden Patronen abfeuern sehen. Der Paradeplatz war der Rest des alten Glacis, und auf ihm, nahe beim Schottentor, hat am 13. Februar 1869 die erste Arbeiterdemonstration in der Geschichte Wiens stattgefunden.

Die Wiener Arbeiter waren damals eine Menschengruppe, deren Lebensweise man sich heute nicht mehr vorstellen kann. Wie wir wissen, dauerte ihr Arbeitstag elf bis zwölf Stunden, von sechs Uhr früh bis zwölf Uhr mittags und von ein Uhr bis sechs Uhr abends. Vielfach mußten sie auch Sonntag vormittags arbeiten. Ihr Verdienst war kläglich, die Spitzenverdiener, die Mechaniker, brachten es auf vierzehn Gulden wöchentlich. Eine vierköpfige Familie aber brauchte fünfzig Gulden im Monat zum Leben. Das ungeheure Heer der Taglöhner konnte jedoch nur fünf bis sieben Gulden im Monat verdienen. Sie hungerten jahraus, jahrein. Ein Arbeiter, der meist vor fünf Uhr früh aufstehen mußte, kannte noch keinen Morgenkaffee. Zum Frühstück stürzte er ein Stamperl Branntwein um drei Kreuzer hinunter, wozu er um zwei Kreuzer Brot aß, um acht Uhr früh brachte der Lehrbub aus dem Wirtshaus um fünf Kreuzer Abzugbier und um fünf Kreuzer Brot, zu Mittag goß er im Wirtshaus ein Krügel Abzug hinunter und aß um zehn Kreuzer Wurst und Brot, am Nachmittag brachte der Lehrbub noch einmal ein Seidel Abzugbier um fünf Kreuzer und Brot um zwei Kreuzer, als Nachtmahl wurden um zwölf Kreuzer warme Wurst und Brot verzehrt. Die Einseitigkeit der Ernährung, das Fehlen jedweder Vitamine war erschreckend.

So beschaffen war das Leben der Mehrheit des Wiener Volkes in der berühmten, glänzenden Gründerzeit. In welch elenden Verhältnissen man wohnte, ist auch heute bekannt, denn der Großteil der jetzt noch existierenden Zinskasernen stammt aus jener Zeit.

In England, in Westeuropa, in Deutschland hatten bereits die sozialen Kämpfe begonnen. In Österreich, wo die Intellektuellen noch nicht den Weg zur Sache der Arbeiterschaft gefunden hatten, ging es langsamer. Die Ideen Ferdinand Lassalles, der den Kavalierstod im Duell gestorben war, begannen auch in Österreich zu wirken. Von Karl Marx war hier noch nirgends die Rede, kaum daß einer seinen Namen kannte. Anhänger Lassalles aus Deutschland hatten auch in Wien die Führung der Arbeiter übernommen, die damals noch keine Vertretung im Parlament hatten, denn sie waren zu arm, um das Wahlrecht zu besitzen, das an den Besitz von vielen Gulden geknüpft war. Die Volksvertretung wurde nach einem wohl abgestuften Klassenwahlrecht gewählt. So war es kein Wunder, daß alsbald die Bierhallen Wiens, die ordinärsten Lokale der Stadt, die einzigen Versammlungslokale der Arbeiter wurden, die dort sangen:

Wir wollen all für einen stehen,
Und einer stehn für alle,
Und siegen oder untergehen
Mit Ferdinand Lassalle.

Die Arbeiterführer jener Zeit sind heute vergessen. Sie waren eine merkwürdige Gesellschaft, oft sehr ungebildet, miteinander in häufigem Hader lebend. Es ist ihnen aber jedenfalls gelungen, am 13. Dezember 1869, einem herrlich schönen Montagmorgen, zehntausend Arbeiter auf dem Paradeplatz zusammenzubringen, was eine Leistung war, denn es gab außer dem Arbeiter-Bildungsverein noch keine Arbeiterorganisation, so daß sich alles nur durch Weitersagen arrangierte. Allerdings hatte man damit schon vierzehn Tage vorher begonnen.

Am 13. Dezember 1869 trat das Parlament zusammen. Der Kaiser hielt in der Hofburg die Thronrede, und von den Arbeitern sollte eine Petition an den Reichsrat beschlossen werden, in der unbeschränktes Koalitionsrecht, Beseitigung des Gesetzes über die Zwangsgenossenschaft, völlig freies Vereins- und Versammlungsrecht, absolute Pressefreiheit, gleiches und direktes Wahlrecht sowie Beseitigung des stehenden Heeres durch allgemeine Volksbewaffnung gefordert wurde. Sollte das Parlament diese Forderungen nicht beachten, so würde das Volk wiederholt und in größeren Massen vor dem Reichsrat erscheinen, um seinen Willen kundzugeben. Daß der Kaiser bereits positiv entschieden hatte: „Allerhöchst dieselben hätten gegen das Gesetz [über das Koalitionsrecht] meritorisch nicht das geringste einzuwenden", wußten die Massen nicht.

Die Arbeiter waren in einem geschlossenen Karree aufmarschiert. Viele Bauarbeiter von den Baustellen an der Ringstraße waren darunter, sie hatten die frostroten Hände in die Taschen ihrer geflickten Hosen gesteckt und hörten nur undeutlich — noch gab es ja keine Lautsprecher —, was ein paar Herren mit glänzenden Zylinderhüten, die man nacheinander in ihrer Mitte auf die Schultern hob, sprachen. Im Chor riefen sie ihre Zustimmung, sowie sie den Sinn von denen, die den Rednern näher waren, erfuhren. Polizei war kaum zu sehen. Auch ein paar Frauen mit Kopftüchern und Umhängtüchern hatten sich unter die Arbeiter gemischt. Für warme Mäntel hatten sie ebensowenig Geld wie ihre Männer.

Als die Petition angenommen war, begaben sich die Herren mit den Zylinderhüten in die Stadt, während die Arbeiter am Paradeplatz weiter warteten. Es war gegen Mittag. Die Herren gingen in das Café Griensteidl am Michaelerplatz gegenüber dem alten Burgtheater. Hier in diesem Kaffeehaus, das später eine so große Rolle in der Wiener Literatur spielen sollte, wo Hermann Bahr den Gymnasiasten Hofmannsthal an seinem Tisch empfing, der junge Karl Kraus seine ersten literarischen Schritte wagte, das Kaffeehaus, das später das Stammlokal Dr. Victor Adlers werden sollte, dort setzten sie sich, zehn Mann hoch, nieder und unterzeichneten die schon am Vortag schön ins reine geschriebene Petition. Dann wanderten sie zum Ministerratspräsidium in der Herrengasse, dem heutigen Innenministerium. Am Eingangstor standen ein Haufen Polizeikommissare, die mit den Herren sehr höflich waren, aber nicht alle zehn, sondern nur drei zum Ministerpräsidenten Grafen Taaffe ließen. Es waren dies Baudisch, Hartung und Friedrich Pfeiffer. Der interessanteste Charakter war Friedrich Pfeiffer, der Sohn eines Arztes aus Kirchschlag. Sein Vater hatte sich an der ungarischen Revolution beteiligt, war nachher zu lebenslänglichem Kerker verurteilt, aber nach wenigen Jahren entlassen worden. Kurze Zeit nach der Entlassung war er gestorben. Der sechsundzwanzigjährige Pfeiffer hatte eine harte, entbehrungsreiche Jugend hinter sich. Die Not der Eltern hatte ihn gezwungen, Müller zu werden. Er kam zum Militär, focht in der Schlacht bei Königgrätz, in der er verwundet wurde. Zur Reserve überstellt, war er alsbald ein heißer Anhänger Lassalles. Das hatte ihn bereits in die Strafanstalt Suben gebracht, aus der er am Tag vor der Demonstration entlassen worden war. Er wurde später ein „Föderalist", kehrte aber dann zum Glauben seiner Kindheit zurück und zog sich von der Politik zurück.

Graf Taaffe, diskret nach Kölnischwasser duftend, empfing die drei mit großer Höflichkeit, aber zurückhaltend. Er nahm die Bittschrift entgegen, versprach, sie dem Ministerrat vorzulegen, nannte aber die Versammlung am Paradeplatz eine Revolution. Er mag sich die drei in ihren billigen, schlecht geschnittenen Anzügen wohl neugierig wie exotische Raubtiere angesehen haben. Wahrscheinlich hatte er vorher noch nie in seinem Leben mit einer solchen „crapule" ein Wort gewechselt. Sie sind nach einer halben Stunde ganz benommen von seiner eisigen aristokratischen Höflichkeit wieder die Treppe herabgestolpert und auf den Paradeplatz zurückgekehrt, wo sie den Wartenden ihren Empfang mitteilten, was zu donnernden Hochs auf die Sozialdemokratie führte. Gleich darauf hieß es: „Auf ins Zobeläum!"

Die Massen formierten sich militärisch in Achterreihen und zogen unter dröhnendem Gesang über die Mariahilfer Straße nach Fünfhaus in das riesige Bier-Etablissement des Fleischhauers Zobel, wo eine großartige Versammlung in einer ganz revolutionären Atmosphäre abgehalten wurde.

Wie die Verhältnisse damals im Detail gewesen sind, läßt sich heute nicht mehr feststellen. Die sozialdemokratische Bewegung wurde 1870 geknickt, zerfiel in sich heftig bekämpfende Stammtische, und erst zwanzig Jahre später hat Victor Adler aus ihr eine einige starke Partei geschaffen.

Jedenfalls gab es in Heinrich Oberwinder, einem jungen Mann aus Nassau, so etwas wie einen unsichtbaren Leiter der Arbeiterbewegung. Den radikalen Oberwinder umgab ein Kreis, der auf den „Generalkrach" zusteuerte. Wie ernst es damit werden konnte, hat ein Jahr später das Abenteuer der Commune in Paris bewiesen. Oberwinder hatte mit Andreas Scheu auf der sozialdemokratischen Versammlung in Eisenach eine große Rolle gespielt. Unter den Arbeitern zirkulierten Gerüchte, daß sich beim Generalkrach pensionierte Offiziere der Partei zur Verfügung stellen würden, daß man die Hofburg überrumpeln, den Kaiser gefangennehmen werde und daß die — heute verschwundene —

Elisabethbrücke über die Wien, der Schwarzenbergplatz und der Heinrichshof die Stützpunkte der neuen Revolution sein würden. In einer Versammlung waren pathetische Eide auf die rote Fahne geleistet worden, und es hieß, daß Oberwinder am 12. Dezember 1869 großartig gesagt habe: „Morgen lasse ich meine Garde ausrücken!"

Jedenfalls hat die Regierung in der Nacht vom 23. auf den 24. Dezember 1869 die Unterzeichner der Petition verhaften lassen. Nur Hartung entfloh sozusagen vor den Augen der Polizei in die finstere Nacht und entwischte über die Schweizer Grenze, wo er von nun an sein Leben als Tischler weiterführte, der Traum des Volkstribunen war ausgeträumt. Er war ein ungebildeter Mensch, der nicht orthographisch schreiben konnte, aber er soll ein genialer, mitreißender Volksredner gewesen sein.

Am 2. März 1870 wurden Andreas Scheu, Johann Most, Johann Pabst und Oberwinder verhaftet. Sie und die andern standen vom 4. bis 14. Juli 1870 des Hochverrates angeklagt vor den Richtern. Die Verhandlung, die in die fiebernde Zeit des preußisch-französischen Kriegsausbruches fiel, ging fast unbemerkt vorüber. Sie hatte ein merkwürdiges, halb-kleinbürgerliches, halb-intellektuelles Milieu enthüllt.

Es waren fast lauter junge Leute Anfang der zwanzig, meist blaß, oft mit langem Haar, mächtigen Schnurr- und Knebelbärten. Viele waren zwielichtige Gestalten. Eine Frau, die Lehrerin Podany, hat in dem ganzen Treiben eine gewisse Rolle gespielt. Menschliches, allzu Menschliches hat der Prozeß an den Tag gebracht, Neid und Eifersucht, Verleumdung und Klatsch. Der Hauptzeuge gegen die Angeklagten war ein gewisser Mühlwasser, ein wegen Kameradschaftsdiebstahls vom Militär davongejagter Kadett, der sich als radikaler Sozialist ausgegeben und den Schwur auf die rote Fahne arrangiert hatte. Vielleicht war er ein *agent provocateur* der Regierung. Der Pariser Bankier Simon Deutsch, Verwaltungsrat der österreichischen Centralbank, bekannte sich in seiner Zeugenaussage als Finanzier der ganzen Gesellschaft. Wirkliches Licht wurde in diese Sache auch durch die Gerichtsverhandlung nicht gebracht. Es gingen Gerüchte, daß die Klerikalen diese frühen Sozialdemokraten gegen die liberale Regierung hatten ausspielen wollen.

Die Angeklagten erhielten Strafen von sechs Jahren bis zu einigen Monaten. Die einzige in ihrer Art gewaltige Persönlichkeit unter ihnen war der Buchbinder Johann Most, ein Bayer. Er war der einzige, der ganz in Grau gekleidet erschien, alle andern trugen feierliches Schwarz. Mit ätzender Bosheit warf er dem aus einer bürgerlichen Familie stammenden Fräulein Podany vor, sie sei die Geliebte Hartungs gewesen. Most war einer der Radikalsten und wandte sich immer mehr den Anarchisten zu, deren bedeutendstes geistiges Haupt er werden sollte. Acht Jahre später wanderte er nach New York aus, wo er die Wochenschrift „Freiheit" herausgab, in der er bis zu seinem Tode im Jahre 1906 den Anarchismus und die integrale „Propaganda der Tat" predigte. Er war der geistige Vater jener pathologischen Mörder, die das letzte Drittel des 19. Jahrhunderts mit ihren sinnlosen Dynamitattentaten erfüllten. Sie fügten der Arbeiterbewegung nur Schaden zu und konnten den Kapitalismus nicht erschüttern.

Wien aber war der Ort, wo der furchtbare Johann Most zum erstenmal die Hand zum Schlag erhob und sich langsam, aber unaufhaltsam die häßliche Fratze der Anarchie am Horizont der Weltgeschichte abzuzeichnen begann.

EINE KLEINE SCHICKSALSSYMPHONIE

Im folgenden Kapitel soll der wunderbare Luftballon der reinen Phantasie einmal Gelegenheit bekommen, in den Wiener Himmel aufzusteigen.

Doch ist die Phantasie „gefesselt" durch Historie, sie ist sogar so eng in sie hineinverwoben, daß es manchmal schwerfällt, Dichtung und Wahrheit voneinander zu unterscheiden.

Die Menschen der Hofburg, der Beletage und der Gass'n verschmelzen zu phantasievoller Einheit in einer Geschichte, die nichts weiter sein will als eine besonders farbenfrohe Illustration zum bisher Gelesenen, eine romantisch-kriminalistische Variation des Themas.

Die Felder in Laxenburg lagen in endloser Weite. Am Himmel standen gewaltige Wolkengebirge, in silbrigem Schimmer bauten sich seltsame Formen auf, schwarzblau drohende Wolkenwände vor zartblauen Himmeln, in weiß-goldenen Tönen glühende Wolkenballen, die sich immer höher und höher türmten. Eine weite, unendliche, von tausend Formen erfüllte Welt stieg in immer gewaltigere Höhen empor. Die Landschaft war bald ins Licht der Sonne getaucht, bald lag sie im Schatten der wandernden Wolken.

Die elegante Reiterin auf ihrem Fuchs hatte keine Augen für die irdische Welt. Ihr Blick haftete auf den Riesenge-bilden, die über den Himmel zogen. Der Schleier am Reit-zylinder flatterte im Wind. Das schöne Antlitz der Kaiserin Elisabeth glühte vor innerem Feuer. Ihre Augen glänzten, ihr Mund öffnete sich manchmal leicht, als wollte die Kai-serin einen Schrei ausstoßen, aber kein Ton entfuhr ihren Lippen.

Der Kaiser ritt einige Schritte hinter ihr und ließ den Blick nicht von der in ein russisch-grünes Reitkleid ge-hüllten Gestalt. Franz Joseph trug die weiße Uniform eines Kürassierobersten und mausgraue, lederbesetzte Beinkleider.

„Achtung, Sisi, ein Wassergraben!" rief er plötzlich. Einem Schenkeldruck gehorchend, schob sich sein Rappe vor, so daß sie nebeneinander galoppierten.

Im Konversationszimmer der kaiserlichen Appartements in Laxenburg stand in einer drachenverzierten Alabaster-vase ein herrlicher Strauß exotischer Blumen. An den Wän-den hingen zwei Landschaften von Gauermann und sahen auf die dunkelrot funkelnden Mahagonimöbel des zweiten Rokokos, mit denen der Raum eingerichtet war. Da öffneten sich die Flügel der in Weiß und Gold glitzernden alten

Barocktür, die Kaiserin und der Kaiser traten herein. Ihre Gesichter glühten noch von dem scharfen Ritt. Der lange Samtrock der Kaiserin war kotbespritzt, ebenso die lederbesetzten Reithosen des Kaisers. Elisabeth zog langsam die Handschuhe aus und blieb einen Moment wie geistesabwesend stehen. Plötzlich erblickte sie die Blumen, eilte auf den Tisch zu und vergrub ihr Gesicht in dem Strauß.

Der Kaiser lächelte, beglückt über ihre Freude, und sagte schlicht: „Ich hab' sie vom Obergärtner Nechwatal im Wintergarten für dich schneiden lassen."

Die Kaiserin richtete sich auf, sah ihn traurig an und versetzte sanft: „Wie lieb von dir, Franzl! Gestatte, daß ich mich umkleide."

Franz Joseph führte sie zu der Tür, deren Flügel sich wie durch Zauberei öffneten. Er küßte ihre Hand, verbeugte sich, die Sporen leise zusammenschlagend.

Als die Tür sich hinter Elisabeth geschlossen hatte, blieb er eine Weile wie in Gedanken stehen. Auf sein Gesicht trat ein rührend verzweifelter Ausdruck. Er seufzte tief auf und ging durch drei Räume, bis er sich in seinem Arbeitszimmer an den mit Akten bedeckten Schreibtisch setzte.

Er las eine Weile, stand dann auf, suchte auf einem Stehpult nach Briefpapier, begann zu überlegen, tauchte die Stahlfeder in ein Tintenfaß zwischen zwei bronzenen Rittern und fing an zu schreiben. Wiederholt blickte er gequält auf und dachte nach. Er fand so schwer den richtigen Ausdruck! Schließlich beendigte er doch den Brief, las ihn zweimal durch, legte ihn nieder, blickte vor sich hin, zerriß ihn in kleine Stücke, nahm ein neues Blatt und begann von neuem. Endlich war er damit fertig, und nach dreimaligem Durchlesen griff er zu der Streusandbüchse, die er nur mühselig den Klauen der sie haltenden Drachen entwand, schüttete Sand über die Schriftzüge, tat ihn in das Gefäß zurück und läutete mit einem kleinen goldenen Handglöckchen. Eine Tapetentür öffnete sich, ein jugendlicher Kammerdiener in Frack und weißen Handschuhen trat ein. Der Kaiser

blickte ihn kurz an und sagte: „Ketterl, bitte petschieren!"
Der Kammerdiener entzündete flink eine auf dem Schreibtisch stehende Kerze mit dem neuerfundenen, scheußlich stinkenden Reibhölzchen, hielt eine Stange Siegellack in die Flamme, die er auf das Briefkuvert tropfen ließ, worauf der Kaiser wuchtig siegelte. Offenbar befriedigt über das glückliche Gelingen des Werkes, blickte er freundlich auf, als die Kaiserin eintrat. Der Kammerdiener verschwand sofort. Franz Joseph sah seine Frau sprachlos an.

Elisabeth trug die Uniform eines Husarenobersten, die lichtblaue Attila umschloß eng ihren Busen, über den der goldene Kartuschenriemen lief, die pelzgefütterte Mente hatte sie umgehängt, den Kalpak mit der kühnen Rabenfeder schief auf ihr herrliches Haar gesetzt.

Franz Joseph entrangen sich nur die Worte: „Aber Sisi!"

Sie schlug die Fersen unter dem weiten Rock zusammen, zartsilbern klirrten die Sporen. Lächelnd salutierte sie mit der Frage: „Nun, gefall' ich dir?"

Der verblüffte Kaiser konnte nur stottern: „Ja, ist denn Fasching?"

Elisabeth faßte sich schnell, trat auf ihn zu: „Nein, es ist jetzt nicht Fasching, aber sag', wie schau ich aus?"

Franz Joseph errötete und stammelte verlegen: „Du siehst bezaubernd aus, so schön, wie ich dich noch nie gesehen habe."

Über Elisabeths Züge huschte ein Lächeln. „Schau, Franzl, das ist kein Faschingsscherz, das ist eine ernste Sache. Verleih mir ein Husarenregiment, du weißt, wie die ungarischen Sachen durcheinander sind, seit uns der elende Napoleon bei Solferino so hergerichtet hat. Du kennst die Magyaren. Von einer Frau lassen sie sich um den Finger wickeln. Laß mich nach Pest fahren und mit ihnen reden. Was hat die Maria Theresia bei ihnen alles erreicht, als sie den kleinen Joseph auf ihrem Arm in den Popo gezwickt hat! Wenn ich mich dort in der Husarenuniform zeige, verlieren sie alle den Verstand, und der Kossuth soll sich wen suchen. Sieh doch ein, Franz, daß eine neue Zeit begonnen hat, die alte ist tot."

Der Kaiser betrachtete Elisabeth mit sichtbarem Entzükken, in das sich allmählich ein nachdenklicher Zug mengte.

„Du siehst bezaubernd aus, Sisi", begann er zögernd, „und es stimmt schon, daß eine Frau diese Leut' zu den unglaublichsten Sachen bringen kann. Aber Maria Theresia war nicht die Königin, sie war der König. Die Nation war nach der Pragmatischen Sanktion zum ‚Moriamur pro rege nostro' verpflichtet. Du, du bist nur Königin, aber auch die Kaiserin von Österreich. Und wenn ich mir vorstell', meine Sisi soll um die Gunst der Betyaren betteln... das ist gegen die Würde unseres Hauses. So was kann der Kerl, der Napoleon, sich mit seiner Gräfin leisten, aber unsereiner..."

Plötzlich ging die Tür auf. Erzherzogin Sophie, die Mutter des Kaisers, stand, ganz in grauem Taft, wie eine rasende Rachegöttin im Rahmen der sich hinter ihr schließenden Türflügel. Ihr Gesicht unter der Spitzenhaube war von Wut gerötet. Ohne sich um die Handküsse der beiden zu kümmern, fuhr sie Elisabeth an:

„Also es ist wahr, was die Lakaien tratschen? Du läufst am hellichten Tag in einem Faschingskostüm herum, Elisabeth? Ja, weiß du nicht, wer du bist? Die Kaiserin von Österreich, die Tochter meiner Schwester, die Frau meines Sohnes in einer Militäruniform wie eine Sängerin vom Kärntnertortheater. Aber kein Wunder, bei diesem Vater..."

Wie eine Pantherin sprang Elisabeth auf die Schwiegermutter zu und packte sie am Arm. Rasende Wut flammte in ihr empor. Der Kaiser betrachtete hingerissen ihre dämonische Schönheit, als sie schrie: „Kein Wort mehr über meinen Vater, Tante, oder ich werde Ihnen zeigen, daß ich die Kaiserin bin und Sie nur eine Erzherzogin!"

Sophie erschrak und begann zu weinen. Sie sank an die Brust ihres Sohnes: „Und so läßt du deine Mutter traktieren? Alles habe ich für dich geopfert, selbst den Thron. Nur aus grenzenloser Liebe zu dir hab' ich den Papa verzichten lassen, bin nicht Kaiserin geworden. Und du läßt mich jetzt von der Tochter meiner Schwester beschimpfen?"

Des Kaisers Antlitz nahm den Ausdruck ratloser Verzweiflung an. Seine Lippen bebten, Schweiß trat ihm auf die Stirn, als er heiser hervorstieß: „Ich glaub', Sisi, das schickt sich wirklich nicht, wie du zu der Mama sprichst. Geh, schau, bitte sie um Verzeihung..."

Elisabeths Gesicht erstarrte bei diesen Worten zu einer medusenhaften Maske. Ihre Augen flammten wie Diamanten, als sie schneidend erwiderte: „Und du willst ein Mann sein, Franzl? Lernst du gar nichts vom Leben? Hat dich meine Tante mit ihrem Gottesgnadentum nicht genug ins Unglück gebracht? Weißt du nicht, daß dich die Bevölkerung haßt? Daß andere Zeiten gekommen sind? Wir werden alle zugrunde gehen, Franz. Wegen dieses bösen Dämons, deiner Mutter."

Die Erzherzogin zitterte, ihr Gesicht verzerrte sich zu einer wütenden Fratze. Der verzweifelte Kaiser wischte sich mit dem Taschentuch immer wieder den Schweiß von der Stirn. Plötzlich fuhr Sophie mit geballten Fäusten auf Elisabeth los: „Du bist eine Wahnsinnige, wie die hessische Großmutter. Gott sei Dank, daß ich deine Kinder vor dir gerettet habe."

Elisabeth machte eine Bewegung nach Sophiens Hals. Franz Joseph sprang zwischen die beiden Frauen, worauf Elisabeth schrie: „Und das wagen Sie mir zu sagen, Sie Ungeheuer? Einer Mutter die Kinder zu rauben..."

Sophie zischte: „Dir deine Kinder rauben? Als ob du je für sie Zeit gehabt hättest! Immer hast du nur Pferde und Hunde im Kopf gehabt."

Plötzlich erlosch alles in Elisabeth. Sie sah wie eine Geistesabwesende aus, als sie den Kaiser an der Schulter packte und leise sagte: „Entscheide dich, Franz. Ich oder deine Mutter!"

Franz Joseph hob flehend die Hände, Tränen waren in seiner Stimme: „Sisi, du mußt doch einsehen, daß man in dem Ton nicht zu der Mama reden darf. Bitte, bitte, sei so lieb und bitte sie um Verzeihung."

Elisabeth preßte die Lippen zusammen, kreuzte die Arme über dem Busen und musterte ihren Mann von oben bis unten. Langsam sagte sie: „Nun hab' ich es satt. Der Wiener Hof ist auf der ganzen Welt verschrien. Das habe ich schon als Kind in Possi gehört. Ich bin wirklich eine Närrin, daß ich es ausprobiert habe. Ich war gewarnt. Sie haben Ihrem Sohn nichts beigebracht. Aber jetzt verreise ich. Für immer. Nach Madeira. So weit weg, wie ich kann. Der Skandal ist mir egal. Und Sie, Tante, tyrannisieren Sie meinen Mann weiter, tyrannisieren Sie meine Kinder, meinen armen Rudolf, tyrannisieren Sie Österreich weiter, bis es in einem wahnsinnigen Krieg untergehen wird, den Sie und Ihresgleichen entfachen. Mich seht ihr nie wieder." Sie salutierte dem Kaiser, machte vor der sprachlosen Schwiegermutter einen Hofknicks und ging sporenklirrend aus dem Zimmer.

Der Kaiser sank auf den Schreibtischsessel und schlug die Hände vors Gesicht. Sophie stand einen Augenblick still, dann ging sie auf ihn zu. Er aber sah sie mit erloschenen Augen an und sagte: „Bitte, lassen Sie mich allein, Mama."

Es war nach Mitternacht. Der Kaiser schlief tief in seinem eisernen Soldatenfeldbett. Auf dem Nachttisch brannte ein abgeschirmtes Licht. Das Bett des Kaisers lag in tiefem Schatten. Der Atem Franz Josephs ging gleichmäßig.

Als sich die Tür öffnete, ein Lichtstrahl von der Petroleum-Milchglaskugellampe hereinfiel, die der Leibkammerdiener Ketterl — im schwarzen Sakko für den Nachtdienst — in der Hand hielt, wurden die Atemzüge unruhig. Ketterl trat leise ins Zimmer und hustete leicht.

Das weckte den Kaiser, der sich rasch im Bett aufsetzte. Er trug ein weißes Nachthemd mit niedrigem gestärktem Stehkragen, kurzen gestärkten Manschetten. Auf der Brust war das Hemd sorgsam in gestärkte Falten geplättet. Franz

Joseph war sofort vollkommen wach und fragte: „Was ist los, Ketterl?"

Ketterl verbeugte sich tief und meldete mit gedämpfter Stimme: „Ein Telegramm von Ihrer Majestät."

Der Leibkammerdiener überreichte das Telegramm, stellte die Lampe auf den Nachttisch und entfernte sich, während der Monarch das Telegramm aufriß. Aufrecht saß er im Bett und las immer und immer wieder die wenigen Zeilen. Groß fiel sein Schatten auf die Wand, die ganz mit Miniaturen, Bildern und Photographien Elisabeths behängt war.

Er ließ das Telegramm sinken und blickte vor sich hin, dann läutete er, indem er einen perlengestickten Glockenzug zog.

Ketterl erschien lautlos, der Kaiser blickte zu ihm auf und sagte leise: „Bitte, bringen Sie mir den großen Atlas!"

Ketterl verbeugte sich, verschwand und kam nach einigen Sekunden mit einem großen, in Schweinsleder gebundenen Atlas zurück, den er dem Kaiser überreichte. Er stellte die Lampe so, daß ihr Licht voll auf den Atlas fiel, und zog sich mit tiefer Verbeugung zurück, während Franz Joseph in dem dicken Buch blätterte, bis er das Blatt mit Madeira gefunden hatte. Lange betrachtete er die Seite, preßte die Lippen zusammen, sah nach dem Maßstab, rechnete die Entfernung aus, und klagend entrangen sich ihm im Tone tiefer Verzweiflung die Worte: „Madeira, Madeira... so weit..."

Rittmeister Graf Latour ist gestern abends aus Madeira eingetroffen und wurde allsogleich von Seiner Majestät dem Kaiser empfangen. Das Befinden Ihrer Majestät der Kaiserin ist ein vortreffliches; vorgestern ist Major Graf Degenfeld mit Briefen Seiner Majestät an Ihre Majestät nach Madeira abgereist. Die Luft in Madeira sagt Allerhöchstderselben sehr zu (15 Grad Wärme). Ihre Majestät leben zurückgezogen und haben nur den Grafen Linhares, der von dem König von

Portugal zur Bewillkommnung von Lissabon nach Madeira abgesendet wurde, sowie den Gouverneur, den Erzbischof und den Militärkommandanten auf Madeira empfangen. Der ganze Hofstaat wird sehr einfach geführt. Ihre Majestät machen auf Anraten des Arztes in einem Boot sehr häufig Spazierfahrten zur See. Die übrige Zeit bringen Ihre Majestät entweder in ihren Gemächern oder im Garten zu, von dem man die Aussicht auf das Meer genießt. Zu Spazierfahrten auf dem Lande benützen Ihre Majestät die dort üblichen, mit Ochsen bespannten Wagen.

Kaiserin Elisabeth saß in weiche Kissen gelehnt in dem großen Boot, das vier Männer mit geübten Schlägen über das blaue Meer ruderten. Ihr Teint war goldgetönt, ihre Augen blickten ins Weite. Die grüne Küste Madeiras zog langsam an ihr vorüber, die Berge verblauten in der Ferne, und eine sanfte Brise fächelte ihr Gesicht, das ein kleiner Schirm beschattete. Ab und zu sah sie den Grafen Degenfeld aus den Augenwinkeln an. Er war äußerst schick gekleidet, trug einen lichtgrauen Sportanzug von neuestem englischem Schnitt. Weite Pumphosen fielen über hohe Schaftstiefel aus glänzendem Lackleder, eine getupfte Foulardmasche flatterte um den blütenweißen Kragen seines Hemdes. Auf dem Kopf trug er einen niedrigen, taubengrauen steifen Hut, der von einem weißen Band umschlungen war. Seine kleinen Hände steckten in zitronengelben Glacéhandschuhen.

Ein hübscher Mensch, dachte die Kaiserin, nicht zu glauben, daß er einer dieser langweiligen österreichischen Grafen ist. Was soll ich ihm nur sagen, daß er es dem Franz ausrichtet. Er versteht mich doch nicht...

„Ja, mein lieber Graf", brach sie plötzlich das Schweigen. „Sie haben mich jetzt zwei Tage beobachten können. Ich habe Sie überallhin mitgenommen, damit Sie Seiner Majestät genau erzählen können, wie ich lebe. Ruhe, nichts als Ruhe ist es, was ich brauche. Hier erhole ich mich, ich fange an, wieder die ganze Nacht zu schlafen, ich habe manchmal sogar Appetit. Ich habe diese Woche zweimal Beefsteak gegessen. Aber ich muß diese Lebensweise noch lang fortsetzen. Es ist mir ganz unmöglich, in die Hofburg zurückzukehren, diese Empfänge, Bälle, Diners, ach, ich könnte es nicht überstehen."

Am 23. April hatte Ihre Majestät in ihrem Palais den Herzog von Oporto, General Capitain der portugiesischen Flotte, und die Offiziere aller eben im Hafen liegenden britischen Kriegsschiffe bewirtet. Am 24. gaben die Offiziere der beiden Jachten „Victoria and Albert" und „Osborne" der Kaiserin zu Ehren einen Wettkampf in Cricket zum besten und wurden, nebenbei bemerkt, von ihren Gegnern, nämlich den auf Madeira ansässigen Engländern, tüchtig geschlagen, was aber nicht zu verwundern ist, da sie des heißen Klimas weniger gewohnt waren und der Wettkampf an einem äußerst schwülen Tage stattfand.

Tags darauf war die Luft durch eine frische Brise aus Südwest abgekühlt, und die Kaiserin stattete der portugiesischen Korvette „Bartolomeo Diaz" einen Besuch ab und nahm als Gast des Herzogs von Oporto an Bord desselben ein Gabelfrühstück ein, zu dem auch der Capitain Deuman von der „Victoria and Albert" geladen war. Alle Batterien und Schiffe im Hafen feuerten Salutschüsse ab; der Hafen war mit Fahrzeugen und jedes Schiff bis auf die äußersten Mastspitzen mit seinen schönsten Flaggen geschmückt, so daß der Anblick ein herrlicher war. Am folgenden Morgen kam der Herzog von Oporto an Bord der „Victoria and Albert", und am 27., bei Anbruch der Dunkelheit, gab diese ein grandioses Feuerwerk zum besten, das mit einem vielfarbigen Feuerbild der österreichischen Farben in riesigen Dimensionen und mit einer königlichen Salve von einundzwanzig Mörserraketen schloß. Am 28. April, der auf einen Sonntag fiel, erfolgte die Einschiffung der Kaiserin. Sie wurde vom Gouverneur und den obersten Beamten der Insel an Bord geleitet, wo sie von Capitain Deuman und sämtlichen Offizieren der im Hafen ankernden britischen Kriegsschiffe ehrfurchtsvoll empfangen wurde. Eine Stunde später stattete der Herzog von Oporto der hohen Frau einen Abschiedsbesuch ab, und um halb zwei Uhr mittags dampfte die Jacht unter Kanonensalven und Hurrarufen der Matrosen zum Hafen hinaus. Ihr folgten die „Osborne", das britische Linienschiff „Argus" und die portugiesische Korvette „Bartolomeo Diaz" mit dem Herzog von Oporto an Bord; doch schon nach wenigen Stunden war die „Victoria and Albert" vermöge ihrer besseren Maschinen ihren Begleitern weit voran.

Seine Majestät der Kaiser kehrt morgen aus Triest nach Wien zurück, und gleichzeitig Ihre Majestät die Kaiserin. Bekanntlich hieß es, die Kaiserin werde zunächst in Miramare verbleiben; dieser Plan wurde jedoch aufgegeben, und die Kaiserin wird vielmehr, wie uns berichtet wird, auf ärztliches Anraten unmittelbar nach Ems gehen, um die in Madeira begonnene Kur fortzusetzen.

Ein zur Korpulenz neigender Herr im Frack, mit blitzenden Brillengläsern und schwarzer Krawatte, beendete seinen Vortrag. Er war Minister und verriet in seiner Art die Manier des großen Advokaten, des berühmten Verteidigers.

„…solche Argumente", schloß er, „des verfassungstreuen Großgrundbesitzers können schwer angefochten werden. Sie beruhen auf der Logik der Tatsachen, die bei allen Veränderungen des Zeitgeistes ihre klare Sprache spricht. Sie geben diesem Gesetzesvorschlag die Kraft der inneren Überzeugung, welcher sich auch die egoistischen Interessen der böhmischen Industrie nicht verschließen können."

Er schwieg und blickte erwartungsvoll auf den Kaiser, der die Augen niedergeschlagen hatte und einige Momente im Nachdenken verharrte. Dann erhob sich Franz Joseph langsam und sagte: „Exzellenz sind ein sehr ein schöner Redner, ich danke sehr."

Der bestürzte Minister verneigte sich tief und verließ rückwärtsgehend den Raum.

Der Kaiser schritt auf das Porträt der Kaiserin Elisabeth zu, das Winterhalter gemalt hatte und das sie mit aufgelöstem Haar über dem Morgenrock zeigte. Er stand lange davor, dann kehrte er zum Schreibtisch zurück und öffnete die erste der auf einem Nebentisch gestapelten Aktenmappen aus rotem Leder.

Der Kaiser schritt in der Galauniform eines Feldmarschalls hinter den ungarischen und den Arcieren-Leibgarden, die in Silber und Rot, in Gold und Scharlach glänzten, einher. Sein Gesicht trug einen nachdenklichen Ausdruck. Durch Säle und Korridore ging es zu dem großen Zeremoniensaal, wo die Mitglieder des Reichsrates und des Herrenhauses auf die Verlesung der Thronrede warteten. Franz Joseph aber konnte sich nicht konzentrieren, seine Gedanken kreisten fortwährend um Elisabeth. Als er durch die verschlossene Tür das Aufklopfen des Stabes hörte, die Stimme des Oberzeremonienmeisters vernahm, die aufgeregt verkündete: „Seine Majestät, der Kaiser und apostolische König!", verspürte er plötzlichen Ekel vor aller Arbeit und Arbeitslast.

Die Türen öffneten sich vor ihm. Er hatte einen undeutlichen Eindruck von Licht und Lärm. Sein Ohr unterschied das „Niech zyje!" der Polen, die „Hoch"-, „Slawa"- und „Zivio"-Rufe.

Allmählich, je mehr er sich dem Throne näherte, verstummten diese Rufe.

Die Kronen funkelten auf ihren Postamenten, gleichgültig flog sein Blick über die goldbrokatenen Thronstühle. Als er sich der Leere des Thrones der Kaiserin bewußt wurde, gab es ihm einen Stich. Schweiß auf der Stirn, nahm er Platz und setzte den Generalshut mit dem paperlgrünen Federbusch auf. Plötzlich rief eine Stimme mit aller Lungenkraft: „Evviva il imperatore!" Ein Lächeln trat auf Franz Josephs Züge. Und dennoch — die Masse der schwarzen Fräcke, der polnischen Magnatenkostüme, der goldbestickten Uniformen beunruhigte ihn.

Mit euch muß ich teilen, dachte er erbittert, als der Ministerpräsident in Galauniform unter Verbeugung näher trat. Den Dreispitz mit den weißen Straußenfedern unter dem Arm, stieg er die Stufen des Thrones empor, jäh leuchtete das Gold der Lampassen auf seinen weißen Hosen.

Er überreichte dem Kaiser das Manuskript der Thronrede und trat zurück.

Der Kaiser blickte einen Moment auf das in rotes Leder gebundene Heft, dann schlug er den Deckel auf und begann: „Meine Herren von beiden Häusern des Reichsrates! In einer Zeit großer Erwartungen, gewaltiger Hoffnungen, aber auch gewaltiger Befürchtungen, ist es mir ein wahres Bedürfnis, wieder das Wort an Sie, die gesetzlichen Vertreter meiner Völker, zu richten..."

Ketterl trat in das leere Arbeitszimmer des Kaisers, den Hausrock, einen in Kniehöhe abgeschnittenen Generalsmantel, über den Arm gelegt. Er blickte auf die Uhr, als die beiden Flügeltüren aufgingen und der Kaiser in der Marschallsuniform von der Parlamentseröffnung zurückkam.

Franz Joseph wirkte abgespannt. Er nickte Ketterl zu, reichte ihm den Federhut und schnallte den Säbel ab, knöpfte den weißen Waffenrock auf, nachdem Ketterl mit flinken Händen das Band des Maria-Theresien-Großkreuzes abgenommen hatte. Ketterl half ihm aus dem Waffenrock und in den Hausrock.

Dann entfernte sich der Kammerdiener mit Hut, Rock und Säbel, während der Kaiser einen Moment vor dem Aktenberg auf dem Tisch stehenblieb. Dann setzte er sich und begann in den Akten zu lesen, schrieb Bemerkungen an den Rand, unterschrieb, strich aus, legte die erledigten Akten nach links, nahm einen neuen Akt von rechts, und die Standuhr zeigte eine Stunde nach der anderen an.

Ketterl erschien mit einer großen Schreibtischlampe, die er auf den Tisch stellte, als es zu dämmern begann. Es wurde dunkel, und der Kaiser arbeitete fort und fort. Er hatte heute viel Zeit durch die Verlesung der Thronrede verloren.

Und so vergingen seine Jahre allein, ohne Freude. Nur in der papierenen Welt der Akten lebte er sein Leben. Aus ihnen sprach das tausendgestaltige Dasein zu ihm. Sie wurden seine Welt.

Die Staatsempfänge, Hofbälle und Feste zogen an ihm vorüber wie Geisterbilder, durch die er unberührt schritt. Er verabscheute all das, es langweilte ihn, erschien ihm hohl und ohne Sinn. So hohl, wie ihm jedes flache Vergnügen erschien. Sinn besaß nur der Schreibtisch, Sinn besaßen nur die Akten. Sinn hatte nur die bittersüße Sehnsucht nach Elisabeth, die jedes Jahr auf wenige Tage kam, mit ihm dinierte, eine Fuchsjagd ritt, so selten, ach so selten mit ihm schlief und wieder entschwand. Nach England, Spanien, Irland, Korfu, Afrika, der Bretagne, nach Malta, Gibraltar oder Griechenland.

Längst war die Erzherzogin Sophie gestorben, aber die Wiener Hofburg, Hofleben und Hofschranzen versetzten die ruhelose Kaiserin in panische Angst.

Nie wieder hatte sie sich von dem furchtbaren Schock der Auseinandersetzung mit ihrer Schwiegermutter, die ihre Tante gewesen, erholt. Nie wieder von dem Schmerz, daß ihr Gatte zuerst der Mutter gehörte, nicht ihr.

Eines jedoch hielt den Kaiser in dem abseitigen Sonderlingsdasein, dem er mehr und mehr verfiel, aufrecht — das Burgtheater. Das erste, das nobelste Theater der deutschen Zunge. Das Theater, das sein Urgroßonkel, Joseph II., gegründet hatte.

Oft saß er an seinem Schreibtisch, starrte in den blauen Sommerhimmel über Schönbrunn oder in die lautlos über den Burghof herabsinkenden Schneeflocken und dachte: Das ist mein Leben. Jahr für Jahr. Nur der Schreibtisch, mein Schreibtisch...

Was für ein Dasein das ist...

Und doch graut mir vor allem anderen. Diese langweiligen Eröffnungen, Empfänge, Bälle, Cercles, bei denen ich nichts als Blödsinn spreche: „Es war sehr schön, es hat mich sehr gefreut..."

Nur mehr warten tu' ich, bis die Sisi auf ein paar Tage kommt. Aus Irland oder aus Afrika... und dann fährt sie wieder fort, läßt mich allein...

Vielleicht hat es die Mama mit der Sisi doch falsch gemacht...

Auf der unterhalb des Spittelbergers bei Bruck an der Leitha gelegenen Ebene nächst dem Gut Königinhof wurde heute nachmittag zu Ehren des Kronprinzen Rudolf ein von den Offizieren des 2. Dragoner-Regiments veranstaltetes großes Offiziers-Wettreiten abgehalten, welchem Seine Majestät der Kaiser und die Erzherzoge Kronprinz Rudolf, Karl Ludwig, Albrecht und Friedrich, der Kronprinz von Hannover, Prinz Dom Miguel von Braganza, die gesamte hier weilende Generalität sowie eine nach vielen Hunderten zählende Schar von Stabs- und Oberoffizieren (sämtlich zu Pferd) beiwohnten. Außerdem hatten sich Tausende von der heute dienstfreien Mannschaft und auch ein großer Teil der Bevölkerung aus Bruck und den Nachbarorten eingefunden und die verschiedenen Sportkämpfe mit großem Interesse verfolgt. Das Programm des Rennens zerfiel in vier Piecen und bestanden die Preise aus reichen Ehrengaben, welche vom Kaiser und den Mitgliedern des Hofes sowie von den früher genannten beiden Prinzen gewidmet worden waren.

Als Richter fungierten FMLt. Graf Pejacsevics, Generalmajor Graf Degenfeld und Generalmajor Ritter von Rodakowsky; als Stewards Oberstleutnant Baron Mecsery, Oberstleutnant von Varga, Major von Gyömörey und Rittmeister Fürst Tayis; als Starter Oberst Baron Lasollaye und Oberst Krenosz; die Waage wurde von Rittmeister Klastersky und Oberleutnant Kathrein besorgt. Um zwei Uhr wurde das Rennen von sieben Offizieren mit einer Steeple-Chase eröffnet; der erste Preis waren hundert Dukaten, gegeben von Seiner Majestät dem Kaiser, der zweite Preis ein silbernes Theeservice samt Casette, gewidmet vom Kronprinzen von Hannover; die Länge der Bahn betrug circa zwei Meilen, die Hindernisse waren bis zu zehn Schuh breit und drei Schuh hoch. Vom Start aus hatte Rittmeister Renner (14. Husaren-Regiment) auf seiner fünfjährigen Stute „Baronesse" die Führung übernommen und auch bis über die Mitte der Bahn gehalten, als plötzlich beim drittletzten Hindernisse das Pferd ausbrach; Leutnant Graf Spiegel (2. Dragoner-Regiment) mit seiner Stute „Falla" und Leutnant Prevost (1. Ulanen-Regiment) mit seinem Wallachen „d'Artagnan" erlangten nun einen Vorsprung, und nach einem heftigen Kampf zwischen beiden bis unmittelbar vor dem Pfosten blieb Graf Spiegel Erster und Leutnant Prevost Zweiter; Rittmeister Renner kam als Dritter an. Obgleich bei dem großen Menschenandrang die Bahn nicht immer frei war, waren sämtliche Hindernisse ohne Unfall genommen worden.

Nach kurzer Zwischenpause folgte ein Hürdenrennen; erster Ehrenpreis: eine Reitpeitsche mit Malachitknopf und reicher Silberverzierung, einen Jockey mit dem Reitzeug darstellend, gegeben von FM. Erzherzog Albrecht; der zweite Preis, von FMLt. Graf Pejacsevics gespendet, wird erst nachträglich ausgefolgt werden; Länge der Bahn eine Meile, vier Hürden. Fünf Concurrenten betraten die Bahn, jedoch nur zwei langten beim Pfosten an, und zwar Leutnant von Klausnitz (2. Dragoner-Regiment) auf Oberstleutnant Baron Mecserys Stute „Alexine" als Erster und Oberleutnant Jonak auf Generalmajor Ritter von Rodakowskys Stute „Brautjungfer" (Vollblut) als Zweiter. Ein Pferd stürzte bei der Hürdennahme so unglücklich, daß es sich einen Fuß brach; der Reiter blieb glücklicherweise unverletzt.

Im dritten Rennen, einer kleinen Steeple-Chase, Distanz circa eineinhalb Meilen, Hindernisse nicht über drei Schuh hoch und acht Schuh breit, gingen von fünfzehn gemeldeten nur zehn Pferde vom Starte ab und gewann Leutnant Gerstenbergers Wallach „Rigoletto", gesteuert von Oberleutnant von Dorndorf, den von Erzherzog Carl Ludwig gegebenen Ehrenpreis, einen ungefähr dreiviertel Schuh hohen Silberpokal, der reich vergoldet und mit den Initialen und dem Wappen des Spenders geschmückt war. Den zweiten Preis, welcher erst später bestimmt werden wird, errang Oberleutnant Baron Boyneburg (6. Ulanen-Regiment) mit seiner Stute „Aida".

Illustriertes Wiener Extrablatt

Der Kaiser hatte den diversen Rennen mit dem Kronprinzen Rudolf, einem blutjungen General, beigewohnt. Am Anfang hatten ihn die verschiedenen Phasen etwas interessiert, er war die Bahn auf und ab geritten, hatte einige Worte mit seinem Sohn gewechselt, längere Zeit mit dem Herzog von Braganza über die neuesten englischen Sättel gesprochen. Alles mit einer gewissen Geistesabwesenheit, denn der fällige Brief der Kaiserin hatte sich bereits um drei Tage verspätet.

Was ist los mit Sisi, dachte er die ganze Zeit, ist sie krank geworden, ist sie beim Springen gestürzt, hat sie sich was gebrochen? Es wurde ihm siedend heiß. Was reite ich da herum, statt daß ich am Schreibtisch sitze? Dabei tat er, als ob er das Rennen mit der größten Aufmerksamkeit verfolge, ließ sich die Gewinner vorstellen, richtete an jeden ein paar freundliche Worte und ärgerte sich über den Schnitt von Rudolfs Waffenrock; zu knapp, zu gigerlhaft, dachte er im stillen...

Es ist der Besuch des Präfekten der Seine Inférieure, der einzige Besuch, den die hohe Frau empfangen hat, und sie konnte trotz ihrer strengen Incognitas sich ihm in der Tat nicht entziehen... Gleich nach ihrer Ankunft hatte der Präfekt um die Ehre nachgesucht, sie im Namen des Departements zu begrüßen, das sie durch ihren Aufenthalt in Sassetot ausgezeichnet, und der Oberbefehlshaber des 3. Armeecorps wollte die Musik des 28. Linienregiments mit zwei Compagnien zu ihrer Verfügung stellen. Die Kaiserin hatte sich gegen alle Besuche und Ehrenbezeugungen verwendet und nicht einmal zugunsten des Pfarrers von Sassetot, eines ehrwürdigen Greises, welcher seit fünfundzwanzig Jahren der Gemeinde vorsteht, eine Ausnahme gemacht. Ein beharrlicheres Incognito ist kaum denkbar.

Die hohe Frau wohnt an den Wochentagen der Messe nicht so regelmäßig bei, wie ich Ihnen gemeldet hatte; ihr Caplan liest sie nur an gewissen Tagen und auf ihr besonderes Verlangen. Vor etwa zwölf Tagen hat sie ihre Kahnfahrten begonnen, die Ende August wegen der hohen Fluth wieder eingestellt werden mußten. Man sah sie nachmittags in einen leichten Kahn steigen und sich der Geschicklichkeit zweier Ruderer anvertrauen, die sie wenigstens eine halbe Lieue in die See hinausführten. Ein einziger stärkerer Windstoß hätte den Nachen umwerfen können. Diese Fahrten zogen sich bis gegen Abend hin; eines Tages traf ich die Kaiserin, wie sie so spät, daß schon die Laternen angezündet werden mußten, allein in ihrem Wagen nach dem Schloß zurückkehrte. Ihr Gefolge kennt ihre etwas romantischen Neigungen und überläßt sie oft der Einsamkeit, die sie zu lieben scheint. Diese so zarte, in ihrer hohen Gestalt so schmächtige Frau hat eine männliche Leidenschaft für Reiten und Jagd. Oft unternimmt sie, nur von ein oder zwei Personen begleitet, halsbrechende Spazierritte über die Felder hinweg oder auf schönen breiten Straßen, die sich über das ganze Land Caux verzweigen. Die Rennbahn genügt ihr aber nicht; sie hat im Park des Schlosses Hindernisse errichten lassen, über die sie, nicht ohne den Personen ihres Gefolges Besorgnisse einzuflößen, zu setzen liebt. Man wundert sich ein wenig darüber, daß man sie fast nie mit der jungen Erzherzogin sieht.

An der Kaiserin gewohnten Lebensweise ist in Sassetot nichts geändert; der größte Teil der Zeit ist den Studien gewidmet, daneben bringt sie die Erholungsstunden am Strande zu, wo die Erzherzogin gleich andern Kindern mit Sand und Kieseln spielt. In ihrem Äußeren scheint die Erzherzogin mehr dem Vater als der Mutter zu gleichen. Sie ist die zweite Tochter der Kaiserin, die älteste ist schon verheiratet; man rühmt sehr die frühe Reife ihres Verstandes, besonders aber ihr Sprachtalent, welches sie ohne Zweifel von ihrem Vater geerbt hat, der schon als Knabe aller Sprachen des österreichisch-ungarischen Reiches mächtig war...

Die Presse

In der Uniform eines Ulanenobersten saß der Kaiser in der „Fremdenloge" des alten Burgtheaters. Er war unauffällig hineingeschlüpft, als das Haus sich verfinsterte, und nun saß er, ganz an das Spiel verloren, da, und die Wangen begannen ihm zu glühen wie einem Jüngling, denn seine im Grunde naive Natur wurde jedesmal von der Wirklichkeit der Zauberwelt auf den Brettern gefangengenommen.

Von der Bühne kam Rede und Gegenrede, Sonnenthal, in einem altdeutschen Gewand, deklamierte klangvoll.

Auf einmal klang durch das schweigende Haus eine klare, natürliche Frauenstimme, angenehm, fest und warm. Wunderbar kam nach dem erhöhten Deklamationsstil der großen Mimen die Stimme der Schratt.

Der Kaiser erwachte aus seiner Erstarrung, griff nach dem Opernglas. Er ließ es den Abend hindurch nicht von den Augen.

Der Kaiser, eben aus dem Burgtheater zurückgekehrt, saß in einem Lehnstuhl, der neben seinem einfachen Eisenbett stand. Er gähnte leise vor Erschöpfung, so sehr hatte ihn der Abend gefangengenommen.

Ketterl knöpfte ihm die Strumpfen von den Hosen ab und zog mit geschickten Händen dem Kaiser die Stiefeletten, hohe, bis zur halben Wade reichende weiche Halbstiefel, aus. Franz Joseph begann zu plaudern.

„So viel' Leut' war'n heut' im Burgtheater. Ich hab' mir nicht denken können, warum. Dann hat mir's der Direktor Wilbrandt gesagt. Wegen einer neuen Schauspielerin, die aus New York vom Deutschen Theater zurückgekommen ist. Es war eine Freud', die Person spielen zu sehen. So was von frischer Natürlichkeit! Wie das Leben selbst. Und so lieb ist ihr Wesen, so warm. Wie heißt sie denn nur? Haben Sie nichts von ihr in den Zeitungen gelesen, Ketterl?"

Ketterl hatte unterdes ein Glas Milch vor den Kaiser auf ein Tischchen gestellt. Franz Joseph begann mit kleinen Schlucken zu trinken. Der Leibkammerdiener hatte respektvoll zugehört, dann fragte er: „Meinen Majestät vielleicht die Frau Schratt?"

Der Kaiser schlug sich an die Stirn: „Natürlich, Schratt, daß ich den Namen vergessen hab'."

Im ungeheuren weißen Raum der Hofreitschule machte ein Bereiter der Spanischen Hofreitschule auf einem prächtigen Rappen die Runde und sprang über eine Barriere, die von zwei Livrierten immer wieder erhöht wurde.

Der große Raum schien leer. Erst bei näherem Hinsehen konnte man in einer Loge zwei Damen bemerken, von denen die größere, die Kaiserin, das Pferd bei jedem Sprung durch ein Opernglas genau beobachtete.

Sie sprach eifrig mit ihrer Freundin und Vorleserin Ida von Ferenczy, die etwas von altjüngferlicher Verblühtheit an sich hatte. Die Kaiserin war sichtlich gealtert, aber noch immer von jener überirdischen Schönheit, deren jenseitiges Wesen sie über alle Menschen hinaushob. Sie trug eine wundervolle Taftrobe mit gewaltiger Tournüre aus dem Pariser Hause Worth, die das kosmopolitische Internationale in der Erscheinung der Monarchin besonders zum Ausdruck brachte. Ida von Ferenczy hing mit grenzenloser Hingabe an ihrem Munde.

Elisabeth ließ das Opernglas wieder sinken, die Hufschläge entfernten sich, und sie fuhr fort: „Als mir der Ketterl das alles erzählt hat, bin ich außer mir gewesen. Stellen Sie sich meinen Schrecken nach diesen herrlichen Monaten in Irland vor, wo ich täglich zehn Stunden im Sattel gewesen bin. Ich hab' mir bittere Vorwürfe gemacht, daß ich den Kaiser so alleine lasse. Er muß ja bei seiner Eigenart ein Sonderling werden. Ich kann das nicht verantworten. Was mir der Ketterl von dem Schreibtisch erzählt hat, von dem Schreibtisch, von dem sich der Kaiser nicht trennen kann, war schauerlich. Daß er kaum etwas ißt, bis hundertsechzig Audienzen im Tage gibt..."

Der Bereiter näherte sich wieder der Barriere, die Hufschläge wurden lauter.

„Ah — da schauen Sie, war das ein Sprung! Der Steininger versteht es... der Sitz, wie er das Kreuz hohl nimmt... ja, ich hab’ die ganze Nacht verzweifelt zur Mutter Gottes gebetet. Wie kann ich dem Kaiser helfen? Ich kann nicht hierbleiben. Ich werde in diesen Mauern verrückt. Mein Vetter Ludwig ist schon am Wege dazu — nein, widersprechen Sie nicht, Ida, das steckt drin in uns Wittelsbachern... Endlich erinnere ich mich in meinem verzweifelten Gebet, daß mir der Ketterl erzählt hat, wie der Kaiser jedesmal, wenn er im Burgtheater war und ein Fräulein Schratt gespielt hat...“

Sie blickte wieder durchs Opernglas, der Rappe setzte elegant über das Hindernis.

„Ah — famos!“ rief die Kaiserin begeistert.

Worauf Fräulein von Ferenczy sachlich bemerkte: „Es ist eine Frau Schratt. Sie war mit einem Kis von Itebe verheiratet. Sie ist eine Kaufmannstochter aus Baden, aber eine wirkliche Künstlerin.“

Elisabeth ließ das Glas sinken und fragte interessiert: „Sie haben die Person auf der Bühne gesehen? Was macht sie für einen Eindruck?“

„Eine ausgezeichnete Schauspielerin“, versetzte Fräulein von Ferenczy, „eine Salondame, aber ganz natürlich. Sehr einfach im Ausdruck. Unglaublich echt. In Lustspielen kann sie hinreißend sein.“

Elisabeth zog die Stirn in Falten. „Sie ist offenbar die einzige Frau, die auf den Kaiser Eindruck macht. Und wenn sogar Sie schon alles über sie wissen, tratscht offenbar der ganze Hof davon. Der Ketterl hat recht. Einem Kammerdiener bleibt nichts verborgen. Aber der Kaiser ist als Mann von einer Schüchternheit, die Sie sich nicht vorstellen können. Er wird sie nie kennenlernen, wenn ich das nicht arrangiere. Ach — ich sag’ Ihnen, schüchterne Männer sind ein Verhängnis. Daran ist die Tante Sophie schuld. Und auch daran, daß der Kaiser, dieser anständigste Mann auf der Welt, nie eine Geliebte haben wird. Ich und keine andere... aber er wird mir gemütskrank, wenn das so weitergeht..."

Elisabeth verstummte und blickte vor sich hin. Wieder sprang der Rappe, aber sie griff nicht nach dem Opernglas.

Nach einer Weile sagte sie zu Fräulein von Ferenczy: „Liebe Ida, fahren Sie noch heute zu Angeli. Der quält mich schon seit Jahren, daß ich mich von ihm malen lasse. Er soll morgen bei mir frühstücken... Bitte, sagen Sie dem Steininger, er kann aufhören, ich kaufe Rosebud."

Lachen erfüllte den Frühstückssalon der Kaiserin in der Hofburg. Der große Rokokoraum war durch die grotesken Tapeziererereinfälle der Makart-Zeit empfindlich um seine geschlossene Wirkung gebracht worden. Eine Leda aus Marmor machte sich in einer Ecke mit ihrem Schwan zu schaffen.

Um den in der Mitte des Salons stehenden, großartig gedeckten Speisetisch, der von herrlichen Blumen schimmerte, saßen die Kaiserin, Herr von Angeli und Fräulein von Ferenczy. Elisabeth zerlegte eben eine rohe Feige, von der sie ab und zu ein Stück verzehrte. Sie schien bei herrlichster Laune und meinte zu dem berühmten Porträtisten: „Also, Herr von Angeli, Sie haben mich jetzt so lange angeschaut, daß Sie mein Porträt auswendig malen können müßten."

Herr von Angeli, ein vollendeter Hofmann mit gepflegtem Spitzbart, im Frack mit schwarzer Krawatte, vielen Ordensdekorationen *en miniature,* auf der linken Brustseite einen von Diamanten funkelnden ägyptischen Ordensstern, erwiderte etwas frappiert: „Oh — ein so großer Künstler bin ich leider nicht, Eure Majestät..."

Elisabeth lächelte, meinte dann aber, ernst werdend: „Ich habe Sie nicht wegen meines Porträts hergebeten, Herr von Angeli. Eine alte Frau wie mich zu malen, ist kein Vergnügen..."

Angeli unterbrach sie ärgerlich, ganz gegen den Hofton: „Aber, Eure Majestät..."

Sie fuhr fort: „Nein, nein, nein. Sie wissen doch, daß es sich nicht schickt, einer Monarchin zu widersprechen..."

Angeli ging nicht darauf ein und sagte mit Nachdruck: „Einer Frau von der Schönheit Eurer Majestät gegenüber kann ein Künstler nicht Untertan sein, denn der Zauber der Vollkommenheit steht über aller gesellschaftlichen Konvention." Die Kaiserin lachte erfreut: „Oh, Sie sind ein Schmeichler und ein wunderbarer Schauspieler. Fast möcht' ich Ihrem aufrichtigen Tone glauben... aber ich will, daß Sie Frau Schratt für mich malen."

Angeli war verblüfft: „Die Schratt vom Burgtheater?"

„Ja", erwiderte Elisabeth unbefangen, „in strengstem Vertrauen sag' ich Ihnen, daß sie die einzige Künstlerin ist, deren Spiel dem Kaiser wirklich gefällt. So will ich ihm mit dem Bild eine Freude machen. Wenn Sie fertig sind, schreiben Sie mir, und ich komme mir das Bild anschauen. Gleichzeitig laden Sie Frau Schratt ein, damit ich die Ähnlichkeit vergleichen kann. Aber vorher dürfen Sie ihr nicht sagen, für wen Sie das Bild malen."

Angeli begriff im Moment alles. Mit der gelassensten Miene der Welt antwortete er: „Selbstverständlich, Eure Majestät."

Die Schratt stand in ihrer kleinen Garderobe und drehte Angelis Visitenkarte aufgeregt in der Hand. Sie war eine frische, blonde Erscheinung von gemäßigter Fülle, wie man sie in jener Zeit liebte, und trug ein reich mit Gold besticktes Renaissancekostüm, in dem sie eben auf der Bühne gestanden. Ein großer, altväterlicher Garderobenspiegel gab ihre stattliche Erscheinung wieder, auf ihren klaren, schlichten Zügen stand größtes Erstaunen.

In ungläubigem Ton fragte sie die Garderobiere, die ihr Angelis Visitenkarte überreicht hatte: „Wirklich vom Angeli? Von dem berühmten Angeli? Was kann denn der nur

wollen, Frau Nanni? Am End' will er mich malen... aber
so eine Schönheit bin ich ja gar nicht..."

Sie trat vor den Spiegel, nestelte an ihrer Frisur und
überpuderte leicht die Schminke. „Soll ich mich erst abschminken? Mich umziehen? Aber so lang kann ich ihn
nicht warten lassen. Das ist ein zu großer Herr, der Herr
von Angeli, der malt nur Königinnen und Prinzessinnen...
ach was, ich lasse bitten, Frau Nanni."

Die Frau Nanni verschwand, die Tür öffnete sich, und
Angeli trat in einem wundervoll geschnittenen Gehrock, den
Zylinder in der Hand, ein. In seinem dunklen Plastron
schimmerte eine große Perle. Er lächelte das unwiderstehl-
liche Lächeln der damaligen Salonlöwen und beugte sich
mit großer Eleganz und Selbstverständlichkeit über die Hand
der Schauspielerin, die ihn mit dem natürlichen, reizenden
Lächeln einer neugierigen Wiener Dame anlächelte: „Ist das
eine Überraschung, Herr von Angeli. Ich hab' mir schon
lange gewünscht, Sie kennenzulernen. Ihr Porträt der Baronin Königswarter im Künstlerhaus ist so prachtvoll...
aber bitte, nehmen Sie doch Platz."

Angeli setzte sich mit der Eleganz eines Helden von
Maupassant nieder, er wußte, daß sein dunkles, kühnes Profil auf Frauen wirkte, so wendete er der Schratt den Kopf
so zu, daß sie stets sein Profil vor sich hatte. Indem er
sich den linken Glacéhandschuh aufknöpfte, sagte er: „Sie
beschämen mich, gnädige Frau. Aber ich bin tatsächlich
wegen des Malens gekommen. Ich bitte Sie, mir zu sitzen.
Ich habe Sie an Ihren letzten drei Abenden beobachtet und
— ich muß Sie malen. Manchmal kommt es plötzlich über
einen Maler. Er sieht jemanden und weiß momentan, daß
es ein Zwang ist. Ein innerer, malerischer Zwang. Und
deshalb bitte ich Sie, gnädige Frau, mir zu sitzen."

Die Schratt errötete bei diesen Worten vor Stolz. Sie
strahlte über das ganze Gesicht. Das war eine Huldigung
ohnegleichen, wie man sie nur damals einer Frau darbringen
konnte. Sie lächelte kokett: „Es ist reizend, daß Sie mir das

sagen. Ich bin ganz offen. Noch nie ist mir im Leben ein derartiges Kompliment gemacht worden. Wann wollen Sie mit den Sitzungen anfangen?"

Herr von Angeli ging im Frack mit allen großen Dekorationen durch sein Salonatelier und sah nach, ob alles in Ordnung war. Er rückte einen Sessel der Louis-XV.-Sitzgarnitur zurecht. Vor einer herrlichen Renaissancetruhe lag ein riesiges Eisbärenfell, über das Podium war ein farbenglühender Bucharateppich gebreitet. Es duftete nach Leinöl und Terpentin vom Maltisch, auf dem eine riesige Palette schimmerte. Auf der Staffelei stand das fertige, in der Tat wunderbar gemalte Bildnis Katharina Schratts, vor der der livrierte Diener eben die Tür öffnete.

Sie trug eine entzückende perlgraue Frühjahrstoilette. Angeli beugte sich über ihre Hand: „Küß' die Hand, gnädige Frau", lachte er, „in diesem Kleid sehen Sie bezaubernd aus. Man möchte Sie immer wieder malen."

Die Schratt lächelte, streifte die Handschuhe ab, dann stutzte sie: „Ja, wieso denn, Herr von Angeli, im Frack? Am hellichten Tag?"

Der Maler hatte unterdessen Palette und Malstock in die Linke genommen: „Sie werden alles gleich erfahren, gnädige Frau. Aber, bitte, posieren Sie noch einmal. Noch einmal ein Überblick. Wie gefällt Ihnen das Bild? Jetzt können Sie es sehen, es ist so gut wie fertig."

Katharina Schratt hatte sich auf das Podium gesetzt, von dem aus sie mit offensichtlicher Bewunderung ihr Porträt betrachtete. Angeli verglich noch einmal Gesamtwirkung und Detail mit der Wirklichkeit. Plötzlich sagte die Schauspielerin hingerissen: „Ich finde das Bild wundervoll; nachdem ich es endlich sehen durfte, bin ich so begeistert, daß mir die Worte fehlen... aber spannen Sie mich nicht länger auf die Folter. Was bedeutet der Frack und wo kommt das Bild jetzt hin?"

Angeli, die Palette und den Malstock weglegend: „Oh —

an einen erhabenen Ort: in das Arbeitszimmer Seiner Majestät!"

Frau Schratt erstarrte, dann sagte sie im Ton tiefster Enttäuschung: „Also es war nicht wahr, daß Sie mich malen wollten, weil ich Ihnen gefiel? Oh — ein Auftrag..."

Angeli half ihr, tödlich verlegen, vom Podium herab und führte sie zur Sitzgarnitur. Katharina Schratt weinte vor Enttäuschung.

„Um Gottes willen", beteuerte Angeli, „gnädige Frau, Sie sehen das ganz falsch. Erlauben Sie mir, daß ich Ihnen einmal ungeschminkt die Wahrheit sage. Ich bin heute der erste Porträtmaler Europas. Ich habe es abgelehnt, Herzoginnen und Millionärinnen zu malen, wenn sie mich nicht interessierten. Ich hätte auch den Auftrag Ihrer Majestät, Sie zu malen, abgelehnt, wenn Sie mich nicht seit langem gefesselt hätten. Ihr Teint ist malerisch eine der reizvollsten Aufgaben... und da dieses Bild eine Überraschung für den Kaiser sein soll, der nie im Burgtheater fehlt, wenn Sie spielen, habe ich das Angenehme mit dem Nützlichen verbunden."

Die Schratt trocknete ihre Tränen, Überraschung und Ärger stritten in ihr.

„Ich glaube Ihnen kein Wort, Herr von Angeli", stieß sie hervor. „Ich bin ein gerader Mensch und kann Winkelzüge nicht ausstehen. Daß der Kaiser meinetwegen ins Burgtheater kommt, ist eine Erfindung von Ihnen..."

Angeli war außer sich: „Gnädige Frau", versicherte er, „ich beschwöre Sie, Sie tun mir unrecht..., aber Ihre Majestäten können jeden Moment hier sein. Sie haben den Wunsch geäußert, das fertige Bild zu sehen."

Die Schratt erschrak, wurde rot und stotterte: „Um Gottes willen, was soll ich tun? Ich bin ja gar nicht passend toilettiert, so kann ich mich doch nicht zeigen."

Eine Pendule schlug. Der Diener trat ein und meldete aufgeregt: „Herr Professor, Ihre Majestäten fahren eben vor!"

Nervös wendete sich Angeli an die Schratt: „Bitte rasch in den Teesalon, ich muß hinunter."

Und fort war er, während der Lakai die Schauspielerin ins Nebenzimmer führte.

Einen Augenblick blieb das Atelier leer, dann hörte man sich nähernde Stimmen, die Tür rechter Hand ging auf, die Kaiserin trat, vom Kaiser gefolgt, über die Schwelle. Angeli erschien hinter ihnen.

Das Kaiserpaar blieb bewundernd vor dem Porträt stehen. Die Kaiserin war sichtlich ergriffen, sie sagte offen: „Sprechend ähnlich, Sie haben sich selbst übertroffen, Herr von Angeli." Der Kaiser fügte hinzu: „Sie sind ein Meister", und drückte dem tief sich verneigenden Künstler die Hand.

Franz Joseph trat näher an das Bild heran und betrachtete es lange. Ein Blick der Kaiserin streifte ihn, als er meinte: „Es ist eines der schönsten Porträts, das mir je untergekommen ist. Leider kann ich die Ähnlichkeit nicht gut beurteilen, weil ich Frau Schratt immer nur auf der Bühne und geschminkt gesehen habe."

Angeli begriff im Nu das Spiel der Kaiserin und sagte beiläufig: „Ich habe eben letzte Hand an das Bild gelegt, Frau Schratt ist noch hier."

Die Kaiserin sah Angeli eigentümlich an. „Aber warum berauben Sie uns ihrer Gesellschaft?"

Über Franz Josephs Züge flog ein Lächeln. Angeli verbeugte sich abermals tief, öffnete die Tür zum Teesalon und bat: „Gnädige Frau, Ihre Majestäten möchten Sie sehen."

Die Schratt trat mit der selbstsicheren Grazie der großen Schauspielerin ein. Sie benahm sich, als sei ihr der Umgang mit Majestäten eine Alltäglichkeit, versank vor dem Kaiser in tiefem Hofknicks, küßte ihm die Hand, wiederholte dasselbe mit der Kaiserin, worauf Franz Joseph mit einer kavaliersmäßigen Handbewegung zu Elisabeth die Unterhaltung begann: „Die Kaiserin hat mir mit diesem Porträt eine große Freude gemacht, denn ich bin einer Ihrer frühesten Bewunderer, gnädige Frau. Ich habe keine Ihrer Rollen verfehlt, seit Sie am Burgtheater sind."

Elisabeth fiel ein: „Nun kannst du die Ähnlichkeit beurteilen, ich finde sie frappant."

Sie wandte sich an die Schratt: „Ich freue mich aufrichtig, Ihre Bekanntschaft zu machen, Frau Schratt. Seit mir der Kaiser von Ihnen erzählt hat, habe ich Sie dreimal spielen gesehen. Ihr natürliches, so selbstverständliches Spiel ist eine wahre Wohltat."

Die Schauspielerin knickste errötend: „Eure Majestät machen mich glücklich..."

Der Kaiser: „Ich bin ganz derselben Meinung wie die Kaiserin, ich bin stolz darauf, daß Sie am Burgtheater sind."

Die Schratt blickte dem Monarchen mit einem fröhlichen Lächeln ins Gesicht: „Ich hätt' nie gedacht, daß Eure Majestät bei so viel Arbeit am Abend noch Lust aufs Theater haben. Daß Eure Majestät sich noch an unsere Leistungen erinnern, das macht mich stolz, aber auch alle Kollegen, wenn ich davon zu ihnen sprechen darf. Majestät wissen doch, daß wir Schauspieler nur fürs Publikum leben. Ich hab' noch jeden Abend Lampenfieber."

Der Kaiser sah sie erstaunt an: „Das ist aber interessant, gnädige Frau. Natürlich können Sie Ihren Kollegen von meinen Worten Mitteilung machen. Aber wollen wir uns nicht ein bißchen setzen?"

Sie nahmen auf der Sitzgarnitur Platz, wobei die Kaiserin Frau Schratt fragte: „Sie müssen entschuldigen, Frau Schratt, aber Sie werden meine Neugier als Frau verstehen. Woher haben Sie diese entzückende Frühjahrsrobe?"

„Von der Maison Spitzer, Eure Majestät."

„Das hab' ich mir gedacht", erwiderte Elisabeth. „Die Spitzer näht unvergleichlich. Die Herren werden solch weibliche Neugier entschuldigen."

„Wie geht es Ihrem Kleinen, gnädige Frau?" fiel der Kaiser ein. „Nun können Sie doch bald aufs Land mit ihm."

Die Schratt wurde von der Kaiserin unauffällig, aber aufmerksam beobachtet. Sie spürte es, erwiderte aber, ohne sich's merken zu lassen: „Zu gütig, Eure Majestät. Gott sei

Dank geht es dem Buben gut. Im Dezember hat er Mumps gehabt. Sowie die Ferien anfangen, schick' ich ihn aufs Land." Der Kaiser lauschte interessiert, dann stand er auf, alle erhoben sich.

„Wie schade, daß ich gehen muß, aber der Kriegsminister kommt um vier Uhr zu mir. Wohin werden Sie denn im Sommer fahren, gnädige Frau?"

Worauf die Schratt mit der Selbstverständlichkeit einer alten Bekannten antwortete: „Mein Arzt besteht darauf, daß ich auf drei Wochen nach Karlsbad geh', aber im August bin ich am Wolfgangsee und dann beginnen meine wirklichen Ferien."

Der Kaiser, noch einmal vor das Bild tretend, brachte mit sichtlicher Anstrengung hervor: „Haben Sie schon eine Sommerwohnung?"

„Ja", erwiderte die Schratt, „ich hab' die Villa Frauenstein gemietet. Ein entzückendes Haus, ganz im Schweizer Stil."

Der Kaiser hustete leicht vor Aufregung, dann stieß er die Worte heraus: „Ja, da werd' ich Sie von Ischl aus besuchen."

Die Schratt, in Nachtkorsett und seidenem Unterrock, packte mit ihrer Garderobiere Nanni in Frauenstein die sechs Koffer aus. Der Bub schlief in seinem Zimmer. Es war schon finster, und eine große Petroleumhängelampe ließ ihren rötlichen Schimmer auf zwei Reisekoffer, lederne Handtaschen, einen Reisekorb und einen gestickten Biedermeier-Reisesack fallen. Die beiden Frauen packten schweigend Roben und Mäntel aus und hängten sie in zwei große altdeutsche Schränke. Dann nahm Nanni Wäschestücke aus dem Reisekorb und trug sie ins Nebenzimmer. Die Schratt zählte mit und machte jedesmal im Wäschebüchel ein Kreuz.

„Zwölf Leintücher müssen's sein, Nanni, und vierzehn Polsterziechen..., mein Gott, Sie haben die Hälfte in Wien liegenlassen..."

Nanni zuckte hilflos die Achseln. Frau Schratt zählte

einen neuen Stoß: „Und statt zwölf Nachtkorsetts sind es nur elf... ah — ich hab' ja eines an."

Durch die Stille der Nacht kam das heisere Gebimmel der Gartentürglocke. Die beiden Frauen erschraken.

„Heilige Mutter Gottes", kam es von den Lippen der Schratt. „Was ist denn das? Wer läut' denn so spät? Das wird ja das Kind aufwecken. Geh'n S' schauen, Nanni. Aber nicht aufmachen. Zünden S' eine Kerze an!"

Nanni zündete mit zitternden Fingern eine Kerze an, wobei sie murrte: „Na so was, na so was! Ma' is' ja seines Lebens nicht mehr sicher!"

Sie verschwand, die Flamme mit der Hand vor dem Verlöschen schützend. Man hörte ihre Schritte im Garten und dann die grobe, laut hervorgestoßene Frage: „Ja, was fällt denn Ihnen ein, mitten in der Nacht..."

Jäh verstummte die Stimme.

Frau Schratt, die am Fenster stand, versuchte vergeblich, etwas wahrzunehmen. Sie hörte nur, wie die Gartentür aufgesperrt wurde. Schritte über den Kies des Gartenweges knirschten. Schnell schlüpfte sie in einen schwarzen Spitzenschlafrock, der über einer Sessellehne hing. In diesem Augenblick ging die Tür auf und Leibkammerdiener Ketterl in Steirertracht, mit Lederhosen und nackten Knien, trat mit tiefer Verbeugung ein. Nanni folgte ihm. Ihre Hände zitterten so heftig, daß die Kerze, die sie trug, tropfte.

Ketterl sagte mit gedämpfter Stimme: „Verzeihen, gnädige Frau, daß ich zu so später Nachtstunde störe. Ich bin Leibkammerdiener Ketterl Seiner Majestät. Seine Majestät haben erst diesen Abend erfahren, daß gnädige Frau angekommen sind, und lassen fragen, ob Seine Majestät morgen zum Frühstück erscheinen dürfen."

Die Schratt, die nun ganz die Fassung verlor, starrte zuerst Ketterl entgeistert an, dann brachte sie mühselig hervor: „Selbstverständlich. Ich lass' tausendmal für die große Freud' und hohe Ehr' danken. Wann darf ich Seine Majestät erwarten?"

Ketterl stand in höflich vorgeneigter Haltung und erwiderte: „Seine Majestät sind gewöhnt, um sieben Uhr das Frühstück einzunehmen, und lieben einen Milchkaffee mehr licht mit zwei Stückchen Zucker sowie zwei mit Butter bestrichene frische Kipferl und etwas Schinken. Ich werde ausrichten, daß gnädige Frau Seine Majestät erwarten. Ich bitte um die Erlaubnis, mich zurückziehen zu dürfen. Gnädige Frau müssen von der Reise fatiguiert sein."

Er verbeugte sich mit der Würde eines Hofrats und ging rückwärtsschreitend zur Tür hinaus. Er hörte nicht mehr, wie Frau Schratt aufschluchzend zusammenbrach.

Nanni starrte sie verblüfft an.

„Nein, die Schand, die Schand", jammerte die Schratt. „Die überleb' ich nicht... ich hab' ja nichts im Haus. Ich hab' mit dem Buben und Ihnen im Kaffeehaus frühstücken wollen... was soll ich dem Kaiser vorsetzen? Das überleb' ich nicht... ich hab' ja nichts im Haus."

Nanni verkündete resolut: „Ich weck' die Hausmeisterin, die Frau Thürriedel, und ihren Mann, der is' bei der Gendarmerie..."

Fort war sie. Die Schratt begann die Tränen zu trocknen. Noch war sie damit nicht fertig, als sie schlürfende Schritte sich nähern hörte und Frau Nanni die verschlafene Frau Thürriedel hereinführte. Sich die Uniformbluse zuknöpfend, folgte Wachtmeister Thürriedel.

Kaum wurde Kathi Schratt seiner ansichtig, als sie laut zu lamentieren begann: „Um Gottes willen, Herr Wachtmeister, Sie müssen mir helfen! Seine Majestät der Kaiser kommt morgen um sieben zum Frühstück, und ich hab' nichts im Haus. Und heut' is' Samstag abend, alles zu..."

Wachtmeister Thürriedel war bei den Worten „Seine Majestät" zusammengezuckt und hatte Habachtstellung angenommen. Er war gleich im Bilde. „Verzeihen, gnädige Frau, meine Adjustierung. Aber, bitte, nicht aufregen. Das alles ist dienstlich. Gleich zieh' ich mich an, nehm' Bajonett auf, weck' den Kramer, lass' den Koflerbauern die Küh' melken und buttern, den Bäcker backen... soll die Frau Nanni mich gleich mit dem großen Korb begleiten."

Die Schratt lachte vor Glück über das ganze Gesicht.

Ein herrlicher Sommermorgen sah ins Zimmer herein. Draußen sangen die Vögel aus voller Kehle. Der Tisch war mit schönem altem Geschirr besetzt, ein Gugelhupf, Kipfel und ein herrlicher gelber Butterstriezel, frischer Schinken leuchteten neben einem großen Strauß taufrischer Wiesenblumen. Die Schratt, in ein entzückendes lavendelblaues Dirndl von altväterischem Schnitt gekleidet, musterte den Tisch. An ihrem Hals, an ihren Ohren glänzte schöner Bauernschmuck.

Man hörte das Vorfahren eines Wagens, und Frau Nanni, die ans Fenster gestürzt war, schrie auf: „Heilige Mutter Gottes, der Kaiser, der Kaiser, und die gnä Frau is no net unt'."

Die Schratt fuhr empor, aber schon näherten sich rasche Schritte und der Kaiser trat strahlenden Gesichts herein. Er trug die dunkelblaue Bluse eines Obersten der Kaiserinfanterie, hielt in der Linken einen Spazierstock und die Kappe.

Frau Schratt versank in einem tiefen Hofknicks, er küßte ihre Hand mit einem heiteren, glücklichen Lachen: „Schrecklich früh komm' ich, aber ich hab' mich so auf Sie gefreut."

Es war fünf Uhr morgens. Der herbstliche Himmel zeigte kein Wölkchen. Der zierliche Bau der Schönbrunner Gloriette zeichnete sich in seiner ganzen Schönheit von dem Himmel, der wie blaue Seide war, ab. Die Säulen, Trophäen und Architrave spiegelten sich im Wasserspiegel des Teiches, an dessen Ufer der Kaiser in der Generalsbluse, auf den Spazierstock gestützt, stand und rauchte. Er sah mit nachdenklichem Ausdruck auf einen Parkweg, als plötzlich ein Lächeln über seine Züge flog. Er warf die Virginia ins Wasser und ging Frau Schratt entgegen, die sich durch die vom Tiroler Garten heraufführende Allee näherte.

Auch Frau Schratt lächelte fröhlich, als sie Franz Joseph erblickte; sie begann schneller zu gehen, der Kaiser ebenfalls, und als sie vor ihm den Hofknicks machte, salutierte er.

„Guten Morgen, gnädige Frau", seine Stimme kam voll und klar. „Wie geht es Ihrem Kleinen? Es ist sehr rücksichtslos von mir, Sie so früh zu belästigen, aber ich hätte sonst noch einen Tag länger auf unser Wiedersehen warten müssen. Heute hab' ich den ganzen Tag Ministerempfänge. Und es sind schon volle vierzehn Tage, daß wir in Frauenstein Abschied genommen haben."

Katharina Schratt wurde vor Stolz rot im Gesicht. „Wie können Majestät so was sagen", brach sie aus. „Tausend Dank, dem Buben geht es gut. Der Morgen ist doch die schönste Zeit am Tag. Man verschläft ohnehin das halbe Leben. Majestät sehen magnifique erholt aus. Ich freu' mich darüber von ganzem Herzen."

Der Kaiser, fast beschämt: „Gnädige Frau sind zu lieb, daß Sie so alles an mir bemerken. Sie können sich nicht vorstellen, wie mir das wohltut. Ist es Ihnen recht, wenn wir ein bißchen um die Gloriette herumspazieren?"

So begannen sie gemächlich durch die Morgenstille dahinzuschreiten, kamen ins Plaudern, vom Hundertsten ins Tausendste, und der Kaiser lachte mehrmals hell auf. Sie umkreisten die Gloriette, gingen an den steinernen Waffentrophäen vorbei, stiegen langsam die Treppe empor und traten in die Wandelhalle ein. Der Kaiser, eifrig im Gespräch, streifte endlich ihre persönlichen Angelegenheiten: „Natürlich habe ich schon vorgestern Ihretwegen mit dem Baron Bezeczny gesprochen. Ob es was nützt, weiß ich nicht, aber er ist Ihnen wohlgesinnt und scheint Sie fördern zu wollen. Er beklagte sich sehr über den harten Kopf und die Stützigkeit des Direktors. Aber das bleibt, bitte, unter uns."

„Majestät können mir vertrauen. Ich bin verschwiegen wie ein Grab."

Der Kaiser geriet in Verlegenheit, verbeugte sich im Gehen leicht und fuhr fort: „Verzeihen Sie, ich müßte Sie doch schon kennen und wissen, daß diese Bemerkung überflüssig war. Ja, der Baron hat gemeint, daß in einigen Stücken, die wir von dem abgebrannten Stadttheater übernehmen, für Sie geeignete große Rollen sein werden. Hoffentlich hat meine Intervention Erfolg..., aber ich kann nicht so auftreten, wie ich möchte, ich würde Sie sonst ins Gerede bringen. Ja — wissen Sie, das Burgtheater ist in erster Linie für das Publikum da. Ich bin nicht der Herzog von Meiningen und verstehe zu wenig vom Theater. Ich kann dem Direktor nicht kommandieren lassen. Das hat mein Urgroßonkel, der Kaiser Joseph, schon so eingeführt, als er das Burgtheater gegründet hat. Eigentlich ist es eine Schauspielerrepublik..."

An einem kühlen, bewölkten Herbstmorgen trat der Kaiser aus dem Schönbrunner Schloß ins Freie. Er war im schwarzen Generalsmantel, hatte den Spazierstock in der Hand und blickte prüfend zum Himmel empor, bevor er durch den Kammergarten ging. Er rauchte eine Virginia. Beim Springbrunnen blieb er stehen und inspizierte die darin schwimmenden Goldfische. Der Park war noch ganz menschenleer. Er begann die Allee hinunterzuspazieren, die nach Hietzing führte.

Unterdessen lehnten zwei stämmige Herren in dunklen Überziehern und steifen Hüten am Beginn der Gloriettegasse an einem Vorgartengitter und gähnten laut in die Morgenstille. Endlich bog ein Semmelausträger mit einer Butte Kipfeln am Rücken um die Ecke. Der größere der beiden Herren ging ihm entgegen, knöpfte den Paletot auf, zeigte ihm den Kriminalbeamtenadler und sagte: „Im Namen des Gesetzes dürfen Sie nicht durch die Gloriettegasse gehen."

Der Semmelausträger, ein hagerer, sommersprossiger Bursche in mehlbestaubten Leinwandkleidern und Holzschlapfen an den Füßen, fragte ärgerlich: „Ja, warum denn net! I muaß do meine Semmeln austrag'n."

Worauf ihn der Herr böse ansah und lakonisch sagte: „Halt die Pappen, Rotzbua, sunst führ' i di ein."

Zur selben Zeit trat der Kaiser einige hundert Schritte von dieser Szene entfernt aus der kleinen Tür in der Schönbrunner Gartenmauer, versperrte sie hinter sich und ging über die stille Straße auf das Gartentor der Gloriettegasse Nr. 9 zu, wo er nach dem Glockenzug griff. Aber schon öffnete sich das Tor, Frau Schratt stand in einer jettglitzernden Mantille dahinter und knickste. Der Kaiser salutierte in freudiger Überraschung.

„Küß die Hand, gnädige Frau! Sie sollten nicht persönlich herunterkommen, es ist schon kühl."

„Oh, mir macht ein frischer Herbstmorgen gar nichts", erwiderte die Schratt.

Sie gingen ins Haus, wobei der Kaiser Frau Schratt den Vortritt ließ. Ein Stubenmädchen nahm ihm knicksend den Mantel ab, und alsbald saßen sie an einem großartig gedeckten Frühstückstisch. Der Kaiser rieb sich vergnügt die Hände, als er das Ganze sah. Frau Schratt strich ihm die Butterkipfel, nachdem sie ihm den Kaffee eingeschenkt hatte, den er mit größtem Behagen trank. Sie erzählte ihm, was sie in der vergangenen Nacht auf einer Soiree bei Generaldirektor Taussig von den Bemühungen der ungarischen Magnaten erfahren hatte. „Die Ungarn sind schließlich sehr gut aufgelegt von ihm weggegangen. Nach vielem Sträuben hat der Generaldirektor ihnen doch zwei Millionen auf die Schafschur vorgestreckt. Das neue Blatt soll viel Geld brauchen. Es hat nicht genug Leser, und der Baltazzi hat sein Geld von ihnen zurückverlangt. Er hat lange darauf warten müssen..."

Der Kaiser, dessen Gesicht einen ironischen Ausdruck angenommen hatte: „Der Generaldirektor könnte gescheiter sein. Ich glaube nicht, daß sich seine Aktionäre darüber freuen werden. Diese Ungarn sind eine unsolide Gesellschaft. Der Baltazzi kann froh sein. Übrigens benimmt sich seine Schwester, die Baronin Vecsera, skandalös... hinter den

Ungarn steckt der verkommene Prinz Grassalkowitsch...
Wunderbar ist der Kaffee, gnädige Frau", fuhr der Kaiser
fort, „bitte noch ein Schalerl... ich habe einen Polizeirap-
port über den Grassalkowitsch gelesen..., ich kann einer
Dame wie Ihnen nicht einmal andeuten, was drinnen gestanden hat. Und gerade mit dem Menschen liiert sich mein
Sohn immer mehr... was er mir doch für Sorgen macht...,
gebe Gott, daß Sie mit dem Toni nie so etwas erleben..."
Franz Josephs Gesicht sah plötzlich müde und verfallen
aus. Die Schratt blickte ihn bestürzt an.

Der alte Hofrat Ritter von Nawratil saß Katharina Schratt
im Salon gegenüber. Eine mächtige Topfpalme beugte sich
über ihn, schwere Plüschvorhänge an den Fenstern ver-
bargen das draußen wütende Schneegestöber. Ritter von
Nawratil war glattrasiert, hatte schönes weißes Haar und
trug sich wie der Fürst Metternich, unter dem er zu dienen
begonnen.

„Ich danke vielmals, gnädige Frau", lispelte er höflich.
„Ich werde Ihrer Majestät melden, daß gnädige Frau um
elf bei Fräulein von Ferenczy sein werden. Ihre Majestät
wird sich freuen, daß sie Sie noch vor der allerhöchsten
Abreise nach Budapest sehen kann."

Er küßte mit edlem, etwas altväterischem Anstand Frau
Schratt die Hand, während sie sagte: „Vielen Dank, Herr
Hofrat, daß Sie sich persönlich bemüht haben."

So trat denn die Schratt pünktlich um elf bei Fräulein
von Ferenczy ein. Sie flogen einander unter Küssen in die
Arme und plauderten eifrig. Da sah die Schratt auf dem
wuchtigen altdeutschen Tisch einen Tischläufer liegen, an
dem Fräulein von Ferenczy gestickt hatte. Mit einem Ausruf der Bewunderung beugte sie sich darüber, was Fräulein
von Ferenczy sehr schmeichelte.

„Sehen Sie, gnädige Frau", begann sie, „ich arbeite nur
mit dem alten ungarischen Herzogsstich. Die Ecken muß
man sauber ausnähen und den Faden dreimal durchziehen..."

Plötzlich öffnete sich die Mitteltür, die Kaiserin trat ein. Ihre weit aufgerissenen Augen verliehen ihr den Eindruck einer Wahnsinnigen. Die beiden Frauen eilten ihr entgegen.

Plötzlich umarmte Elisabeth Frau Schratt, drückte sie krampfhaft an sich und begann zu schluchzen. Dabei stieß sie abgebrochen hervor: „Der Rudolf ist tot. Er hat sich erschossen. In Mayerling... wie soll ich das dem Kaiser sagen?"

Katharina Schratt, blaß bis an die Lippen, streichelte die verzweifelte Kaiserin. Fräulein von Ferenczy bekreuzigte sich, kniete auf den Betschemel vor dem Muttergottesbild in der Ecke nieder und begann zu beten.

In diesem Augenblick betrat der Kaiser das Zimmer und sagte lachend: „Ich hab' vorhin Ihren Fiaker durch den Burghof fahren sehen... ja, was ist denn los? Sisi, was hast du denn?"

Die Kaiserin klammerte sich bei diesen Worten noch mehr an die Schratt, die mit dem Ausdruck der großen Tragödin über den Kopf der schluchzenden Kaiserin hinweg dem herantretenden Franz Joseph ins Gesicht sah und sagte: „Der Kronprinz ist schwer erkrankt."

Das Gesicht des Kaisers überzog tödliche Blässe, es wurde wie eine Maske, seine Stimme war kalt und gläsern, als er fragte: „Er ist tot?"

„Ja", sagte die Schratt, während die Kaiserin wild aufschluchzte, „ja, er ist tot, er hat sich erschossen."

Franz Josephs Züge blieben völlig ruhig. Seine blauen Augen blickten ins Weite, dann schlossen sie sich. Der Ausdruck tiefen, geradezu physischen Schmerzes trat auf seine Züge. Aus den geschlossenen Augen rannen Tränen, er preßte die Lippen krampfhaft zusammen.

Im kleinen Glassalon der Jaroschauer Bierhalle war Anarchistenversammlung. Ungefähr drei Dutzend Arbeiter in Sonntagsanzügen saßen an ungedeckten Tischen. Ein Kellner in speckigem Frack, ebenfalls ein Anarchist, stand an der Glastür, die in den Garten führte. Von Zeit zu Zeit verschwand er, um mit einigen neuen Krügeln Abzug wieder zu erscheinen. Es war Nacht, und das Licht der Gasschmetterlingsbrenner konnte die mit Tabakrauch erfüllte Luft des Glassalons kaum durchdringen. Die ganze Szene blieb deshalb in ein geheimnisvolles Zwielicht getaucht, in dem die Streichhölzer, mit denen die Zigarren jeweils angezündet wurden, die Gesichter unheimlich beleuchteten.

Ein paar Frauen in Kopftüchern saßen zwischen den Männern. An einem großen, runden, farbig gedeckten Tisch an der Stirnseite des Saales bemerkte man eine Frau mit einem Kapotthut, die auffallend elegant, wenn auch billig gekleidet war. Es war die Schmierenschauspielerin Paula Wondrak, die der Schratt zum Verwechseln ähnlich sah. Sie war die Geliebte des neben ihr sitzenden Mannes, des Photographen Peter Mihajlowitsch, des Führers der Wiener Anarchisten. Er sah etwas fremdländisch aus, hatte einen schwarzen Schnurrbart und eine ebensolche Fliege unter der Unterlippe.

Alle sangen aus vollem Halse:

> Reißt die Konkubine aus des
> Fürsten Bett,
> Schmiert die Guillotine mit des
> Fürsten Fett.

Wieder erschien der Kellner mit vier Krügeln in der Rechten und rief mit hoher, aufgeregter Stimme: „Aufhören mit dem Singen! Man kann draußen jedes Wort verstehen."

Das Lied brach jäh ab.

Mihajlowitsch trank sein Bier aus, setzte das Glas ab, und mit einem flammenden Blick auf Paula sagte er zu den beiden andern am Tisch sitzenden Anarchisten: „Wißt ihr, daß jetzt die Burgschauspielerin Schratt die Konkubine des Prohaska ist?"

Paula fuhr erstaunt auf: „Die Schratt? Wirklich die

Schratt? Was für eine Schmach, so eine große Künstlerin!"
Der jüngere der beiden am Tisch sitzenden Genossen
meinte geringschätzig: „A was, ane wie die andere, a
Schlampen wie der andere. Wann's amol so weit is, renn i
ihr selber das Messer eini!"
Mihajlowitsch begütigte: „Es wird nicht mehr lange
dauern!" Er schlug mit einer Gabel an das vor ihm stehende
Bierglas, stieg auf einen Sessel, nahm eine heroische Pose an,
zupfte an seiner roten Künstlerkrawatte, hustete, schneuzte
sich laut und begann: „Genossen und Genossinnen! Jetzt,
wo der bezahlte Lakai der Aristokraten und Blutsauger, der
Dr. Victor Adler, die Arbeiterklasse feige verraten hat, wo
er in Hainfeld die verblendeten Arbeiter zu kompletten Skla-
ven des Kapitals gemacht hat, indem er sie in die Fänge
seiner Sozialdemokratie getrieben hat, sind wir die einzigen,
die in Österreich den Klassenkampf wirklich führen, wir,
die Anarchisten..."
Die Zuhörer klatschten in die Hände und riefen: „Hoch
der Anarchismus! Nieder mit dem Adler, pfui, pfui, pfui..."
Mihajlowitsch fuhr nach einer Kunstpause fort: „Die Be-
freiung der Arbeiterklasse kann nur die Sache der wirklichen Arbeiter sein, nie die Sache der studierten Herren.
Die einzigen klassenbewußten Arbeiter sind heute nur wir
Anarchisten. Adlers scheußlicher Arbeiterverrat zeigt uns,
wohin wir unseren nächsten Kampf zu richten haben. Gegen Adler und seine erbärmliche Sozialdemokratie. Der Hund
packelt mit der Regierung. Wir müssen das unmöglich
machen. Auf zur Propaganda der Tat! Jeden Tag müssen
die Bomben krachen, wenn der Prohaska von Schönbrunn
in die Hofburg fährt. Wo ihr nachts einen Wachmann allein
trefft, brennt ihn von hinten nieder. Rennt ihm das Messer
in die Därme. Und merkt euch, die Bourgeoisie muß glauben, daß es die Sozialdemokraten gemacht haben. Versteht ihr?"
Alle klatschten wie rasend.
„Eine Welle von Schrecken und Blut muß über Wien

aufsteigen. Die Polizei soll die Sozialdemokraten in den Kerker werfen, soll sie im Arrest zu Krüppeln schlagen, auf den Tod martern, bis das selbst diesen Trotteln zu viel wird und sie auf die Barrikaden gehen..."

Paulas Augen hingen an seinem Munde. „Anarchisten Wiens! Genossen und Genossinnen! Ich beantrage die Wahl eines dreigliedrigen Exekutivkomitees mit unbegrenzten Vollmachten zur Durchführung der Propaganda der Tat. Ich bitte um eure Vorschläge!"

Donnernder Applaus folgte, in den sich laute Rufe mischten wie: „Mihajlowitsch! Mihajlowitsch! Die Paula, die Paula! Der Prschybil!"

Mihajlowitsch blickte stolz um sich. Die Wondrak errötete bei Nennung ihres Namens und warf ihm eine Kußhand zu. Er lauschte eine Weile dem Stimmengewirr, dann rief er: „Genossen! Ihr wählt also mich, den Genossen Prschybil und die Genossin Paula ins Exekutivkomitee mit diktatorischen Vollmachten..., wollt ihr das?"

Wüstes Getrampel, Händeklatschen und Biergläsergeklirr mischten sich in die Rufe: „Ja, ja, wir wählen euch!" Worauf Mihajlowitsch mit Donnerstimme verkündete: „Also einstimmig angenommen!"

Plötzlich begannen einige die Internationale zu singen, schließlich alle:

> Völker, höret die Signale,
> auf zum letzten Gefecht...

Der Kellner rang die Hände und schrie in höchstem Diskant: „Aufhören! Aufhören! I verlier ja mein Posten!"

Vorgestern in den Abendstunden und in der Nacht wurden in sämtlichen Bezirken Wiens, so auch in den Vororten, revolutionäre Flugschriften ausgestreut mit dem Titel „Manifest der sozial-revolutionären Arbeiterpartei Österreichs". Sämtliche dienstfreien Sicherheitswachen waren von Samstag zu Sonntag Nachts zum Dienst herangezogen; dieselben mußten in Civilkleidern nach den Ausstreuern dieser Flugschriften fahnden; dennoch gelang es nicht, ihrer habhaft zu werden.

Die in den letzten Tagen stattgehabten Ereignisse haben die Polizeidirektion bestimmt, sämtliche an der Grenze des Polizeirayons gelegene Wachstuben mit Gewehren zu versehen. Zur Nachtzeit bilden die Rayonsposten Patrouillen, und wo dies wegen Mangels an Mannschaft nicht leicht tunlich ist, versieht der Rayonsposten den Dienst bei Nacht mit Gewehr.

Um sieben Uhr betrat Pater Hemmerle die Kanzel und begann seine Predigt, welche die Gruppe vorläufig nur durch überlautes Husten und Räuspern störte. Auf einmal, um Viertel acht Uhr, ertönten vom Haupteingang der Kirche aus mehrere grelle Pfiffe, und wie auf ein verabredetes Signal begann ein heilloser Tumult in der von Menschen überfüllten Kirche. Der Tumult ging namentlich von der oberwähnten Gruppe aus. Die in derselben befindlichen Männer warfen die Arme in die Höhe, schrien laut „Hurra" und drängten stürmisch gegen den Ausgang.

Einer aus der Gruppe, Kroulik, stürmte gegen die Kanzel zu, machte Anstalt, dieselbe zu ersteigen und stieß gegen den Priester den Drohruf: „Nieder mit ihm!" aus. Früher schon flogen Steine gegen die Kanzel. Individuen, welche die Steine geworfen hatten, konnten nicht festgenommen werden. Ein Mann, der unbekannt blieb, versuchte das Gaslicht auszulöschen.

Infolge dieser fürchterlichen Szenen entstand in der Kirche eine entsetzliche Panik. Alles suchte sein Heil in der Flucht. In dem ungeheuren Gedränge wurden Leute zu Boden geworfen, fünf Personen schwer verletzt, vielen die Kleider vom Leibe gerissen und noch viele andere Personen mehr oder minder beschädigt...

Wenzel Kroulik ist ein Anhänger der anarchistischen Arbeiterpartei und als Rädelsführer beim Tumult berühmt...

Der anarchistische Mörder hat auf seinem Leib ein ganzes Arsenal herumgetragen. Als er verhaftet wurde, fand man bei ihm außer der gefährlichen Cassette zunächst drei Revolver, nämlich zwei eigene und einen, den er seinem Mordopfer geraubt, einen scharfgeschliffenen Dolch und zwei Flaschen mit Gift, außerdem fast hundert Stück Patronen. Der Mörder scheint so darauf gefaßt gewesen zu sein, einen Kampf mit zahlreichen Personen zu bestehen, scheint aber auch die Eventualität eines Selbstmordes in Erwägung gezogen zu haben. Die Waffen hatte er in ganz merkwürdiger Weise in und unter seinen Kleidern untergebracht. Von den Revolvern war der eine in der Rock-, der andere in der Hosentasche verwahrt.

Die Waffen waren in ihren Futteralen an Metallhaken in den Taschen aufgehängt, und der Dolch steckte in einem an das Gilet genähten Futteral. Der Mörder hatte auch vor Ausübung seiner Tat eine Veränderung seines Äußeren vorgenommen, indem er nämlich mit Glaserkitt einen falschen blonden Backenbart angeklebt hatte, dessen eine Hälfte ihm bei der Festnahme herabgerissen wurde... Als er zum Wagen geführt wurde, der ihn nach der Stadt bringen sollte, sagte er mit haßerfülltem Blick auf die Wachleute zu diesen: „Ihr elenden Canaillen! Wartet nur!"

Nachmittags, als er photographiert wurde, sagte er zu den Wachleuten: „Creaturen! Euch gebührt Blausäure! Ihr kommt noch alle dran!"

Als um elf Uhr Polizeirat Breitenfeld in die Zelle trat, sprang der Mörder auf und gebärdete sich wie ein Wahnsinniger. Es mußten ihm Handschellen angelegt werden. Bei dem kurzen Verhör, das er zu be-

stehen hatte, zeigte er den alten Trotz. „Ich habe
es für die Partei getan und verweigere jede Aus-
kunft!"

Anläßlich des Abschlusses des diesjährigen Früh-
jahrsmeetings gab Aristides von Baltazzi vorgestern
abend den Mitgliedern des Jockeyklubs ein Diner in
Frohners „Hotel Imperial", an welchem Fürst Heinrich
Liechtenstein, Prinz Paul Eszterházy mit Gemahlin,
Graf Rudolf Kinsky mit Gemahlin, Baron Nathaniel
Rothschild nebst vielen anderen Mitgliedern der hohen
Aristokratie teilnahmen. Während des Diners spielte
die Musikkapelle Drescher heitere Weisen. In animier-
tester Stimmung blieb die illustre Gesellschaft bis zum
frühen Morgen beisammen.

Mihajlowitsch stand in schwarzem Sonntagsanzug und
weichem Künstlerhut auf den Stufen des Tegetthoff-Denk-
mals und blickte erbittert auf die in den Prater zur Maifeier
ziehenden Arbeitermassen, die Plakate mit Aufschriften, wie:
„Vollständige Sonntagsruhe!" — „Keinen Zehnstundentag
mehr!" — „Alle Räder stehen still, wenn dein starker Arm
es will!" trugen. Er hatte eine rote Nelke im Knopfloch und
zählte mit steigender Wut die Reihen, aus denen immer
wieder der Ruf scholl: „Hoch Adler!" — Hoch der erste
Mai!" Immer wieder stimmten die Männer in ihren steifen
Hüten, die Frauen in ihren Kopftüchern und Jacken mit
großen Schinkenärmeln das Lied der Arbeit an. Mihajlo-
witschs Gesicht verzerrte sich zu einer Grimasse wütenden
Hasses. Weit und breit war kein Wachmann zu sehen, überall wurden die Züge von schnauzbärtigen Männern mit
Regenschirmen und roten Armbinden, auf denen „Ordner"
stand, flankiert.
Aus der Menge löste sich Paula, im Gewand einer Ar-
beiterin, mit Schürze und Kopftuch, eine rote Nelke am
Busen. Ihr Gesicht war von wilder Erregung belebt. Mihaj-

lowitsch fuhr sie wütend an: „Ist nichts passiert? Sind die Dragoner nirgends in die Rindviecher hineingeritten? Und der verfluchte Statthalter hat in seinem Fiaker keinen Stein an den Schädel bekommen?"

Paula Wondrak erwiderte bitter: „Nein, denk dir! Überall waren diese elenden Ordner vom Dr. Adler. Überall sind sie vor der Polizei gestanden, es hat gar nichts passieren können. So ein raffinierter Hund. Und die Soldaten sind in den Kasernen geblieben, sie haben sich gar nicht gezeigt. Auch die Wache hat sich nicht gerührt!"

Prschybil, ein langer, magerer, tuberkulös aussehender Mensch, kam die Stufen herauf. Die Züge marschierten ununterbrochen weiter vorbei. Er war aufgeregt und stammelte schweißbedeckt voll Wut: „Den ise bleedes Vulk, diese Wiene, das vullen Reffoluzionäre sein... nit an Wachte vun Steigbiegel grissen..."

Auf einmal erscholl in ihrer nächsten Nähe die Internationale, mit voller Stimmengewalt gesungen. Ein Arbeitergesangverein marschierte hinter seinem Fahnenjunker in altdeutscher Tracht, mit Schlapphut, Kanonenstiefeln und Samtflaus vorbei.

Wutbebend nahmen die beiden Männer vor dem Denkmal die Hüte ab, allmählich verklang das Lied im Weitermarschieren. Mihajlowitsch, der den Hut wieder aufgesetzt hatte, sagte mit ernster Stimme: „Ihr seht selbst, was für Viecher die Wiener sind mit ihrem verfluchten demokratischen Blödsinn. Wir dürfen nicht länger warten. Am Freitag kommt die erste Bombe aus Zürich mit dem Orient-Expreß. Wir müssen gleich mit dem Prohaska anfangen. Paula, du fragst geschickt deine Kollegen beim Wendl aus, ob sie was von der Tageseinteilung dieses Bluthundes wissen. Wann er täglich von Schönbrunn in die Hofburg fährt. Es sind ein paar Burschen aus feinen Familien unter ihnen. Prschybil, du bringst von deinem Vater heraus, wann der Prohaska immer an der Mariahilferlinie vorbeifährt, dein Vater ist doch Finanzer dort."

Das Flügeladjutantenzimmer war im Rokokogeschmack mit granatroten Seidentapeten austapeziert. Zwei große altdeutsche Schreibtische standen im Raum. An dem einen saß ein eleganter Dragoneroffizier, die breite gelbe Adjutantenfeldbinde quer über der Brust des lichtblauen Waffenrockes, und war damit beschäftigt, aus einer mit Pursitschan gefüllten japanischen Lackbüchse Zigaretten zu stopfen. Eben zündete er sich eine an, als ein schlanker Zivilist in Frack und schwarzer Halsbinde hereinkam und die Tür laut ins Schloß warf. Er war der neue Obersthofmeister, der wütend herausprudelte: „Servus, Fery, was hör' ich? Ich kann nicht zu Seiner Majestät, weil er die Schratt zum Dejeuner hat? Durch die Kammer hat sich diese unverschämte Person anmelden lassen?"

Der Flügeladjutant war aufgestanden und hatte ihm die Hand geschüttelt, die goldene Kämmererspange glänzte an seinem Waffenrock. Er zuckte die Achseln: „Ja, denk dir, Niki, so geht das jetzt in einer Tour! Was das Frauenzimmer sich herausnimmt, ist unglaublich. Ihr Vater ist ein Greißler in Baden g'wes'n, die Mehlspeisköchin von der seligen Mama hat dort unsere Zibeben einkauft."

Der Obersthofmeister zitterte vor Wut. Er nahm aus seinem goldenen Etui eine Zigarette, der Dragoner gab ihm Feuer, worauf der Fürst neuerlich losbrach: „Merci, Fery. Das ist ja eine richtige Infatuation Seiner Majestät. Vor zweihundert Jahren hat man so eine Person als Hexe verbrannt. Schade, daß sich die Zeiten geändert haben... so ein Affront für ein Haus wie das meinige. Für dreiviertel eins war ich befohlen, und wie ich komm', sagt mir der Ketterl, daß die, sagen wir, Dame mit Seiner Majestät dejeuniert... So was mir, wo wir, so ein altes Haus wie das unsere, gleich hinter den Mitgliedern des allerhöchsten Kaiserhauses kommen..., aber der Person werd' ich's zeigen. Die Hoftheater unterstehen mir!"

Zwei Lakaien in der diskreten Livree des Jockeyklubs halfen dem Generalintendanten der Hoftheater in seinen kurzen gelben Derbyüberzieher. Einer reichte ihm einen hellgrauen steifen Hut und ein großes Rennglas in einem hellgelben Lederetui. Den Boden des Garderoberaumes bedeckte ein herrlicher Teppich aus Samarkand. In der Mitte des Raumes stand ein blankgeputzter Ritter aus Messing, der eine Turnierlanze in der Hand hielt, sie trug auf ihrer Spitze einen dreiarmigen Auer-Lichtbrenner.

Der Generalintendant warf eben einen Blick in den Spiegel, als er darin den eintretenden Obersthofmeister erblickte. Er trug einen hellgrauen, bordierten Jackettanzug, einen hellgrauen Zylinder, einen Bambusspazierstock und eine „Maréchal Niel"-Rose im Knopfloch. Auch ihm hing ein großes Rennglas über der Schulter.

„Servus, Generalintendant", näselte er, „war das heut' ein Rennen! Was gehst denn schon?"

Die Miene des Generalintendanten hatte sich erhellt.

„Servus, Niki", versetzte er, „wie geht's der Fürstin? Ich gift' mich so, daß ich lieber schlafen geh'. Außerdem gibt's hier keine gescheite Kartenpartie."

Der Obersthofmeister, während er Stock, Zylinder und Rennglas den Lakaien reichte: „Danke vielmals, der Vilma geht's besser. Aber was ist denn passiert?"

„Ah, diese Generalintendanz", erwiderte sein Gegenüber, „hat mir doch wirklich der Teufel ins Haus 'tragen. Ich werd' noch leberkrank davon. Stell' dir vor, der Burgtheaterdirektor ist heut' eine Stunde bei mir g'sessen. Die Schratt hat ihm ihre Rolle auf den Tisch g'haut. Ist nicht ihr Fach, hat sie gesagt... und du weißt doch, unter den Umständen kann sie sich alles erlauben."

Der Obersthofmeister blickte interessiert auf und lächelte boshaft: „Glaubst du? Nicht bei mir. Schick' mir morgen den Direktor. Bonne nuit!"

Viele Leute gingen an der Auslage der k. k. Hof-Korsettière Thielmann in der Spiegelgasse vorüber. Es war ein schöner, sonniger Vormittag. Schließlich blieben zwei dicke Damen aus der Provinz vor der Auslage stehen, in der Wachspuppen in aufreizenden Dessous herumstanden. Die Ältere sagte aufgebracht: „Ein Skandal, was heutzutage die Polizei angehen läßt! Da muß doch jeder Mann auf unanständige Gedanken kommen."

„Man sollt einen Wachmann holen", meinte die Jüngere.

Einen Augenblick später kam Paula Wondrak, mit billigem Schick gekleidet, eilig daher, stutzte bei einem flüchtigen Blick auf die Auslage und trat näher. Ein lila Korsett, mit schwarzen Spitzen besetzt, stach ihr in die Augen. Adolf von Sonnenthal, der eben vorüberging, streifte sie mit einem Blick, stutzte, grüßte und sagte: „Du, Schratt, was fällt denn dir ein? Die Probe hat schon längst angefangen, und du gehst spazieren?"

Paula Wondrak hatte den berühmten Mimen sofort erkannt und lächelte schelmisch: „Nun könnt' ich Sie in Verlegenheit bringen, Herr von Sonnenthal. Aber ich bin nicht die Schratt, ich heiße Paula Wondrak und bin beim Wendl engagiert."

Sonnenthals Züge überflog Staunen: „Nein, wirklich, fürwahr? Sogar die Stimme ist dieselbe. Ja, jetzt seh' ich's, die Schratt ist nicht so herrlich goldblond wie Sie. Bitte, entschuldigen Sie meine Unverschämtheit. Und Sie sind auch beim Theater, liebe Kollegin?"

Paula Wondrak errötete: „Kollegin nennt mich der große Sonnenthal! Wenn ich das meinen Kollegen erzähl', platzen sie vor Neid."

Sonnenthal betrachtete sie wohlwollend und fragte: „Ich will Sie auf der Bühne sehen, wann spielen Sie?"

„Jeden Tag, Herr von Sonnenthal, und in einer Menge Rollen, das verlangt der Direktor. Ich bin Salondame, erste

Liebhaberin, Unschuld vom Lande, Iglauer Amme und muß auch die Soubrette machen."

Sonnenthal sah sie interessiert von oben bis unten an, nahm eine Visitenkarte aus seiner Brieftasche und reichte sie ihr mit den Worten: „Ich muß Sie wirklich spielen sehen, mein Kind, ich habe das Gefühl, daß in Ihnen etwas steckt. Ich täusche mich selten, bitte, sagen Sie mir noch einmal Namen und Adresse."

Er zog ein kleines rotes Notizbuch aus der Westentasche und schrieb mit goldenem Crayon hinein, während die aufgeregte Paula diktierte: „Pauline Wondrak, vom Etablissement Wendl, in der Hirschengasse, Döbling, am Währinger Spitz."

Mihajlowitsch rasierte sich mit nacktem Oberkörper vor einem kleinen Stehspiegel in der Küche des Bierversilberers Oppel, wo er Bettgeher war. Das Tafelbett, aus dem er erst vor kurzem aufgestanden, stand mit seiner rotkarierten Bettwäsche noch geöffnet da, während die dicke Frau Oppel, die Brille auf der Nase, in der Küche herumwirtschaftete, um dann den Kanarienvogel im Käfig neben dem Fenster zu füttern. Sie war mit Mihajlowitsch unzufrieden.

„Wann Sie aufstehn, da hört si do alles auf, Herr Mihajlowitsch! Daß Ihnen Ihr Photograph nicht hinausschmeißt, wann Sie so spät ins G'schäft kommen. Immer so spät aufstehn, immer so spät nach Hause kommen."

Mihajlowitsch, nur mit blauen Unterhosen bekleidet und mit Schlapfen an den Füßen, seifte sich frisch ein und antwortete nicht.

„So, jetzt geh' ich einkaufen. Legen S' den Schlüssel nur unter die Decken. Aber sperren S' gut ab und machen S' das Tafelbett zu, daß i dann den Strudelteig ausziagn kann."

Mihajlowitsch nickte, strich sich über die Wangen, die nun glatt waren, und reichte ihr den Einkaufskorb. Mit den Worten: „Sie san a Schlimmer!" verließ sie die Küche.

Endlich allein gelassen, betrachtete Mihajlowitsch sein

Gesicht, studierte verschiedene Ausdrücke, rollte die Augen, verzog die Stirn und gähnte, als plötzlich Paula hereinkam, ihm um den Hals fiel und zwitscherte: „Jöh, wie schön glatt das Peterl is! Wie lieb mein Peterl is!"

Er erwiderte flüchtig ihre Zärtlichkeiten, schlüpfte in ein zerdrücktes weißes Hemd, knöpfte eine gestärkte Brust darüber und an die Ärmel runde Manschetten. Dann fuhr er ungeniert in seine Hosen, die auf dem Küchenstuhl lagen, setzte sich, wickelte die Stiefelfetzen um die nackten Füße und fuhr in die Gummizugstiefeletten.

Paula hatte sich unterdes über das Tafelbett gemacht, schüttelte die Kissen und das Plumeau aus, legte alles sauber zusammen, wobei sie plauderte: „Du wunderst dich gar nicht, daß ich hier bin? Was? Hab' ich dich verzogen! Muß ich dich so lieb haben? Weißt, in der Stadt hat mich einer angesprochen! Und wer?"

Mihajlowitsch fuhr wie von der Tarantel gestochen auf sie los und schüttelte sie. Wütend schrie er: „Na, so ein kapitalistischer Schweinkerl, kann mir eh denken, was er von dir wollen hat!"

Paula lachte über seine Eifersucht. Sie schloß das Tafelbett und sagte dann stolz: „Nein, das kannst du dir nicht denken, es war der Sonnenthal! Was sagst du jetzt? Er wird zum Wendl hinauskommen, mich spielen sehen."

Mihajlowitsch, der sich beruhigt hatte und damit beschäftigt war, seine Künstlerkrawatte an den Kragen zu knöpfen, meinte über die Schulter: „Eine schöne Ehre."

Paula war beleidigt und fauchte: „Was verstehst du davon? Der Sonnenthal ist ein Meister. Er hat gesagt, er hat das Gefühl, daß ich was kann. Weißt du, warum er mich angesprochen hat? Weil er mich für die Schratt gehalten hat! Ich seh' ihr so ähnlich."

Mihajlowitsch starrte Paula einen Moment sprachlos an, dann stieß er einen Pfiff aus. Auf einmal war er wie verwandelt, fuhr in seinen braunen Samtrock und schloß sie in die Arme: „Nein, so ein Glück!" Er lachte über das ganze

Gesicht. „Du, das kann eine Karriere bedeuten. Und du siehst wirklich der Schratt ähnlich? Zum Verwechseln ähnlich?"

Fürst Niki ging in einem wundervoll geschnittenen Gehrock, die Hände in den Hosentaschen, leger über den dicken großen Teppich, der den Boden seines Arbeitszimmers in seinem Privatpalais bedeckte.

Der Burgtheaterdirektor saß im Frack auf der Kante eines Sessels der Rauchgarnitur und fühlte sich höchst unbehaglich. Er hielt den Zylinder im Schoß und rauchte eine Havanna. Der Fürst, sein blitzendes Monokel im Auge, sprach jovial, mit einer gewissen verächtlichen Herablassung zu ihm: „Sie brauchen sich nicht vor der Person zu fürchten, Direktor! Ich weiß alles, sie ist eine Tyrannin. Vielleicht ist sie eine Künstlerin. Ich habe sie immer abominabel gefunden. Leider hat sie eine gute Presse, sie ist eine raffinierte Frau."

Er setzte sich dem Direktor gegenüber und schnitt sich gemächlich die Spitze einer Zigarre ab, steckte sie in eine Papierspitze. Der Burgtheaterdirektor sprang auf und zündete sie ihm an, worauf der Fürst fortfuhr: „Dank' schön, lieber Direktor. Es ist sicher, daß Sie keine Angst zu haben brauchen, wenn ich Obersthofmeister bin. Ich kenn' die Frau Schratt. Und ich kenn' den Kaiser. Schließlich bin ich doch sein Cousin..., und ich weiß, daß sich die Person nie unterstehen wird, Seine Majestät mit ihren Theatersachen zu behelligen — verstehen S'?"

Der Direktor verbeugte sich.

„Sie hat Ihnen die letzte Rolle zurückgegeben? Sehr gut. Merken S' Ihnen, Sie nehmen von nun an nur solche Stück', in denen leider Gottes keine Rolle für die Schratt vorkommt! Irgendwann wird ihr das zu dumm werden und sie wird was anstellen. Und einen Eklat kann Seine Majestät bei keinem Menschen ausstehen."

Allmählich begann das Publikum in den großen Garten beim Wendl hineinzuströmen. Schon erstrahlte der Vorhang der Sommerbühne im Lichterglanz, der Schatten der uralten Bäume lag dunkel und weich über Tischen und Stühlen. An den Gaskandelabern, an denen die Schmetterlingsbrenner bereits brannten, hingen große Theaterplakate. Die Speisenträger eilten, von den Pikkolos gefolgt, hierhin und dorthin, die Orchestermitglieder erschienen allmählich und stimmten ihre Instrumente. Delikater Schnitzelgeruch verbreitete sich. Schon wurde Bier aufgetragen. Der alte Wendl zeigte sich persönlich und ging, eine Serviette in der Hand, von Tisch zu Tisch.

Plötzlich erblickte er einen schlanken, eleganten Mann, der im Knopfloch seines grauen Gehrocks eine blaßrosa Nelke trug, in seinem taubengrauen Plastron glänzte eine riesige Perle.

„Herr von Sonnenthal, es ist mir eine besondere Ehre... wollen hier Platz nehmen... der beste Blick auf die Bühne... kein Zug im Rücken... befehlen Gebratenes oder Gesottenes? Einen Drei-Gulden-Wein? Bester Nußberger?"

An den Nachbartischen, wo man Sonnenthal erkannt hatte, begann man sich die Hälse nach ihm auszurenken.

Sonnenthal studierte die Speiskarte, wobei er Herrn Wendl fragte: „Was spielen s' denn heute auf der Bühne?"

Herr Wendl stotterte überrascht und enttäuscht: „Oh, ah — den Verschwender von Raimund."

Sonnenthal sah auf und verlangte den Theaterzettel.

Er ließ die Speiskarte liegen und studierte das Programm. Belustigt stellte er fest, daß Paula Wondrak in der Vorstellung, die zu ihrem Benefiz gegeben wurde, gleich drei Rollen spielte: die Fee Cheristane, das Kammermädchen Rosa und die Amalie von Klugheim.

Es war erst während des Duetts am sechsten Auftritt, als Paula Wondrak, die eben in der Rolle der Rosa auf der Bühne stand, den Hofschauspieler, auf dessen Gesicht der Schein einer Gaslaterne lag, erkannte.

Sie trug eine schnippische Stubenmädchentracht, die ihre Waden freigebig sehen ließ. Rudolf Schildkraut spielte in einer goldbedeckten Lakaienlivree den Valentin.

Paula Wondrak sang:

> Ein Schlosser ist mei schwache Seit,
> Der ist der erste Mann,
> Der sorgt für unsre Sicherheit
> Und schlägt die Schlösser an.

Während sie sich singend an Schildkraut schmiegte, zischte sie ihm ins Ohr: „Paß auf, der Sonnenthal ist unten." Rechtzeitig fiel er ein:

> Mein Kind, da bist du schlecht bericht',
> Der Tischler kommt zuvor,
> Der Schlosser ist der erste nicht,
> Der Tischler macht das Tor.

Wieder flüsterte sie ihm zu: „Um Gottes willen, nimm dich z'samm!"

Das Stück ging weiter. Nach wie vor fiel der Strahl der Gaslaterne auf Herrn von Sonnenthal, der mit dem Opernglas vor dem Auge unbeweglich verharrte...

Paula saß jetzt als Fee Cheristane in einem Phantasiekostüm auf einer mit Papierblumen behangenen Rasenbank und deklamierte:

> Ach, selber darf er sich nur warnen,
> Mit Glück und Unglück selbst umgarnen;
> Und da er frei von allen Schicksalsketten,
> Kann er nur selbst vor Schmach sich retten,
> Oh, trüber Schicksalsspruch, der einem Kinde
> Flügel leihet und sie einem Engel raubt.

Nachdem sie ihren Text im Burgtheaterstil gesprochen, erschien Max Reinhardt in einem skurrilen Biedermeierkostüm und näherte sich Paula Wondrak. Sie sah, wie Sonnenthal das Glas sinken ließ und einen tiefen Zug aus

dem Krügel tat. Gleich darauf blickte er wieder durch sein
Opernglas unablässig auf die Bühne.

Max Reinhardt spielte den feschen Flottwell:

> Heitern Tag, mein teures Mädchen,
> Sei nicht böse, daß ich selbst
> So spät erscheine, denn meine
> Sehnsucht ist schon lang bei dir.
> Doch, sag, was ist dir? Du bist traurig!
> Wer hat dir was zuleid getan?
> Quält dich die Eifersucht?
> Bist du erkrankt? Betrübt?
> Sprich! Oder willst du mich betrüben.

Paula Wondrak hatte sich erhoben, ihre Arme um seinen
Hals geschlungen, sie legte ihr Haupt an seine Brust und
flüsterte ihm blitzschnell zu: „Z'sammnehmen, um Gottes
willen, z'sammnehmen, der Sonnenthal ist im Publikum!"

Und schon deklamierte sie: „Dich? Mein Julius! Nein,
das will ich nicht...!"

Die Vorstellung neigte sich dem Ende zu. Sonnenthal
hörte und beobachtete mit gespannter Aufmerksamkeit.

Erschöpft und vor Nervosität zitternd las Paula Wondrak
in ihrer Garderobe eine Visitenkarte. Von der Mitte des
Plafonds hing ein Gasarm mit zwei Schmetterlingsbrennern
herab, sie buchstabierte in seinem Licht mühselig die hinge-
kritzelten Zeilen, während Max Reinhardt und Rudolf
Schildkraut, halb abgeschminkt, sie umdrängten.

„K. k. Hofschauspieler Adolph Ritter von Sonnenthal gibt
sich die Ehre, die geschätzte Kollegin, Fräulein Paula
Wondrak, und die Kollegen Reinhardt und Schildkraut auf
ein Glas Champagner ins Chambre séparée zu bitten."

Mit einem Aufjauchzen fielen sie einander in die Arme.
Fünf Minuten später erschienen sie bei Sonnenthal und
fielen wie Wölfe über das üppige Souper her, das er ihnen
servieren ließ. Lächelnd sah er den jungen Leuten zu. Das

Chambre séparée war protzig im Geschmack der Makart-
Zeit eingerichtet.

Als sie ihren Hunger gestillt hatten, ließ Sonnenthal die
Kelche mit Champagner füllen, dann schickte er den Kellner
hinaus und begann: „Sie dürfen nicht einen Augenblick ver-
zagen. Sie sind begabt, Sie werden es weit bringen, wenn
Sie den Charakter haben, den ein Künstler besitzen muß.
Wenn Sie sich nicht ausgeben, wenn Sie nichts kennen als
die Arbeit an sich selbst. Ich habe Sie hergebeten, weil ich
Ihnen allen helfen will, soweit es in meinen Kräften steht.
Ich werde den Agenten schreiben, und ich hoffe, daß ein
Brief von mir Ihnen viel Warten erspart. Liebe Kollegin
Wondrak, Ihre erstaunliche Ähnlichkeit mit der großen
Schratt wird Ihnen im Anfang Schwierigkeiten machen. Sie
werden sie überwinden! So lassen Sie mich mein Glas auf
Ihre Karriere leeren, auf Ihr Glück!"

Alle drei sprangen auf und ließen ihre Gläser an Sonnenthals Kelch klingen. Auf einmal fragte Paula Wondrak mit
einem unschuldsvollen Augenaufschlag: „Bitte, Herr von
Sonnenthal, erlauben Sie mir noch eine Frage. Ist es wahr,
daß Frau Schratt die Freundin des Kaisers ist?"

Der Hofschauspieler zuckte zusammen, dann bat er Schildkraut: „Bitte, lieber Kollege, sehen Sie nach, ob ein Kellner
in der Nähe ist!"

Der junge Mann sah hinaus und berichtete, daß kein
Kellner da sei. Worauf Sonnenthal mit gedämpfter Stimme
das große Geheimnis lüftete: „Die Schratt ist tatsächlich die
Egeria Seiner Majestät. Wenn sie eine Pompadour sein
wollte, könnte sie Österreich regieren. Aber sie ist keine
Pompadour. Der Kaiser frühstückt jeden Morgen bei ihr in
der Gloriettegasse oder sie nimmt bei ihm das Déjeuner. Ihr
Unnumerierter hat dieselben Vorrechte wie eine Hofequi-
page mit goldenen Rädern. Sie kann jederzeit durch die
Kammer zum Kaiser, da sie nur der Kammerdiener anmel-
det, die Adjutanten sehen sie nicht einmal. Man weiß, daß
der Kaiser mit ihr die vertraulichsten Dinge bespricht..."

Paula Wondrak lehnte an der Schulter ihres Geliebten. Sie saßen in einem alten Sieveringer Hauerhof und tranken Wein.

Mihajlowitsch sprach mit großen Gesten auf sie ein: „Das ist eine wunderbare Chance, die wir durch diesen blöden Hund, diesen Kriecher, den Sonnenthal, bekommen haben. Du mußt alles tun, um seine Aufmerksamkeit zu fesseln..., verstehst du, alles! Die Propaganda der Tat kann durch dich zur Wirklichkeit werden. Wer weiß, vielleicht erdrosselst du einmal den Kaiser mit deinen weißen Händen, wer weiß. Oh, ich seh's, du bist die Göttin der Revolution, ich seh' dich schon über die Stiegen in der Hofburg schreiten..., mit offenem Haar, in jeder Hand einen Revolver. Wir hinter dir, die Anarchisten von Wien, vor einem Wald von roten Fahnen..."

Beseligt blickte sie zu ihm empor, zu dem Mann ihres Herzens, dem Helden, dem Sieger, dem die Zukunft gehörte.

Der Burgtheaterdirektor rauchte nachdenklich und bekümmert seine dicke Zigarre. Die Fenster seines Büros standen offen, man hörte das Zwitschern der Schwalben vom Volksgarten herüber. Schon amtierte er im neuen Haus. Auf seinem Schreibtisch lag ein in glänzendes dunkelgrünes Leder gebundenes Manuskript. An den Wänden hingen Lorbeerkränze und vergrößerte Schauspielerphotographien. In der Ecke hinter dem Schreibtisch befand sich einer der neumodischen Telephonapparate. Ein Kunstwerk der Drechslerei, mit Säulchen und Architraven wie ein Renaissancetempel.

Schließlich warf der Direktor die Zigarre in den Aschenbecher, trat zum Apparat, zögerte, seufzte, drehte die Kurbel, nahm den Hörer, nachdem er sich die Hörschläuche aus Gummi in die Ohren gesteckt. Er wartete eine Zeitlang, dann sprach er: „Nein, nein, nein, i c h will sprechen. Ich verlange die Nummer 72! Nein, nein, siebzig und zwei. Ja, zum Kuckuck, das ist ein Hofgespräch. Hier spricht der

Burgtheaterdirektor! Wen? Nein, Seine Durchlaucht, den Herrn Obersthofmeister... oh, Durchlaucht... nicht? Oh... der Kammerdiener? Ja — aber, ich bin doch der Direktor des Burgtheaters... oh, oh, bitte... untertänigsten Respekt, Durchlaucht..."

Er verneigte sich tief vor dem Telephon.

„Verzeihen Durchlaucht. die Kühnheit... aber Frau Schratt hat das letzte Stück von Octave Feuillet gekauft und mir gebracht... Ich sehe keine Möglichkeit... wie, bitte? Ich bedauere unendlich, aber es ist ausgezeichnet... wie befehlen Durchlaucht? Schicken? Sofort? Sofort, sofort, augenblicklich... ja, jawohl, jawohl... untertänigsten Respekt. Durchlaucht, untertänigsten Respekt..."

Wieder saßen der Fürst und der Burgtheaterdirektor im Arbeitszimmer des Obersthofmeisters beisammen, über das grün eingebundene Manuskript gebeugt. Der Direktor lauschte aufmerksam dem Fürsten, der mit diabolischer Freude seinen Plan entwickelte: „...Sie haben recht, mein lieber Direktor, das Stück ist ausgezeichnet und enthält eine Bombenrolle für die Schratt. Aber leider: Auf einer k. k. Hofbühne kann man's nicht aufführen. Sehn S', lieber Freund, im zweiten Akt tritt doch Napoleon III. auf. Das ist unmöglich. So jemand auf der Bühne des Hoftheaters! Wo die Eugenie noch lebt. Und Monarchen, die nicht schon hundert Jahre tot sind, dürfen bei uns nicht auftreten."

Der Direktor lächelte.

„Streichen aber", fuhr der Fürst fort, „läßt sich der Napoleon nicht, dazu ist die Rolle für die Handlung zu wichtig. Sie verstehen? Ich werd's selbst Seiner Majestät vortragen und alleruntertänigst bitten: Seine Majestät möge selbst entscheiden. Der Kaiser entscheidet nie gegen eine bestehende Vorschrift."

Und der Fürst warf sich in den Sessel zurück und begann dröhnend zu lachen. Der Direktor fiel ein.

Der Obersthofmeister hielt dem Kaiser in Frack und schwarzer Binde Vortrag. Unter der Krawatte leuchtete an rotem Band das zarte Lämmchen des Goldenen Vlieses hervor. Franz Joseph hörte ihm mit dem Ausdruck größter Verdrossenheit zu. Je länger der Fürst sprach, desto niedergeschlagener wurde der Monarch. Der Fürst kam im Tone aufrichtigen Bedauerns zum Schluß: „...der Burgtheaterdirektor findet sich somit in der peinlichsten Situation der Welt. Durch eine fatale Verkettung von Umständen hat sich über ein halbes Jahr hindurch keine Novität gefunden, die eine Rolle für Frau Schratt von Kis-Itebe enthält. Eine Künstlerin von ihrem Rang hat alle Ursachen, darüber ungehalten zu sein. Frau von Schratt hat nun aus eigenen Mitteln das neueste Stück Octave Feuillets ‚Prenez garde, Cécile...' erworben, das eine für die Künstlerin admirablement geeignete Rolle enthält. Unglücklicherweise ist aber Kaiser Napoleon III. eine der Hauptfiguren, und ich erlaube mir deshalb, Eurer Majestät Aufmerksamkeit auf Paragraph 16, Litera B, der ‚Instruktionen für die k. k. Hoftheater' vom 3. März 1832 zu lenken, worin jede Darstellung von Monarchen, die in den letzten hundert Jahren gelebt haben, untersagt wird. Das äußerst witzige Stück ist so gearbeitet, daß es durch eine Streichung oder Veränderung dieser Figur unaufführbar würde. Die k. k. Hoftheater-Intendanz sieht sich nun genötigt, unserer Künstlerin diese peinliche Mitteilung zu machen und ist sich der Tatsache bewußt, daß diese Abweisung wie ein Affront aufgefaßt werden könnte, weshalb sie durch mich an Euer Majestät die treugehorsame Bitte richtet, der verdienstvollen Künstlerin das goldene Verdienstkreuz ohne Krone allerhuldvollst..."

Der Kaiser blickte wütend auf und fuhr den Fürsten an: „Das ist ganz unmöglich. Ich werde Frau von Schratt zu mir bitten und ihr die Sachlage auseinandersetzen. Sie weisen das Hofzahlamt an, der Dame die Auslagen für die Erwerbung des Stückes zu ersetzen. Danke!"

Das riesige Schlafzimmer Katharina Schratts in der Gloriettegasse war leer. Die beiden Fenster standen offen, ein
leichter Wind spielte mit den Falten des großen Himmel-
betts. Auf dem Toilettentisch blinkten Kristallflakons, Par-
fümflaschen, Handspiegel, in Bergkristall gefaßte Bürsten
und Kämme. Man hörte, wie rasche Schritte sich durch eine
Flucht von Gemächern näherten, wie Türen aufgerissen und
mit schmetterndem Knall wieder zugeschlagen wurden.
Endlich wurde die Tür des Schlafgemachs aufgestoßen und
die Schratt stürzte flammenden Gesichts herein.

Sie riß sich den Kapotthut vom Kopf, zertrampelte ihn
und warf sich schließlich der Länge nach auf das Bett, wo
sie in einen Weinkrampf ausbrach.

Endlich blickte Nanni bei der Tür herein, eilte zum Bett,
begann die Schluchzende zu streicheln und zu fragen: „Ja,
was is' denn? Ja, was is' denn? Gnädige Frau!"

Worauf die Schratt mit einem Wutschrei emporfuhr: „Nie
mehr spiel' ich auf diesem verdammten Theater!"

Nanni jammerte: „Aber, gnä' Frau, gnä' Frau, was tät'
denn der Kaiser sagen?"

Die Schratt brach unter Schluchzen aus: „Was? Der? Wie
kann er mir so was antun? So was is' Kaiser und läßt sich
von einem lächerlichen Fürsten papierln. Keine Rollen für
mich. Und der Blödsinn mit dem Napoleon. Auf alles fallt
er herein! Ich hab' g'nug, ich geh weg!" In schrillen,
hysterischen Tönen: „Keine Rollen für die Freundin vom
Kaiser! Keine Rollen..., und so vornehm ist er, daß er diesem hochadeligen Falotten kein Wort sagt! Ach — ich hab'
genug, ich geh. Pack augenblicklich alles zusamm', Nanni,
der Bub is' im Theresianum. Ich verschwind' zum Moserbauern am Schauderzinken. Soll mich da einer suchen..."
Und sie griff nach Tinte und Feder, um ein Urlaubsgesuch
für das Theater zu schreiben.

Im Vorraum der Herrentoilette des Jockeyklubs hing ein riesiger Rokokospiegel, den Auer-Lichtlampen tragende Amoretten aus Gold flankierten. Der Fliesenfußboden war aus Laaser Marmor, die Waschtische aus Carrara-Marmor. Ein schlanker, eleganter Herr von ungarischem Typus, das Monokel im Auge des verlebten Gesichtes, zog sich eben den Scheitel mit einem der vielen herumliegenden Schildkrotkämme nach. Es war der Prinz Grassalkowitsch.

Eine Tür öffnete sich. Der Obersthofmeister kam hinter dem Vorhang hervor. Er zog sein bordiertes braunes Jackett aus, hängte es auf einen Kleiderständer und öffnete den Wasserhahn eines Waschtisches. Jetzt erst bemerkte er den Prinzen. „Servus, Mucki! Was hast denn? Warum bist denn so z'wider?"

Der Prinz knurrte, ohne von seinem Scheitel abzulassen: „Servus, Fürscht! Ich hab' alle Ursach', morgen nachmittag is' ein Wechsel fällig, und die Tant Charlott will nichts mehr hergeben. Fünfzigtausend Gulden, dreimal prolongiert!"

Der Obersthofmeister griff nach der Seife und sagte beruhigend: „Aber geh, das is' doch eine Lappalie! Du erlaubst, daß ich das arrangier'? Weißt was? Treffen wir uns morgen früh um sechs beim ersten Rondeau in der Hauptallee zu einem Frühgalopp ums Heustadelwasser. Dann gehen wir auf ein Petit déjeuner ins Lusthaus!"

Grassalkowitsch, der den Kamm sinken ließ, lächelte vergnügt: „Eine brillante Idee!"

Die beiden Herren ritten in scharfem Trab um das Heustadelwasser. Die frische Morgenluft war köstlich, von der Jesuitenwiese her hörte man die Signale exerzierender Infanteristen. Der Obersthofmeister entwickelte seinen Plan vor dem Prinzen. „Du kannst dir nicht vorstellen, wie arrogant diese Person ist! Aus ganz kleinen Verhältnissen. Der Vater ist ein Greißler oder ein Mehlmesser in Baden. Nun hat sie sich aber alles verscherzt. Ist Knall und Fall abgereist. Heute steht's in der Zeitung. Ich kann dir verraten, daß Seine Majestät darüber sehr indigniert sein wird. So ein Undank! Daß ich das Frauenzimmer nicht ausstehen kann, ist kein Geheimnis. Freche, arrogante Person. Und wenn ich dir den Wechsel einlös', so erwart' ich einen Gegendienst von dir. Du brauchst dir auch wegen der nächsten Monate keine Sorgen zu machen. Ich verlange nichts Unangenehmes von dir. *Tu coucheras avec une femme charmante.* Der Burgtheaterdirektor hat mir gesagt, daß eine Doppelgängerin von der Schratt auf einer Sommerbühne auftritt. Er weiß es von Sonnenthal. Du mußt schauen, daß du sie in acht Tagen hast..."

Über die Züge des Prinzen lief ein Lächeln, das schließlich in Lachen überging.

„Du mußt sie aushalten", fuhr der Fürst fort. „Die Mittel dazu kommen von mir. Du mußt dich überall mit ihr zeigen, ihr dieselben Toiletten machen lassen, wie sie die Schratt getragen hat. Du weißt doch, daß Seine Majestät, seit er weiß, daß du mit dem Hoyos in der Nacht in Mayerling warst und die ganzen G'schichten vorher, dich nicht ausstehen kann. Du kapierst doch?"

Grassalkowitsch lachte lauter: „Ja, *complètement.*"

„Du wirst sie niemand vorstellen. Tu sehr eifersüchtig. Beim Blumenkorso wirst du mit ihr am Kaiser vorbeifahren. Sie muß Seine Majestät auffällig grüßen. Der allerhöchste Herr ist sehr empfindlich. Das wird die Person total erledigen. Er fragt niemals." Und nun lachte auch der Fürst schallend auf.

Ketterl stand im Straßenanzug, einen Brief in der Hand, vor dem Kaiser, und rapportierte: „Euer Majestät melde treugehorsamst, daß ich auf Allerhöchstdero Befehl in dieser Kleidung zu erscheinen mich erkühne. Die gnädige Frau ist nicht da, ich konnte den Brief nicht übergeben."

Der Kaiser sprang vom Sessel auf, starrte ihn entsetzt an, fragte leise: „Was? Nicht da? Auf der Probe?"

Ketterl, mit niedergeschlagenen Augen: „Die gnädige

Frau ist nachts abgereist. Niemand weiß, wohin. Das Haus ist geschlossen. Nur der Hausmeister ist da, aber er weiß nichts."

Der Kaiser setzte sich schwer. Ketterl legte den Brief auf den Schreibtisch. Der Monarch dankte mit erloschener Stimme.

Paula Wondrak saß im Korsett und langen, bis zur halben Wade reichenden Beinkleidern in ihrer Garderobe vor dem Spiegel beim Abschminken. Die Schmetterlingsbrenner warfen unruhige Lichter auf ihren Busen, auf ihre weißen, rotgestreiften Strümpfe.

Es klopfte. Ohne im Abschminken innezuhalten, fragte sie: „Wer ist's denn?"

Die aufgeregte Stimme des Herrn Wendl kam durch die Tür: „Herr Wendl persönlich, ich muß Ihnen augenblicklich sprechen."

Die Wondrak stand mit einer ärgerlichen Grimasse auf, schlüpfte in einen alten, schmutzigen Schlafrock und sperrte die Tür auf. Wendl erschien mit einem enormen Rosenstrauß und einer Visitenkarte: „A Prinz, a Prinz, der Prinz Grassalkowitsch! Der laßt was aus! Ihner Glück is' g'macht."

Paula empfing Blumen und Visitenkarte mit ungläubigem Gesicht.

Wendl flehte: „I bitt' Sie, Fräulein Wondrak, tummeln S' Ihnen. G'schwind, g'schwind, Sie können an Prinzen net warten lassen."

Sie zuckte die Schultern, obwohl ihr das Herz wie wild klopfte. „Das wird sich halten. Aber wie soll i mi denn anzieh'n, wann Sie im Zimmer stehn."

Wendl verschwand augenblicklich. Paula warf den Schlafrock ab, fuhr verwirrt in einen weißen Unterrock, zog einen aus grünem Glanzstoff darüber. Dabei sprach sie sich Mut zu: „Ah... reg' di' net auf, Paula! Prinzen sind auch nur

Männer. Was wird er schon wollen! ‚Die Künstlerin verehren!' Ja, Schnecken! Haben will er mich..." Sie erschrak, daß ihr bei diesem Gedanken ein Schauer über den Rücken lief. „Und fad sind s' auch alle ... so wie mein Peterl ist halt keiner ... aber der Peterl hat doch g'sagt, ich soll den Sonnenthal net auslassen ... und wer is' schon der Sonnenthal gegen einen Prinzen..."

Paula Wondrak lag halb berauscht auf einem Diwan im Chambre séparée des Hotels Munsch. Ihre Kleidung war in Unordnung. Der Prinz, ein Musterbeispiel männlicher Eleganz, stand mit einem leisen Ausdruck verächtlichen Ekels vor ihr und blickte auf ihre langen, gezackten Leinwandhosen, die unter den verschobenen Unterröcken hervorsahen. Er knöpfte sich langsam die Weste zu, hob sein Jakkett vom Boden auf, fuhr hinein und sagte schließlich, eine Zigarette im Mundwinkel, aristokratisch durch die Nase: „Nein, nein, solche Dessous passen nicht für eine Künstlerin wie dich. Du erlaubst, daß ich das alles arrangier'. Wenn du schon durchaus weiter in der Bude beim Wendl auftreten willst, bis du ein anständiges Engagement hast, so wirst du doch sofort in eine elegante Wohnung übersiedeln. In die Schwindgasse."

In ihrem großen Spitzenbett rekelte sich Paula Wondrak. Neben ihr lag Mihajlowitsch und rauchte mit Genuß eine der dicken Havannazigarren des Prinzen. Er dozierte mit lauter Stimme: „Einen Charakter mußt du haben, einen echt anarchistischen Charakter mußt du haben, dann kann dir alles egal sein. Unser Zweck heiligt alle Mittel... Wieviel gibt dir der Grassalkowitsch-Falott im Monat?"

„Dreitausend Gulden."

„Was? Dreitausend Gulden? Das fleißige und unterdrückte Volk der Proletarier, das arbeitet für den Kerl und schwitzt Blut für ihn. Geh, gib einen Tausender her für die Parteikassa!"

Paula öffnete die mit Geld gefüllte Nachttischlade und fischte aus Dukatenstößen eine Tausendguldennote, die sie ihm wortlos reichte. Er rollte sie zusammen, schob sie in sein zerrissenes Stiefelettenfutter und warf dabei einen Blick in die Lade. „Servus — ist das ein Geld! Wozu gibt er dir so viel Geld, der Schweinkerl?"

Paula lachte: „Ich muß mir in der Maison Spitzer alle Toiletten bestellen, die sie für die Schratt gemacht haben. Besonders für den Blumenkorso. Der Grassalkowitsch will, daß ich da mit ihm ganz nah am Prohaska vorbeifahr'. Ich soll der Schratt ja zum Verwechseln ähnlich sehen, sagt er, ich muß mir sogar die Haar' färben lassen…"

Ketterl erzählte dem Generaladjutanten in wahrem Jammerton: „Seine Majestät rühren fast wieder keinen Bissen an, seit die gnädige Frau verschwunden ist. Schlafen keine Nacht. Tun nur so. Kränken sich furchtbar. Es ist wieder so wie in den ärgsten Zeiten. Wir alle in der Kammer sind ganz desperat."

Der Generaladjutant, ein älterer, sehr eleganter General der Kavallerie im flaschengrünen Waffenrock der Adjutantur, ließ vor Schreck die rote Militärkanzleimappe fallen, die ihm der Leibkammerdiener überreichte.

„Ja, um Gottes willen, das sagen Sie mir erst jetzt, Herr Ketterl?"

Ketterl war ganz verlegen. „Bitt' tausendmal um Verzeihung, Exzellenz, aber wir Leibkammerdiener müssen ein spezielles Jurament schwören … ich darf ja gar nichts mehr sagen. Aber der Herr Obersthofmeister haben die gnädige Frau mit den Rollen absichtlich zur Verzweiflung gebracht. Wir Lakaien wissen oft sehr viel. Ja, der Herr Obersthofmeister haben Seiner Majestät … aber das ist Kammergeheimnis. Die gnädige Frau war so verzweifelt, daß sie einmal hat vom Schauderzinken herunterspringen wollen. Ich weiß es positiv."

Der Generalleutnant fuhr auf: „Jesus Maria — nach all den Katastrophen noch das!" Er war ganz blaß und begann unruhig umherzugehen.

Ketterl endete: „Belieben Exzellenz in Betracht zu ziehen, daß die gnädige Frau als Künstlerin tief verletzt ist, noch mehr als Frau... Ich darf nicht mehr sagen ... die gnädige Frau ist eine leidenschaftliche Hochtouristin, klettert immer allein in die Wände, nimmt nie einen Führer. Könnt' man da nichts mit den Kaiserjägern machen?"

Der Generaladjutant blieb vor Ketterl stehen. „Sie haben recht, Herr Ketterl, das kann nicht so bleiben. Danke vielmals, daß Sie mir das gesagt haben. Ich werd' gleich was unternehmen. Mein Gott, es ist zum Verzweifeln!"

Ein heißer Sonntagnachmittag lag über der Schwindgasse. Die Sonne fiel auf einen großen, luxuriösen Kohlenherd, sie glänzte auf Reihen von kupfernen Gugelhupf- und Tortenformen an der Wand. In der Mitte stand ein großer Küchentisch, an dem Paula eine Jause herrichtete. Sie trug einen schwarzseidenen, weit ausgeschnittenen Schlafrock, Saffianpantöffelchen, an ihren Ohren funkelten Brillantohrringe, fast an jedem ihrer Finger blitzte ein Diamantring.

Als es an der Dienstbotenstiege zweimal läutete, ging sie durch eine kleine Glastür hinaus und kam mit Mihajlowitsch zurück, der im Sonntagsanzug war. Er trug vorsichtig eine mit Spagat zusammengeschnürte Zuckerschachtel unter dem Arm.

Paula warf sich ihm an den Hals und bedeckte sein Gesicht mit Küssen. „Gott sei Dank, daß du da bist! Den Sonntag hab' ich nicht erwarten können. Bis die Diensttrampeln weg waren ... was ich aussteh! Oh, Peterl, Peterl, Peterl ... keine Ruh läßt mir der ungarische Lump... O Gott, o Gott, das ist wirklich ein Opfer für die Partei. Wenn der Kognak nicht wär', ich würd' es nicht mehr aushalten. Was ist denn mit der komischen Schachtel, stell sie doch weg!"

Mihajlowitsch schob Paula ängstlich von sich. „Aufpassen, aufpassen!" flüsterte er.

Er stellte die Zuckerschachtel auf den Tisch, schnürte sie auf und nahm ein Lederetui heraus. Er drückte auf einen Knopf, der Deckel sprang auf, und auf weiße Seide gebettet lag eine apfelgroße Bombe aus dunkelblauem Stahl. Seine Augen flammten vor Stolz. Paula wich ängstlich zurück, er aber hob das Etui hoch, die Sonne fiel auf die Bombe, die wie eine Kostbarkeit funkelte, und er deklamierte: „Das ist sie, die Befreierin, die Erlöserin, die heilige Bombe. Ein Schlafwagenkondukteur hat sie mitgebracht. Die Erlöserin, die einzige Hilfe für das verzweifelte, getretene Volk. Sie gibt uns Macht für einen Vernichtungskrieg gegen die großen und kleinen Lumpen. Kein Erbarmen mit der Ausbeuterbrut, die uns das Mark aus den Knochen saugt, jeden Augenblick einen Arbeiter niedersäbelt... Hoch die Chemie, hoch die Wissenschaft! Ja — Wissen ist Macht! Das Wissen hat uns die heilige, die rettende Bombe gegeben, und ich selber geh auf die Mariahilfer Straße, ich selber spreng' den Prohaska in die Luft, so wie die Nihilisten in St. Petersburg den blutigen Zaren."

Paula, die ihn verzückt angestarrt hatte, warf sich mit einem Aufschrei vor ihm nieder, umklammerte seine Knie und schluchzte laut: „Nicht du, Peterl, nicht du, ich mach's, beim Blumenkorso."

Katharina Schratt stand, vom Hals bis zu den Knöcheln in einem Jägerwäschetrikot steckend, mitten im holzgetäfelten Zimmer des Moserbauern. Nanni, im Nachtkorsett und mit eingedrehten Haaren, schnürte ihrer Herrin das Mieder zu.

„Nicht so fest, Nanni", jammerte die Schratt, „nicht so fest, ich will ja klettern!"

Nanni raunzte: „Daß die gnä' Frau in einer Tour auf die blöden Berg umanandklettert."

Die Schratt wurde ärgerlich: „Gib doch Ruh', das ist meine einzige Freud! Ob heut ein Brief kommen wird? Daß er so gar nicht schreibt!"

Während des Ankleidens klagte die Schratt mit weinerlicher Stimme: „Kann man einer Frau mehr antun, als er mir antut? Keine Rollen für mich. Und er schaut zu. Schreibt mir nicht ein einzigesmal, wo er mir täglich zweimal in die Gloriettegasse geschrieben hat! Am End' ist ihm was? Aber das tät doch in der Zeitung stehen... Ich hab' so eine Angst!"

Sie stand auf, Nanni knöpfte ihr den bis zu den Knöcheln reichenden Rock um, der beim Klettern über den Pumphosen getragen wurde, dann setzte sich die Schratt einen Plüschhut mit großem Gamsbart auf, den sie mit zwei langen Nadeln feststeckte. Nanni reichte ihr einen Damenrucksack, von dem Steigeisen baumelten. Über die Brust schlang Katharina Schratt sich ein neues Seil, dann ergriff sie den langen Bergstock. Sie tauchte ihre Finger in das Weihwasserkesselchen neben der Tür, bekreuzigte sich und ging hinaus, begleitet von der plötzlich aufschluchzenden Nanni.

Vor dem Lusthaus im Prater fuhren in hellen Haufen Privatequipagen und Fiaker vor, denen schick angezogene Paare entstiegen. Es herrschte prächtiges Wetter. Reiter und Reiterinnen sprangen vom Pferd, Kellner und Grooms eilten hin und her. Ein schnittiges Gig fuhr vor, das Grassalkowitsch lenkte. Der Prinz warf die Zügel dem Groom zu und half Paula Wondrak galant beim Aussteigen. Dann führte er sie die Stufen hinauf, geleitete sie zwischen den besetzten Tischen hindurch, bis sie in einer Ecke Platz fanden.

Alles drehte sich nach dem Paar um, die Damen zischelten empört: „Unglaublich — skandalös! Die Schratt mit diesem *mauvais sujet?* — Was soll das heißen? — das ist ein Affront..."

Hauptmann Pittoni von den Kaiserjägern lehnte mit Feldbinde, auf den Rücken geschnalltem Säbel, die veilchenblauen Hosen mit grünen Lampassen in Hosenspangen, an einem Felsblock am Fuß der Steilwand des Schauderzinken. Er betrachtete Frau Schratt, die hoch oben in der Wand hing, unablässig durch einen Feldstecher. Neben ihm standen zwei Unterjäger mit Bergstöcken, Seilen, Eispickeln, Klettereisen, Gewehren und Patronentornister in „Ruht"-Stellung, während der Hauptmann zwischen den Zähnen murmelte: „Verflucht, sie kommt nicht weiter..., verflucht, sie macht nicht..."

Die beiden Unterjäger brauchten kein Glas, sie hatten Adleraugen. „Herr Hauptmann... Herr Hauptmann... Heilige Mutter Gottes..."

Ein verwehter Schrei kam aus der Ferne, gefolgt von einem prasselnden Steinschlag. Bergstock und Plüschhut kollerten den Hang hinab. Der Hauptmann blieb unbeweglich, das Glas an den Augen, dann befahl er langsam: „Kloibenschädel, Sie steigen durch die Kalte Rinne bis zur Pallaviciniplatte. Oberkofler, Sie steigen mit auf und seilen ihn dann zu der Dame ab..., sie ist bei Bewußtsein. Aber von dort kann sie nicht weiter. Gewehr und Patronentornister ablegen."

Die beiden Unterjäger spuckten sich in die Hände und begannen den Aufstieg.

Von der Sennhütte auf der Kriegler-Alm flatterte eine kleine Rote-Kreuz-Fahne im Wind. Neben dem eifrig plätschernden Brunnen war eine Gebirgstelegraphenstation des Eisenbahn- und Telegraphenregiments in einem kleinen Zelt etabliert, von dem der Telegraphendraht sich über die Latschen zu Tal schlängelte. Die Berge lagen im Sonnenglanz.

Zwei Telegraphenkorporale lagen neben dem Zelt auf

dem Rücken und rauchten gemächlich ihre Pfeifen. Als
Hauptmann Pittoni aus der Sennhütte trat, fuhren sie auf,
nahmen die Pfeife aus dem Mund und salutierten. Der
Hauptmann gab ihnen ein Blatt, das er von dem großen
Meldeblock riß, den er seiner Kartentasche entnahm.

„Sofort Chiffretelegramm an das Reichskriegsministerium
senden; höchste Dringlichkeit!"

Dei beiden Korporale, die Hände an den Kappen, riefen
wie aus einem Mund: „Zu Befehl, Herr Hauptmann!"

Hauptmann Pittoni verschwand wieder in der Sennhütte.
Der eine Korporal kroch in das Zelt, der andere hockte sich
in die Zeltöffnung und begann das Telegramm in das Klap-
pern des Morseapparats zu diktieren: „An das Reichskriegsministerium Wien I., Chiffretelegramm XQRS durch
33 über 444 L. Achtung Text: 4371509 — Aquinoxaldio —
manistikat — Betelgeuzomoldian — 33751 — 44457 —
32608 — ..."

Schwere Tritte kamen die Treppe herauf. Die Tür zu
Katharina Schratts Zimmer im Moserhof wurde aufgestoßen, zwei Sanitäts-Kaiserjäger setzten die Tragbahre mit
der Schauspielerin nieder. Das Gesicht der Schratt war mit
Pflastern bedeckt. Geübten Griffes hoben die zwei Soldaten
sie auf und legten sie auf das Bett. Die Schratt biß die
Zähne zusammen. Regimentsarzt Dr. Rechnitzer und Nanni
waren ins Zimmer getreten.

„Nanni", sagte die Schratt lächelnd, „nimm aus der zweiten Lad' von oben das Geld und gib jedem der Herrn fünfzig Gulden." Zu den Kaiserjägern gewendet: „Ich dank'
euch von ganzem Herzen..., ihr habt's mich getragen wie
die Engeln..., nicht ein einzigs'mal ang'stoßen..., bei euch
möcht ich krank sein..., vergelt's Gott tausendmal."

Die Sanitätssoldaten verließen salutierend den Raum,
während Dr. Rechnitzer sich mit dem Lächeln eines Welt-
mannes an die Schratt wandte: „Daß Sie jemals meine
Patientin sein würden, gnädige Frau, ist so unwahrschein-

lich wie ein Roman... Schon als Assistenzarztstellvertreter war ich jedesmal im Offiziers-Stehparterre, wenn Sie gespielt haben."

Sich den Säbel abschnallend, fuhr er fort: „Bitt' schön, Frau Nanni, bringen Sie mir die Flasche Franzbranntwein vom Sanitätsoberjäger... Nein, nein, keine Angst, gnädige Frau, Sie haben sich nur geprellt..., ein bisserl was verrenkt..., den einen Knöchel ... ich renk's Ihnen ein. Es wird nicht sehr weh tun..."

Die Schratt sagte kokett: „Wirklich nicht, Herr Regimentsarzt? Ich bin so wehleidig..."

Nanni erschien mit dem Franzbranntwein. Der Regimentsarzt vermißte plötzlich seine Tasche. „Oh, wo hab' ich nur die Tasche mit den Scheren? Ach, die ist auch unten..., gleich bin ich wieder da..." Er lief hinaus.

Katharina Schratt schluchzte plötzlich auf: „Nanni, Nanni, er denkt doch allerweil an mich... Das kann kein Zufall mit den Kaiserjägern sein ... er hat mich doch lieb! Nanni, Nanni, ich bin so glücklich!" Beide Frauen weinten laut.

Der zurückkehrende Regimentsarzt war ganz verblüfft. „Aber meine Damen, meine Damen, ich hab' doch gesagt, es wird nicht sehr weh tun ... ich will ja nur die Kleider aufschneiden..."

Im kleinen Extrazimmer des Lothringer Bierhauses am Kohlmarkt war ein Pikkolo dabei, alle Semmelkörbchen mit frischen Salzstangeln und Kaisersemmeln zu füllen. Noch waren keine Gäste anwesend.

Der Oberkellner kontrollierte: „Daß alles in Ordnung is' für die Herrn vom Hof, Raubersbua! Hofkundschaft is' haklich. Hast die Abendblätter scho' eing'spannt?"

Der Pikkolo meldete eifrig: „Jawohl, Herr Franz, ja, bitte!"

Der Oberkellner überflog mit einem Seufzer der Erleichterung das Arrangement. Der Speisenträger erschien, worauf der Oberkellner anordnete: „Rasch bedienen, kein

Wort, kein falscher Griff. Die Herren vom Hof sehen alles. Das sein die ersten Fachleut' von der Welt..."

Leibkammerdiener Ketterl trat lautlos ein. Der Oberkellner dienerte tief: „Respekt, Herr von Ketterl, Respekt, Herr Leibkammerdiener."

Immer mehr Gäste erschienen. Ketterl verbeugte sich nach allen Seiten und schüttelte unzählige Hände. Alles ging in gedämpftem Ton und mit den besten Manieren von der Welt vor sich. Immer wieder hörte man: „Meinen Respekt, Herr von Ketterl... guten Abend, mein lieber Herr Leibbüchsenspanner... guten Abend, Herr Mundkoch... Respekt, Herr Hofkoch... Servus, Herr Hofzimmeraufseher..."

Zwei Frauen, die eine schlank, die andere mollig, traten ein. Sie waren wie Stiftsdamen gekleidet. „Küß' die Hand, Frau Hofwäschebewahrerin! Küß' die Hand, Frau Offizenfrau!"

Langsam löste sich das Gedränge. Die Gäste nahmen am großen Tisch Platz. Alles vollzog sich ohne ein lautes Wort. Man hatte den Eindruck, als ob man einer gespenstischen Hofgesellschaft beiwohne. Der Oberkellner und der Speisenträger nahmen geflüsterte Bestellungen entgegen. Der Pikkolo erschien immer wieder lautlos mit schäumenden Bierkrügeln.

Man speiste mit den erlesensten Manieren. Das Gespräch summte. Ketterl präsidierte in unauffälliger Weise, als ob er im Jockeyklub säße. Schließlich klopfte er an sein Glas und sagte: „Ich bitte um Gehör für Frau Offizenfrau Beckmann. Sie hat uns hochinteressante Details mitzuteilen."

Die schlanke Dame errötete etwas, bevor sie begann: „Sie wissen alle, worum es sich handelt. Diese perfide Person hat auf Kosten des durchlauchtigen Prinzen bei Spitzer in den letzten drei Wochen siebzehn Toiletten bestellt. Lauter Kopien von Toiletten der Frau von Schratt. Die Zuschneidedirektrice hat es mir selber erzählt. Und die letzte, die Toilette, die sich Frau von Schratt für den Blumenkorso bestellt hat..."

Ein unterdrückter Aufschrei ging durch die Versammlung: „Ah — unglaublich!"

„Die Rechnungen sind mit Rücksicht auf die bekannten Umstände sehr hoch ausgestellt worden... woher jener durchlauchtige Prinz bei seinen stadtbekannt zerrütteten Finanzen die Mittel dazu nimmt, wer könnte das sagen?"

Ketterl verlor die Fassung. Er schlug mit der Faust auf den Tisch und schrie: „Ich weiß es!" Betretenes Schweigen. Die Herren griffen nach frischen Zigarren. Nach einer Weile sagte Ketterl: „Pardon, meine Damen und Herren! Sie wissen, was geschehen ist und wie es steht. Die Situation ist so delikat, daß nicht einmal wir darüber reden können. Frau von Schratt hat sich in die Einsamkeit zurückgezogen, und jemand — Sie wissen alle, welche durchlauchtige Person ich meine — will ihre Abwesenheit benützen, um Frau von Schratt durch eine Doppelgängerin vor aller Welt unmöglich zu machen. Es ist wahr, wir sind kleine, sehr kleine Leute, aber wir alle haben das Hofjurament geschworen, das sonst niemand in der Monarchie zu schwören hat. Wir stehen ganz anders da als alle sonstigen Untertanen... Für uns gibt es nichts als die Person Seiner Apostolischen Majestät... wir Lakaien kennen mehr Geheimnisse als die Polizeidirektion oder das Innenministerium. Meine Damen und Herren, sammeln Sie Beweise, wo Sie können. Schreiben Sie's auf und geben Sie's mir. Wir haben einen schweren Stand, wir sind arm, wir leben von den wenigen Dukaten des Hofzahlamtes. Wir sind gewöhnliche Leute, aber wir sind treu..."

Über den menschenleeren Hendelplatz bummelte ein Bäkkerbub mit einem Korb frischer Semmeln, während im Volksgarten die Vögel zu singen begannen. Von der Schauflergasse kommend, bog Ketterl mit drei anderen Herren in den großen Platz ein. Sie alle sahen übernächtig aus, aber Ketterl, der nichts von seinen herrschaftlichen Manieren eingebüßt hatte, fuhr fort, ihnen seinen Standpunkt in ge-

wählter Sprache auseinanderzusetzen: „Ihr seht also, daß
das Ganze eine geradezu teuflische Intrige ist."

Die anderen nickten.

Ketterl fuhr dozierend fort: „Gerade der... der Prinz, der
sich in Mayerling derart aufgeführt hat. Nie wird man das
Seiner Majestät auch nur andeuten können. So bleibt als
einzige Möglichkeit, um den Skandal am Blumenkorso zu
verhindern, nur ein Duell übrig, das den Prinzen bewe-
gungsunfähig macht. Aber was sind wir und unsere Kinder?
Gewöhnliche Leute, keiner satisfaktionsfähig. Und am nächsten Dienstag ist Blumenkorso."

Ein großer, hagerer, glattrasierter Herr in der Gruppe
hustete leicht, die Verlegenheit stand auf seinem Gesicht
geschrieben. Er stotterte: „Sie... Sie entschuldigen, Herr
von Ketterl, vielleicht ließe sich was machen. Ich hab' einen
Neffen, der aktiver Offizier ist, k. und k. Hauptmann, heute
ist er auf Burghauptwache..."

Ketterl fragte verblüfft: „Wie ist denn das möglich, Herr
Neubauer?"

Der Herr Neubauer hustete neuerlich, bevor er aber antworten konnte, begann beim äußeren Burgtor die „Tag-
wach", die feierliche Melodie Michael Haydns, zu ertönen.
Es war fünf Uhr morgens. Die Lakaien nahmen die Hüte
ab und standen „Habt acht". Mit dem Verklingen der Trom-
pete begann Neubauer wieder: „Die Sach' is' so. Ich hab'
eine Schwester gehabt, die eine berühmte Kunstreiterin war.
Vielleicht erinnert ihr euch aus eurer Jugend an die Miss
Flora?"

Wie ein Mann riefen sie: „Oh, die Miss Flora, die war
wunderbar!"

„Ja —", fuhr Neubauer fort, „denkt's euch, einmal ist sie
mit dem Zirkus nach Sarajevo gekommen, wie das noch
türkisch war. Dort verliebt sich ein steinreicher Bei in sie,
heiratet sie, nachdem er seinen ganzen Harem weggeschickt
hat. Aber sie hat mohammedanisch werden müssen. Darauf
hat unser Vater, der streng katholisch war, sie und ihre

ganze Nachkommenschaft verflucht. Nie haben wir ihr schreiben dürfen. Und der älteste Sohn von der Fanny ist im Theresianum erzogen worden. Heut' ist er der Hauptmann Hassan Begowitsch von den Einser-Bosniaken."

Ketterl sagte verblüfft: „Nicht möglich! Der berühmte Fechter, der internationale Champion von Monte Carlo?"

Neubauer fuhr fort: „Wir kennen uns nicht. Er ist so reich, daß ich immer zu stolz war, ihn aufzusuchen. Aber ich bin sicher, daß ich mit ihm reden kann. Nur muß ich ihm alles sagen können, Herr von Ketterl."

Aus Ketterls Zügen war jede Spur von Müdigkeit verschwunden, ein Lächeln überflog sein Gesicht: „Einem kaiserlichen Offizier — selbstverständlich; geh'n wir auf die Burghauptwache."

Ketterl und Neubauer traten in ein kahles Zimmer der Burghauptwache. Durch ein großes, vergittertes Fenster fielen die Strahlen der Morgensonne herein, und vor der Tür, die in das Zimmer des Burgwachkommandanten führte, standen zwei bosnische Ordonnanzen mit Patronentasche.

Ketterl wandte sich an die mit dem Gefreitenstern geschmückte Ordonnanz: „Ich bin der Erste Leibkammerdiener..."

Der Gefreite salutierte verlegen: „Nix Deutsch, bitten schön... ich holen Gospodin Feldwebel..."

Und er verschwand im Wachzimmer, aus dem er mit einem dienstführenden Feldwebel zurückkam, der etwas lässig salutierte und auf Wienerisch fragte: „Bitt' schön?"

Ketterl begann von neuem: „Ich bin Ketterl, Erster Leibkammerdiener Seiner Kaiserlichen und Königlichen Apostolischen Majestät..."

Der Feldwebel fuhr zusammen, salutierte nochmals stramm und nahm Habt-acht-Stellung an.

Ketterl fuhr fort: „Ich habe mit diesem Herrn dem Herrn Burghauptwachekommandanten in geheimer Hofsache eine wichtige Meldung zu machen."

Der Feldwebel salutierte neuerlich und stammelte: „Bitte sehr, bitte sehr, bitte augenblicklich, bitte sofort!"

Er klopfte an die Tür, man vernahm ein undeutliches „Herein". Der Feldwebel schloß die Tür hinter sich, während die beiden Hoflakaien mit gezogenen Hüten warteten.

Nach wenigen Sekunden schoß der Feldwebel heraus, ließ die Tür offen und schmetterte: „Ich bitte gehorsamst einzutreten!"

Sie traten in einen großen, kahlen, gewölbten Raum, den ein lebensgroßes Kaiserbild beherrschte. An der einen Wand stand der alte Werbetisch der Dampierrekürassiere aus dem frühen 17. Jahrhundert.

Der Hauptmann, ein großer, gutaussehender Südslawe mit kleinem Schnurrbärtchen, erwartete sie in voller Paradeuniform mit Feldbinde und Glacéhandschuhen. Als Mohammedaner trug er statt des Tschakos einen roten Fes etwas schief auf dem Scheitel.

Höflich salutierend trat er unter Sporengeklirr auf die beiden zu: „Hauptmann Hassan Begowitsch."

Ketterl und Neubauer verbeugten sich tief. Ketterl ergriff das Wort: „Herr Hauptmann, Ketterl, Erster Leibkammerdiener Seiner Majestät, stellt sich gehorsamst vor. Gestatten, Herr Hauptmann, daß ich mit Herrn Hauptmanns Onkel, Herrn Obersaaltürhüter Neubauer, bekannt mache."

Der Hauptmann griff sich jäh an die Stirn. Aus seinem schönen Männergesicht sprach tiefste Erschütterung. Er versuchte etwas zu sagen, brachte aber keinen Laut hervor. Plötzlich machte er einen Schritt auf Neubauer zu und brach in die Knie. Jäh aufschluchzend umklammerte er seinen Onkel.

Ketterl war so bewegt, daß er den Hut vor das Gesicht hielt, während Neubauer sich mit dem Taschentuch die Tränen abwischte.

Der Hauptmann weinte. „Onkel, Onkel, Bruder der Mutter... wie Sie ihr gleichen... Mutter, zehn Jahre ist sie tot..."

Neubauer stammelte verlegen: „Ich bitt' dich, Bub, reg'
dich nicht auf... Meinetwegen soll mi' der Vater aus'm Feg'-
feuer heraus verfluchen... Endlich hab' ich dich g'seh'n...
so ein schöner Mensch bist du geworden... der Bub von
meiner Flora... aber ich bitt' dich, steh' auf, wann wer
hereinkommt..."

Er half dem Hauptmann hoch, staubte ihm die Knie ab.
Hassan Begowitsch packte seine Hände und küßte sie. Dann
trocknete er sich das Gesicht mit einem nach Juchtenpar-
füm duftenden Seidentuch. Er bat Ketterl um Entschuldi-
gung: „Herr Erster Leibkammerdiener, ich bitte um Ent-
schuldigung... aber die Ähnlichkeit mit meiner Mutter...
obwohl mein Onkel ein alter Herr ist... ich kann's Ihnen
nicht schildern... bitte, bitte doch Platz zu nehmen."

Er führte sie zum Frühstückstisch. Neubauer betrachtete
ihn voll Zärtlichkeit: „Herr Hauptmann, heute sagen sich
Blutsverwandte nicht mehr Sie. Man sagt du. Sagst mir
auch du, gelt?"

Der Hauptmann küßte ihm wortlos die Hand.

Ketterl ergriff diplomatisch das Wort: „Ich sehe es als
ein Zeichen von Gott, daß diese Wiedervereinigung von
Onkel und Neffe am Beginn einer schweren und verant-
wortungsvollen Tat steht, in der Sie, Herr Hauptmann, eine
entscheidende Rolle spielen."

Hauptmann Begowitsch blickte auf.

„Es ist ein Hofgeheimnis, Herr Hauptmann, ein Hofge-
heimnis von größter Wichtigkeit, über das ich aber mit
Ihnen nicht reden kann, bevor Sie nicht einen religiösen
Eid ewiger Verschwiegenheit abgelegt haben..."

Der Hauptmann fiel ein: „Ich gebe mein Offiziersehrenwort."

Ketterl wurde verlegen: „Bitte tausendmal um Verzeihung.
Ein Hofjurament darf nur auf die Bibel und das Kruzifix...
oh, Pardon, Herr Hauptmann, sind Mohammedaner... mein
Gott, was machen wir?"

Hassan Begowitsch sagte ganz hilflos: „Ich darf nur auf
den Koran schwören."

Da sprang Neubauer auf: „Ich hab's! Mein Freund Won-
dratschek wohnt am Fräuleingang. Er ist Aufseher erster
Klasse in der Hofbibliothek. Der kann einen Koran holen,
bevor aufgesperrt wird, er hat die Schlüssel!"

Auf dem Werbetisch der Dampierrekürassiere lag auf
einem Stück grünen Samt der Koran des Prinzen Eugen.
Der Hauptmann hatte die Handschuhe ausgezogen und hielt
die Hände in der islamischen Gebetsstellung mit nach oben
gedrehten Handflächen. Ketterl und Neubauer standen bedeckten Hauptes unter dem Bild des Kaisers.
Hauptmann Begowitsch rezitierte mit lauter Stimme die
„öffnende" Sure:

„Lob sei Allah, dem Weltenherrscher,
Dem Barmherzigen, Erbarmungsreichen,
Dem Könige am Tage des Gerichts!
Dir dienen wir und zu Dir rufen wir um Hilfe;
Leite uns den rechten Pfad,
Den Pfad derer, denen Du zürnst, und nicht den der
    Irrenden!"

Dann rief er mit lauter, starker Stimme: „Im Namen
Allahs des Barmherzigen, Erbarmungsreichen schwöre ich
ewiges, dreimal ewiges Geheimnis!"
Er bedeckte den Koran ehrfürchtig mit dem grünen Samt.
Ketterl begann: „Herr Hauptmann müssen wissen, daß
das Leben unseres allergnädigsten Kaisers und Herrn ein
furchtbar unglückliches ist, ein einsames und trauriges…"

Im Probesalon der Maison Spitzer im ersten Stock hatte
es sich Prinz Grassalkowitsch, eine rosa Nelke im Knopfloch, in einem Fauteuil bequem gemacht. Der Zylinder mit
den Glacéhandschuhen darin stand neben ihm auf dem
Boden. Der Prinz, lässig zurückgelehnt, war tadellos chaus-
siert, rasiert, coiffiert, toilettiert. Er studierte Paula Won-
draks Erscheinung, die von den zahllosen Probierspiegeln

zurückgeworfen wurde. Sie trug die Robe für den Blumenkorso.

Madame Spitzer, eine schöne, vollbusige Frau in hoch-
geschlossenem Seidenkleid, einen Zwicker auf der Nase, um-
kreiste Paula, während sie Rufe der Bewunderung ausstieß:
„Wirklich superb, gnädige Frau... diese Figur... diese
himmlische Büste... ein Wunder der Natur, als ob die
gnädige Frau und die Schratt Zwillinge wären..."

Paula Wondrak warf dem Prinzen einen vielsagenden
Blick zu. Grassalkowitsch lachte: „Wirklich *magnifique!*
Bitte schicken Sie die Robe sofort in die Schwindgasse...
und die Rechnung?"

Paula Wondrak verschwand in der Probierkabine. Ma-
dame Spitzer überreichte dem Prinzen devot knicksend die
Rechnung. Er warf einen Blick darauf: „Wie? 1200 Gulden?
Ah, hier..."

Er zog die Brieftasche, entnahm ihr die Banknoten, wik-
kelte die Rechnung darum und überreichte das Ganze Madame Spitzer, die in eine Flut von Dankesworten ausbrach:
„Mille fois merci, mon prince, merci, merci, merci..."

Die Gesichter der drei Männer im Zimmer des Burghauptwachekommandanten waren durch die Schwaden des
blauen Zigarettenrauchens kaum erkennbar. Die Züge des
Hauptmanns trugen den Ausdruck eiserner Entschlossenheit,
als er Ketterl antwortete: „Selbstverständlich. Können Sie
mir sagen, wo dieser Prinz verkehrt, in welchen Lokalen,
wann er zu treffen ist?"

Ketterl zog ein Blatt Papier aus der Brusttasche: „Ich
kann es ganz genau sagen. Die Hofdetektive der Staatspolizei sind immer hinter ihm her. Hier ist seine Tageseinteilung. Also, um eins ist Wacheablösung... ja... von
drei bis vier pflegt er mit dem skandalösen Frauenzimmer
auf der Terrasse des Kursalons zu sitzen..."

Der Hauptmann blickte auf die Uhr: „Ausgezeichnet! Ich

führe die Wache in die Heumarktkaserne, esse in der Menage, fahre in meine Wohnung in der Wohllebengasse, zieh' mich um... ich kenn' den Kerl vom Sehen... um drei bin ich im Kursalon... Reg' dich nicht auf, Onkel, mir geschieht nichts."

Neubauer seufzte tief auf.

Auf der Terrasse des Kursalons den Schwarzen nach dem Mittagessen zu trinken, war damals gerade in Mode gekommen. Die ganze elegante Welt traf sich hier. Der Prinz und die Wondrak — in einer eleganten Toilette aus Lyoner Seide — saßen an der Balustrade. Paula sah sehr schick aus.

Grassalkowitsch betrachtete sie eine Weile aus den Augenwinkeln, dann sagte er plötzlich: „Du siehst hinreißend aus."

Paula Wondrak errötete zu ihrem Ärger. Sie hielt das Spitzentaschentüchlein vor den Mund und streckte dahinter die Zunge heraus: „Gott, wie du heute galant bist!"

In der Zwischenzeit war Hauptmann Begowitsch erschienen. Er ging mit der federnden Lässigkeit des großen Athleten über die Terrasse, um in der Nähe Paulas Platz zu nehmen.

Er bestellte einen Türkischen. Begowitsch trug einen neuen, prachtvoll geschnittenen Waffenrock und Pejacsevicshosen. Der Fes saß ihm etwas schief auf dem Kopf.

Paula Wondrak hatte sich nach ihm umgedreht und fragte Grassalkowitsch halblaut: „Was ist denn das für einer? Der mit dem Fes. Ein schöner Kerl. Er schaut so wild aus."

Grassalkowitsch musterte den Hauptmann arrogant, der ihn ebenfalls unverschämt anstarrte und dann mit Paula zu kokettieren begann. Grassalkowitsch antwortete ärgerlich: „Weiß Gott, was für ein Türk' das ist. Irgendein als Offizier verkleideter Hammeldieb."

Paula Wondrak erwiderte ebenso unauffällig wie feurig die Blicke des Hauptmannes. Nach einer Weile zog sie eine kleine goldene Uhr aus der Taille, blickte darauf und rief hörbar: „Um Gottes willen, schon halb vier! Ich hab' doch heute Probe beim Wendl in Döbling, ich muß laufen. Wo wartet der Wagen?"

Grassalkowitsch erwiderte verdutzt: „Ach so — ja, in der Johannesgasse. Kommst du nachher zum Sacher?"

Paula raffte ihre Sachen zusammen und bot ihre Hand Grassalkowitsch zum Kusse: „Natürlich, Putzi."

Sie verschwand seidenrauschend, nachdem sie Hassan Begowitsch einen verzehrenden Blick zugeworfen.

Es vergingen einige Augenblicke, dann stand Grassalkowitsch auf, trat an den Tisch des Hauptmannes, vor dem er, auf seinen Stock gestützt, die Rechte in der Hosentasche, stehenblieb und in impertinent-aristokratischem Tone sagte: „Sie, ich verbitt' mir das, daß Sie in Wien Damen molestieren. Bleiben S' mit Ihren Haremsitten in Stambul, Sie Kümmeltürk', oder ich werd' Ihnen handgreiflich Mores lehren."

Begowitsch sah ihn, ohne ein Wort zu reden, eine Weile an und sagte dann leise zwischen den Zähnen: „Lassen S' die Hand in der Hosentasche oder Sie können sie unterm Tisch aufheben. Der Säbel da ist scharf wie ein Rasiermesser und ich bin k. u. k. Offizier."

Grassalkowitsch lachte unsicher: „No, was denn? Mit dem Türkenfes wie ein Hotelportier. Seit wann hat ein k. u. k. Offizier keine Kappe am Kopf, sondern einen Fes?"

„Wenn er mohammedanischer Konfession ist und im k. u. k. bosnisch-herzegowinischen Infanterieregiment Nummer eins dient..." Begowitsch zog seine Visitenkarte. „Hier meine Karte. Erwarten Sie meine Sekundanten, falls Sie nicht ein satisfaktionsunfähiger Kommis von Rothberger sind."

Grassalkowitsch stieg das Blut ins Gesicht. Er nahm die Karte, warf seine auf den Tisch und sagte: „Ich bin Prinz Alexander Grassalkowitsch, Reserveleutnant bei den Siebener-Husaren. Sie werden was erleben!"

Er drehte sich um und ging, ohne zu grüßen, mitten

durch die Leute, die den Wortwechsel mit größter Spannung verfolgt hatten.

Der Rauchsalon des Jockeyklubs war im orientalischen Stil eingerichtet. An der Wand hingen Bilder halbnackter ägyptischer Schönheiten von Makart. In einer Ecke saß ein Major von den Windischgrätz-Dragonern mit kurzem Vollbart und rasierter Oberlippe, was ihm das Aussehen Abraham Lincols verlieh, und unterhielt zwei Zivilisten mit der Erzählung einer pikanten Geschichte:

„*Parole d'honneur,* in zwei Tagen hab' ich die Oberstin gehabt. Im Garten unter dem Fenster des Zimmers, wo ihr Mann seinen Mittagsschlaf... "

Grassalkowitsch, der einen rosa Kartenbrief in der Hand hielt, trat hastig ein. Er sah sich suchend im Raum um und kam dann auf den Major zu: „Verzeih', daß ich euch stör'. Ich hab' da so eine blöde Geschichte mit einem Infanteristen. Bitt' dich, Auersperg, sekundier' mir... Ich hab' schon den pneumatischen Kartenbrief mit den Namen seiner Vertreter..." Er wandte sich an einen der Zivilisten: „Und du, Jenö, gelt?"

Der Major fuhr lachend in die Höhe und rieb sich die Hände: „Famos, famos. Wer ist der Beleidigte?"

Grassalkowitsch lächelte überlegen: „Natürlich der Fußtarockierer."

Alles lachte, der Dragoner klemmte sich ein Monokel ins Auge und las den Rohrpostbrief. Sein Gesicht wurde blaß. Er betrachtete den Prinzen entsetzt und stammelte: „Bist du ein guter Fechter?"

Grassalkowitsch zuckte die Achseln: „Nicht besonders, so wie halt ein Kavalier fechten können muß."

Der Major: „Na, da sitzt du in einer schönen Geschichte drin. Weißt du, wer das ist?"

Grassalkowitsch erwiderte verärgert: „Nein, wie soll ich jedes bürgerliche Schwein in der Armee kennen?"

Auersperg schüttelte nervös den Kopf. „Es ist der Hauptmann Hassan Begowitsch von den Einser-Bosniaken. Der erste Fechter der gesamten bewaffneten Macht. Internationaler Champion von Monte Carlo im Säbel- und Degenfechten!"

Nun wurde der Prinz blaß und stützte sich mit der Hand auf die Platte des Rauchtischchens. Die Zivilisten sprangen auf. „Jesus Maria, was hast du angestellt?"

Ein livrierter Diener trat lautlos ein und präsentierte dem Prinzen auf einem Silbertablett zwei Visitenkarten, wobei er mit gedämpfter Stimme meldete: „Durchlaucht, Herr, Oberstleutnant Popowitsch und Herr Major Treu vom k. u. k. bosnisch-herzegowinischen Infanterieregiment Nummer eins ersuchen ihre Aufwartung machen zu dürfen."

Grassalkowitsch nahm mit zitternden Fingern die Visitenkarten und stammelte: „Ich lasse die Herren bitten."

Ein großer, schlanker Oberstleutnant und ein noch größerer dicker Major traten, die Kappe in der Hand, sporenklirrend ein. Sie nickten leicht mit dem Kopf und stellten sich vor: „Oberstleutnant Popowitsch! Major Treu!"

Der Oberstleutnant fuhr fort: „Durchlaucht, wir erscheinen als Sekundanten des Herrn Hauptmann Hassan Begowitsch vom k. u. k. bosnisch-herzegowinischen Infanterieregiment Nummer eins und ersuchen um Nominierung Ihrer Vertreter."

Der Prinz hatte sich gefaßt. Er fuhr sich mit einem seidenen Taschentuch über die Stirn. „Darf ich meine Sekundanten vorstellen: Herr Major Erlaucht Graf Auersperg von den Windischgrätz-Dragonern und Graf Jenö Festetics, Mitglied des Magnatenhauses. Sie gestatten, daß ich mich zurückziehe." Und mit einer Verbeugung verschwand er.

Schleppenden Schrittes überquerte der Prinz den einsamen Josephsplatz. Ab und zu blieb er stehen, nahm den Zylinder vom Kopf und wischte sich den Schweiß ab. Abgebrochen sprach er zu sich selbst: „Verfluchte Geschichte, verfluchte Geschichte... mit dem Obersthofmeister hätt' ich mir nichts anfangen sollen... verflucht, verflucht... das ist ein teurer Spaß. Das gefällt mir nicht... das sieht wie arrangiert aus... Von ihm? Am Ende von ihm? Jesus Maria..."

Und fast laufend verschwand er in der Hofburg.

Im Arbeitszimmer des Obersthofmeisters brannten alle Lichter. Grassalkowitsch ging, die Hände in den Hosentaschen, nervös auf und ab. Sein Gesicht war verfallen, die Frisur derangiert. Endlich hörte er das Öffnen und Schließen von Türen, der Obersthofmeister erschien in Frack und weißer Binde, mit dem Goldenen Vlies und den Großkreuzen.

Er schien beunruhigt. „Servus, servus! Entschuldige, daß ich dich hab' warten lassen, aber wir haben Familiensouper, und ich hab' den Toast auf Onkel Gyula ausbringen müssen... Wie siehst du denn aus? Was ist passiert?"

Der Prinz faßte sich mit Mühe: „Verzeih' vielmals... aber es sieht so aus, als ob... stell' dir vor, ich hab' da im Kursalon einen Infanteristen, der mit der Wondrak kokettiert hat, in die Schranken weisen müssen. Fordert mich der Mensch! Und weißt du, wer das ist? Ein Hauptmann Begowitsch von den Einser-Bosniaken. Eben hat mir der Auersperg gesagt, das ist der internationale Champion im Säbel- und Degenfechten."

Der Obersthofmeister sagte konsterniert: *„Oh, quelle bêtise!"*

Grassalkowitsch fuhr fort: „Ich kann mir nicht helfen, ich hab' das Gefühl, daß das eine abgekartete Sache ist... Ich habe keinen Beweis... aber wieso gerade so ein Kerl?... Ob nicht der Allerhöchste Herr was erfahren hat... aber es ist sonst gar nicht seine Art..."

Der Fürst war blaß geworden. Er zog überlegend die Brauen zusammen: „Man kennt sich mit ihm faktisch nicht aus... und übermorgen ist der Blumenkorso... spätestens übermorgen müßt's ihr euch schlagen... das ist wirklich sonderbar. Sind seine Sekundanten schon gekommen?"

Grassalkowitsch: „Gerade vorhin, in den Jockeyklub."

Der Fürst war heiser vor Aufregung: „Sehr unange-
nehm... da heißt es nachdenken. Wir haben sechsunddreißig
Stunden Zeit... Wenn der Bosniak aus Wien verschwinden
würde? Man könnt' ihn dringend in den Sandschak kommandieren lassen... der Allerhöchste Dienst kommt immer
zuerst. Muß man das Duell verschieben und du kannst am
Blumenkorso erscheinen... aber wie das mit der Abkom-
mandierung machen? Mit dem Kriegsminister kann ich
nicht reden, dem sein Vater war Briefträger. Alle Theresien-
ritter sind heute Söhne von Amtsdienern oder Briefträgern...
bei Solferino hat sich der *soi-disant* Minister das Theresien-
kreuz und die Baronie geholt... wie das bei uns schon ist,
ein Skandal..."

Grassalkowitsch rauchte nervös eine Zigarette nach der
anderen.

„Auf niemand kann man sich verlassen. Ich muß zum
Generaladjutanten, das ist der einzige Standesgenosse. Er
hat auch das Vlies. Wir können uns bloß gegenseitig nicht
leiden..."

Die Luft im Rauchzimmer des Jockeyklubs war dick von
Zigarrenrauch. Kognakflaschen und Kognakgläser standen
auf dem Tisch. Oberstleutnant Popowitsch, korrekt dasit-
zend, die Hände über dem Säbelkorb gefaltet, dozierte in
leicht fremdländisch gefärbtem Deutsch.

„Leider muß ich mit Rücksicht auf die Schwere der Be-
leidigung die Einwände Seiner Erlaucht ablehnen. Unser
Mandant ist nicht nur als Person, sondern auch als Mitglied
einer gesetzlich anerkannten Religionsgenossenschaft beleidigt worden. Mit dem Worte ‚Kümmeltürk' ist der ganze
Islam beschimpft worden. Das kann in der Levante große
politische Folgen haben. Du weißt, wie Seine Majestät über
solche Dinge denkt. Deiner Erlaucht Einwand, daß Hauptmann Begowitsch Fechtlehrer ist, muß ich ebenfalls zurück-
weisen. Der Hauptmann ist Frontoffizier, niemals war er

als Fechtlehrer eingeteilt. Nicht einmal im Regiment hat er uns Lektionen gegeben. Das Fechten ist sein Sport. Du kannst also deswegen keinen Einspruch gegen die Wahl der Waffen erheben. Ich bestehe auf Säbelduell mit Stich. Ort des Duells ist die Parzelle D am Heustadelwasser im Prater, übermorgen um vier Uhr früh. Unser Regiment hat zur selben Zeit eine Gefechtsübung auf der Jesuitenwiese. Alle Kommunikationen werden durch Feldwachen gesperrt. Kein Passieren von Publikum oder Polizei. Sollte Seine Durchlaucht die ritterliche Genugtuung verweigern, würden die Folgen für ihn fürchterlich sein. Der Skandal wäre enorm. Und ob du, Erlaucht, dann dein Offizierssportepee behalten könntest, ist zweifelhaft. Meine Herren, unsere Adresse ist bekannt. Wir erbitten bis morgen vormittag zehn Uhr die Rückäußerung."

Er erhob sich, gefolgt von Major Treu. Die beiden Offiziere verneigten sich militärisch, machten sporenklirrend kehrt und verließen den Raum. Graf Auersperg und Graf Festetics waren ebenfalls aufgestanden und hatten sich verneigt, worauf sie konsterniert wieder Platz nahmen.

Graf Festetics zündete sich eine neue Zigarette an. „Kein Ausweg für den Grassalkowitsch. So ein Pech..."

Der Generaladjutant saß in dem Salon, der seine Briefmarkensammlung beherbergt, über den Tisch gebeugt. Er trug eine weiße Hausbluse aus Shantungseide ohne Halsstreifen und betrachtete durch ein Vergrößerungsglas eine rote Merkur. Der Salon war mit Ausnahme eines großen Orientteppichs einfach möbliert. Hohe glatte Glaskästchen, die mit Markenalben gefüllt waren, reihten sich an den Wänden aneinander.

Der Generaladjutant betrachtete die rote Merkur mit offensichtlichem Wohlgefallen. Eine große Petroleumlampe warf ihr mildes Licht auf die Tischplatte. Zu seiner Rechten stand eine Flasche Tokajer mit einem Glas, aus dem er ab und zu ein Schlückchen nahm. Als er eben die Marke mit einer Pinzette gegen das Licht hielt, klopfte es schüchtern an der Tür.

Ein dunkelgrün livrierter Lakai trat mit einem Tablett ein, auf dem eine Visitenkarte lag, und meldete: „Exzellenz, Seine Durchlaucht, der Herr Erste Obersthofmeister, bitten, zu so später Stunde noch empfangen zu werden."

Der Generaladjutant warf einen Blick auf die Visitenkarte und schnitt eine ärgerliche Grimasse: „Oh — zum Teufel —, wo ist denn mein Halsstreifel?"

Der Lakai überreichte ihm lautlos das Gewünschte, der General knöpfte sich die Bluse zu und fauchte durch die Zähne: „Ich lasse den Herrn Ersten Obersthofmeister bitten."

Durch die geöffnete Tür erschien der Fürst, einen Sommerüberzieher über den Frack mit den vielen Orden geworfen. Er strahlte von Herzlichkeit: „Servus, servus, Exzellenz! Du wunderst dich gewiß, aber es ist wichtig, eminent wichtig..."

Der Generaladjutant verneigte sich förmlich, reichte ihm die Hand, bot ihm aber keinen Sitz an: „Servus! Was ist los? Erzähl, Fürst, ich laß mich nicht gern bei meinen Marken stören."

Der Obersthofmeister lachte: „Ich weiß, alle Leut' erzählen sich von deinen Marken... aber es ist etwas passiert, wo du eingreifen mußt. Stell' dir vor, ein Infanterist hat den Grassalkowitsch gefordert. Ein Fechtmeister! Das ist doch unmöglich."

Der Generaladjutant zog die Stirn kraus. „Was heißt das? Fechtlehrer sind Wachtmeister, die niemand fordern können."

Der Obersthofmeister lachte auf: „No ja, nicht ein Fechtlehrer direkt, ein Bosniakenhauptmann..."

Der Generaladjutant fuhr auf: „Der Hauptmann Begowitsch?"

Der Fürst seufzte: „So heißt der Kerl. Sitzt der Grassalkowitsch mit seiner Maitresse im Kursalon, und die Kanaille untersteht sich, mit ihr zu kokettieren. Da muß doch der Grassalkowitsch eingreifen..."

Der Generaladjutant erklärte in eisigem Ton: „Was geht das mich an?"

Der Obersthofmeister wurde unsicher: „Du mußt doch verstehen, wir können doch nicht unsereins von einem, sagen wir Fechtkünstler, abstechen lassen... wir müssen doch zusammenhalten..."

Das Gesicht des Generaladjutanten war rot geworden, als er fragte: „Meinst du?" Er machte die Tür auf und rief hinaus: „Baptiste, ich brauch' nichts mehr, gehn S' schlafen!" Dann wandte er sich dem Obersthofmeister zu: „Und diese Dame heißt Paula Wondrak und sieht der Schratt zum Verwechseln ähnlich?"

Der Fürst stotterte: „Ich, ich weiß nicht, wieso? Wie soll ich das wissen? Aber du mußt den Bosniaken abkommandieren lassen..."

Der Generaladjutant packte den Fürsten an der Schulter: „Und beim Blumenkorso soll der Falott, der Grassalkowitsch, mit ihr am Allerhöchsten Herrn vorbeifahren? Und du hältst das feine Paar aus! Wenn ich nicht so alt wär', würd' ich mich mit dir über das Schnupftüchel schießen. Du weißt, was du dem Allerhöchsten Herrn angetan hast?"

Der Obersthofmeister fiel mit aschgrauem Gesicht in einen Sessel.

„Der Ketterl und ich wissen alles. Ja — daß du's weißt, das Duell ist arrangiert und der Grassalkowitsch wird's nicht überleben. Ich selber hab' den Bosniaken fechten g'seh'n. Und du, du werd' krank, heut' nacht noch, und geh. Geh nach Ägypten oder schieß dir eine Kugel durch den Kopf. Aber dazu bist du zu fromm. Servus, Durchlaucht. Dort ist die Tür!"

Mit einem unartikulierten Laut erhob sich der Obersthofmeister und entfloh.

Übernächtig, mit tiefen Schatten unter den Augen bog Prinz Grassalkowitsch in das Portal des fürstlichen Palais des Obersthofmeisters ein, als ihm der Portier, die silberbordierte Kappe in der Hand, aus seinem Glasverschlag entgegentrat und meldete: „Durchlaucht sind heute nacht mit der hochfürstlichen Familie wegen jäher Erkrankung im Sonderzug nach Triest gereist. Geruhen auf Anweisung der Ärzte Ägypten aufzusuchen."

Im ersten Moment verstand Grassalkowitsch den Portier nicht recht. Er lächelte ihn an und sagte geistesabwesend: „So, so... ich laß' schön grüßen... interessant. Mein Beileid... oh, was wird aus mir?"

Er stürzte davon.

Der Prinz stand im Fechtanzug mitten im Fechtsaal der Josefstädter Reiterkaserne. Er trainierte mit dem Fechtlehrer des Regiments. Einige der Offiziere sahen zu, standen herum, gingen weg. Andere kamen.

Der Saal war vom Geschrei der Fechter erfüllt.

„*Touché — touché* — Halbe Drehung nach rechts — Kreuz hohl — locker im Handgelenk ... mehr federn, mehr federn — *touché, touché*... Kreuz hohl..."

Grassalkowitsch focht mit Verzweiflung und wilder Wut. Mehrere Offiziere des Dragonerregiments standen um ihn herum und betrachteten ihn genau.

„Er macht es nicht schlecht", resümierte ein glatzköpfiger Rittmeister, „er verbessert sich immer mehr. Wenn er zwei Wochen täglich zehn Stunden fechten würde..."

„Ach was", meinte der Oberst, der eine lange Virginia im Munde hatte, „man muß auch mit dem Glück rechnen. Gerade einem Meister gegenüber kann ein ungeübter Fechter oft Chancen haben. Er kann ihn durch eine Parade, die ganz regelwidrig ist, so verwirren, so aus der Fassung bringen, daß er sich eine Blöße gibt. Aber jetzt hört's auf. Es ist Zeit für eine Pause. Komm in die Menage, Prinz, zu einem richtigen Husarenfrühstück!"

Im Spielsalon des Jockeyklubs waren zwei Partien im Gange. Grassalkowitsch blickte suchend um sich und wollte wieder fortgehen, als der ewig verschlafen aussehende Graf Potocki eintrat. Auch er blickte sich um, gähnte leicht, klemmte sich den Zwicker fester auf die Nase und sagte dann zum Prinzen: „Was ist's mit einer Partie Färbel?"

„*Bon*", erwiderte der Ungar. „Das ist eine Idee. Setzen wir uns ins Eck."

Sie setzten sich unter eine Bronzestatue von Tilgner, ein nacktes Mädchen, das ein Herz-As in der Hand hielt. Lautlos erschienen zwei Lakaien, zündeten eine Kerzengirandole an, brachten ein neues Paket Karten und fragten respektvoll nach den Wünschen der Herren. Potocki bestellte ein Glas Champagner, Grassalkowitsch eine Flasche Mineralwasser. Er mußte einen klaren Kopf behalten, morgen früh hatte er das Duell im Prater. Mechanisch nahm er die Karten, spielte er aus.

Er gewann, ohne daß er sich dessen bewußt war.

Ah — wenn nur das verdammte Duell vorüber wäre!

Der Fürst war weg?

Was war passiert? Ach, wenn er sich nur nicht in diese Geschichte eingelassen hätte! Das Frauenzimmer war ja gar nicht übel — wenn er nur weg wäre. In Paris mit ihr, an der Riviera...

Wieder strich er einen Hunderter ein.

Der Fürst war weg?

Hatte der Kaiser etwas erfahren?

Ihm selbst konnte man nichts nachweisen. Alles war nur mündlich abgemacht worden...

Er blickte auf, erregte Herren drängten um den Spieltisch. Wieso? Warum?

Entgeistert sah er einen Berg von Banknoten vor sich liegen. Potockis magere Züge waren leichenblaß und mit Schweiß bedeckt. Die große Pendüle in der Ecke schlug eben Mitternacht.

Der Pole leerte das dritte Glas Champagner mit einem Zug. Heiser kam es von seinen Lippen.

„Ich habe kein Bargeld mehr bei mir, Xandl. Spielen wir auf Bons?"

330

Grassalkowitsch protestierte, es sei schon spät und er müsse morgen in der Früh ... sie sollten Schluß machen.

„Nein, nein", stieß der Graf hervor, „ich habe schon 12.000 Gulden verloren. Du mußt mir Revanche geben!"

Der dicke Baron Rothschild nahm einen Sessel und setzte sich zu ihnen.

Schon war die Luft blau von Zigarrenrauch.

Die Nachricht von der scharfen Partie hatte sich im ganzen Klub verbreitet. Aus allen Räumen strömten die Mitglieder ins Spielzimmer. Das Kartenspiel ging weiter.

Eine Weile achtete Grassalkowitsch auf die Karten und verlor. Wieder kamen Gedanken an den unangenehmen Morgen im Prater, ein Bild Paulas in Dessous streifte seine Erinnerung.

Er gewann.

Er spielte wie ein Automat.

Das bleiche Gesicht seines Gegenübers hatte sich rot gefärbt. Die Hände, die die Karten hielten, begannen leicht zu zittern.

Graf Carlo Dubsky meinte tadelnd: „No, macht's doch endlich Schluß." Zu Potocki gewendet: „Du, Roman, hast ja schon 400.000 Gulden verloren!"

Wie durch einen Nebel hörte Grassalkowitsch: „400.000 Gulden." Mein Gott, jetzt war er ja schuldenfrei!

Welch ein Leben lag vor ihm! Er spielte aufmerksam weiter. Gespannt sah er in seine Karte...

Bis auf die Straße hatte sich das Gerücht von dem ungeheuren Gewinn des Prinzen Grassalkowitsch verbreitet. Schon sprachen die Wachleute mit den Würstelmännern darüber. Schon war es eine kleine Menge, die von der Albrechtsrampe zu den beleuchteten Fenstern des Spielsalons, den einzigen, hinter denen noch Licht brannte, hinaufsah.

Der Portier gab die Fortschritte des Spiels an den Wacheinspektor weiter. Immer horrendere Summen wurden genannt. Aufgeregt starrte die Menge zu den Fenstern empor und vergaß dabei ganz, daß es allmählich zu dämmern begann. Die Vögel im nahen Kaisergarten fingen zu singen an.

„Eine Million hat er gewonnen!"

Mit vor Aufregung zitternder Stimme rief es der Portier hinaus.

Ein Murmeln der Bewunderung lief durch die Wartenden.

Wenige Minuten später erschien die Gestalt des Prinzen im Haustor. Von der Augustinerkirche schlug es vier.

„Der Fiaker Seiner Durchlaucht", brüllte der Portier heiser.

Ganz benommen stieg der Prinz ein. Millionär, Millionär, ging es durch seinen Sinn... Und in einer Stunde der Prater...

„Ins Palais", sagte er dem Fiaker.

Über dem Heustadelwasser war die Sonne aufgegangen. Die Vögel in den Aubäumen sangen. Die Libellen schossen wie bläuliche Blitze über den Wasserspiegel. Kein Mensch war weit und breit zu sehen, die Blätter der uralten Bäume funkelten zitternd wie flüssiges Silber.

Am fernen Rand der Lichtung tauchten zwei geschlossene Fiaker auf, fuhren näher, blieben stehen. Ein bosnischer Offiziersdiener sprang vom Bock des ersten Wagens und öffnete den Schlag, worauf ein Feldimam in der schwarzen Uniform der k. u. k. Feldgeistlichen, einen Turban auf dem Kopf, ausstieg. Hauptmann Begowitsch folgte ihm in Waffenrock und Salonhosen.

Der Offiziersdiener entrollte einen Gebetsteppich, während aus dem anderen Fiaker die Sekundanten mit den Säbelfutteralen und ein Oberstabsarzt ausstiegen. Sie hielten sich abseits.

Hauptmann Begowitsch nahm eine Bussole zur Hand und ermittelte die Richtung, in der Mekka lag, worauf er dem Offiziersdiener befahl: „Hierher den Gebetsteppich, Ali!" Er schnallte den Säbel ab: „Nimm den Säbel!" Dann wandte er

sich fragend an den Imam: „Darf ich beginnen, Ehrwür-
den?"

„Gewiß, Bruder." Zum Offiziersdiener: „Und du lege die
Waffe weg, Rechtgläubiger!"

Hauptmann Begowitsch kniete in der Richtung gegen
Mekka auf dem Gebetsteppich nieder und warf sich dreimal
zu Boden. Dann begann er, die Hände erhoben, in ernst-ge-
tragenem Sprechgesang zu beten.

Unterdessen war eine Reihe herrschaftlicher Equipagen
in gestrecktem Galopp vorgefahren und hatte jäh pariert.
Grassalkowitsch, seine Sekundanten und ein Universitätsprofessor der Chirurgie stiegen aus. Mit Ausnahme von
Auersperg trugen alle Gehröcke und Zylinder.

Oberstleutnant Popowitsch und Major Treu näherten sich
den Herren, Auersperg blickte verblüfft zum Gebetsteppich
hinüber. Er und der Graf grüßten, stellten den Universitätsprofessor vor, worauf Auersperg, hinüberdeutend, fragte:
„Ja, was ist denn das, Herr Oberstleutnant?"

Eisig sagte Popowitsch: „Herr Hauptmann Begowitsch
rezitiert nach den Gesetzen seiner Religion die Sure des
Todes, wie jeder fromme Muselmann, wenn es zum Sterben
kommen kann."

Grassalkowitsch, der das gehört hatte, verfärbte sich. „O
mein Gott, o mein Gott", stammelte er, „meine Nerven!"

Der Universitätsprofessor, ein eleganter Mann mit wohl-
gepflegtem Vollbart, reichte ihm eine Beruhigungspille.

In diesem Moment erhob sich der Hauptmann. Der Offiziersdiener rollte den Gebetsteppich zusammen und half seinem Herrn beim Ablegen des Waffenrockes, beim Ausziehen des Hemdes. Grassalkowitsch, der von seinem Kammerdiener umsorgt wurde, blickte nervös zur Sekundanten-
gruppe hinüber, die in eine Diskussion verwickelt war, von
der er nichts verstehen konnte als den abschließenden Ausruf des Oberstleutnants: „Nein, keine Handschuhe und keine
Pulsbinden!"

Der Universitätsprofessor hatte unterdes sein Besteck aus-

gebreitet, er desinfizierte mit dem Oberstabsarzt die ausgewählten Kavalleriesäbel mit Karbol, wobei ihm Grassalkowitsch mit leichtem Zittern zusah.

Der Major Graf Auersperg kam mit einem verdrießlichen
Gesichtsausdruck auf ihn zu: „Es ist nichts zu machen, sie
sind wie Büffel. Bitt' dich, komm an deinen Platz!"

Auf der Gegenseite wurde Begowitsch von seinen Sekundanten geleitet.

Oberstleutnant Popowitsch verkündete mit lauter Stimme:
„Meine Herren, das ist ein Säbelduell mit Stich bis zur
Kampfunfähigkeit. Geloben Sie, die Bedingungen des Kamp-
fes ehrlich zu erfüllen?"

Begowitsch und Grassalkowitsch, die in der vorgeschrie-
benen Entfernung voneinander standen, antworteten gleichzeitig: „Ich gelobe!"

Oberstleutnant Popowitsch fuhr fort: „Ich mache Sie,
meine Herren, darauf aufmerksam, daß Sie, bevor ich als
ältester Sekundant ‚Los!' sage, nicht vorgehen und die Säbel
kreuzen dürfen und daß Sie bei Ihrer Ehre verpflichtet sind,
auf das ‚Halt!' irgendeines Sekundanten augenblicklich still-
zuhalten. Und nun losen wir, wem die Säbel zufallen. Kopf
ist Herr Hauptmann Begowitsch, Adler Seine Durchlaucht
Prinz Grassalkowitsch!"

Er schleuderte einen Silbergulden in die Luft, hob ihn
auf. „Adler! Bitte Durchlaucht, den Säbel zu wählen!"

Graf Festetics brachte die Säbel, von denen Grassalkowitsch geistesabwesend einen ergriff, worauf Popowitsch an
seine Seite trat, ungefähr zwei Meter von ihm entfernt. Auf
die andere Seite stellte sich, einen Säbel in der Hand, Graf
Festetics. Major Treu und Graf Auersperg placierten sich
an die Seite von Begowitsch. Die Offiziere zogen ihre Säbel
und hielten sie mit der Spitze zur Erde gesenkt. Oberstleutnant Popowitsch warf einen prüfenden Blick um sich.

Der Feldimam stand mit dem Offiziersdiener weiter zurück. Dem letzteren begannen die Tränen über das Gesicht
zu rinnen. Er zitterte am ganzen Leib, während der Geist-

334

liche einen mohammedanischen Rosenkranz herausgezogen hatte, dessen Perlen er durch die Finger gleiten ließ.

Die beiden Ärzte beobachteten ruhig die Gegner. Plötzlich rief Popowitsch mit Donnerstimme: „Los!"

Der Kaiser stand vor dem Spiegel und glättete mit einem kleinen Schildkrotkamm seinen Backenbart. Ketterl wartete mit dem Hausrock hinter ihm.

Der Kaiser schien zu einem Gespräch bereit. „Was gibt's Neues, Ketterl? Was reden die Leut'?"

Ketterl meldete mit gedämpfter Stimme: „Ganz Wien spricht über die plötzliche Abreise Seiner Durchlaucht des Herrn Ersten Obersthofmeisters und über seine angebliche Krankheit. Den Leuten kommt da was nicht richtig vor."

Der Kaiser ließ sich von Ketterl in den Hausrock helfen. „Wirklich? Wieso denn? So was kann doch passieren."

Ketterl reichte das Halsstreifel: „Die Leut' sagen, daß Seine Durchlaucht geflohen sind, weil die Intrigen Seiner Durchlaucht gegen die gnädige Frau aufgekommen sind."

Der Kaiser packte Ketterl aufgeregt am Frackrevers: „Jesus Maria, was ist das? Wo ist die gnädige Frau?"

Ketterl mit niedergeschlagenen Augen: „Am Schauderzinken beim Moserbauern!"

Der Kaiser brauste auf: „Und das sagen Sie mir erst jetzt? So was hab' ich nicht von Ihnen erwartet."

Ketterl stammelte mit Tränen in den Augen: „Majestät haben doch nie zu fragen geruht. Wie kann ich von selber..."

Und er begann die lange Geschichte.

Nach einer Viertelstunde war er fertig. Er stand in Habtachtstellung vor dem Monarchen, der auf einen Fauteuil gesunken war, und beendete seinen Bericht: „Und so haben Seine Durchlaucht auf geradezu teuflische Weise die gnädige Frau aus Wien entfernt, haben eine Doppelgängerin der gnädigen Frau ausfindig gemacht und eine Liaison dieser

Person mit Seiner Durchlaucht dem Prinzen Alexander Grassalkowitsch arrangiert, um den Ruf der gnädigen Frau zu vernichten..."

Der Kaiser fuhr auf: „Was? Mit dem infamen Kerl?" Er hielt sich die Stirn. „Mein Gott, was muß sich die gnädige Frau von mir denken, Ketterl? Ich bin ja blind gewesen! Wie steh ich vor ihr da? Ketterl, ich schreib' ihr gleich, und Sie bringen ihr den Brief. Telegraphieren Sie sofort um den Hofzug!"

Sie fochten. Die muskulöse Hand des Hauptmanns Begowitsch wehrte leicht die unaufhörlichen nervösen Attacken der Klinge des Prinzen ab. Unaufhörlich klirrte Stahl auf Stahl. Die Augen der Sekundanten folgten den blitzenden Klingen.

Grassalkowitsch' Antlitz begann sich zu verändern, wurde zu einem Zerrbild von Wut und Schrecken. Schweiß rann über seine Züge. Immer und immer wieder griff er an und scheiterte stets an der steinernen Parade des Hauptmanns.

Begowitsch' Antlitz trug den Ausdruck höchster Konzentration. Seine Augen wichen nicht von des Gegners Klinge, die plötzlich seine Schläfe streifte. Da veränderte sich sein Ausdruck, er schnellte mit dem Ausruf: „Im Namen Allahs, des Barmherzigen, Erbarmungsreichen!" vor, schlug Grassalkowitsch' Parade durch und rannte ihm die Klinge in die Brust, aus der er sie blitzschnell wieder herauszog, während der Sekundant: „Halt! Halt!" rief.

Grassalkowitsch stürzte zu Boden.

Der Oberstabsarzt war herbeigeeilt und kniete mit dem Universitätsprofessor neben dem Prinzen. Er suchte den Puls. Der Professor hielt das Hörrohr an das Herz, blickte zum Oberstabsarzt und sagte leise: „Exitus letalis."

Dann erhob er sich, nahm den Zylinder ab und verkündete mit lauter Stimme: „Ich bedauere, meine Herren, Seine Durchlaucht sind augenblicklich verschieden."

336

Paula Wondrak wartete, sie trug die wundervolle Blumen-
korso-Toilette. Seit ein Uhr saß sie im Restaurant des Hotels Sacher, und der Prinz kam nicht. Der Pompadour mit
der Bombe lag neben ihr auf einem Sessel. Sie schien äußerlich ruhig, niemand ahnte etwas von der Todesangst, die
immer mehr über sie kam. Sie bestellte endlich und aß
hastig, um ihre Nervosität zu überwinden.

Noch immer kam der Prinz nicht. Paula zog ihre Uhr,
warf einen Blick darauf, dann bestellte sie schwarzen Kaffee.
Ihre Nervosität stieg immer mehr. Mit verzehrender Sehnsucht dachte sie an Mihajlowitsch.

Oh — könnte sie mit ihm fliehen...

Sie zahlte. Noch immer kein Grassalkowitsch! Aufgeregt
zerknitterte sie die Rechnung. Es mußte etwas passiert
sein!

„Franz, Franz!" Der Oberkellner stürzte herbei. „Sofort
einen Fiaker. In einer Stunde beginnt der Blumenkorso!"

Sie raffte den Pompadour — er war sehr schwer — zusammen und rauschte hinaus.

Das Palais Grassalkowitsch war ein alter Bau in einer der
engen Straßen der Inneren Stadt. Sein verwittertes Portal
zeigte Formen des frühen Barocks. Die Straße war menschenleer, als Paula Wondrak im offenen Fiaker vorfuhr.

Sie stieg so eilig aus, daß sie die schwarzen Draperien
gar nicht merkte. Der Portier in schwarzer Livree lüftete
höflich den Zweispitz.

Paula sagte schnell: „Ich möchte zum Prinzen!"

Der Portier entgegnete mit wahrer Leichenbittermiene:
„Ich bitte, mir gütigst zu folgen, gnädige Frau!"

Mit dem großen, quastentragenden Stock schwer aufstampfend, führte er Paula an den Karyatiden des Stiegen-
hauses vorbei zu einer Tür, vor der er stehenblieb und mit
dem Stock dreimal auf den Boden klopfte.

Die Tür flog auf.

Auf einem Katafalk stand der Sarg des Prinzen Grassalkowitsch. Der Tote war in ungarische Gala gekleidet.
Um die auf der Brust gefalteten, mit Glacéhandschuhen be-
kleideten Hände war ein Rosenkranz gewunden. Der Sarg
war von zwei dichten Reihen brennender Silberkandelaber
umgeben. Zwei Nonnen mit Flügelhauben beteten am Fuß
des Sarges.

Paula Wondrak fuhr bei diesem Anblick zusammen, hielt
die Hand vor den Mund und drückte den Pompadour mit
der Bombe an die Brust. Erstickt schrie sie auf: „Um Gottes
willen, was ist geschehen?"

Der Portier verneigte sich tief, lüftete nochmals den
Zweispitz: „Seine Durchlaucht sind heute um fünf Uhr früh
im Duell gefallen!"

Ketterl saß in der Jägertracht der Mürzsteger Hofjagden
aufrecht und unbequem in einem Salonwagen des Hofzuges.
Er starrte vor sich hin. In den Händen hielt er ein großes
weißes Kuvert, das zinnoberrot gesiegelt war.

Vor dem Stationsgebäude von Brunnen in der Einöd stand
ein schwitzender Adjunkt, ebenfalls im Flottenrock, Zweispitz und Degen. Zwei Lampisten in schlecht sitzenden
Waffenröcken standen Posten. Ein dicker Oberpostrat in
goldschimmerndem schwarzem Waffenrock mit orangeroten
Aufschlägen wischte sich unaufhörlich die schweißüber-
strömte Stirn. Von der vorletzten Serpentine her war das
keuchende Pfeifen des Hofzuges zu vernehmen, der endlich
um die Kurve bog und knirschend bremste.

Ketterl stieg aus, hielt den Brief empor und rief: „Post!
Post! Extrapost!"

Der Oberpostrat sprang salutierend heran und keuchte:
„Bitte, mir gütigst zu folgen!"

Vor der Station wartete eine mit vier Pferden bespannte
Postkalesche, der Postillion in Paradeuniform, den Roß-
schweif am Hut. Ketterl erschien hinter dem dienstbeflissen

voranlaufenden Oberpostrat, war mit einem Satz in der Kutsche. „Vorwärts! Vorwärts!"

Der Postillion knallte mit der Peitsche, stieß ins Posthorn, und los ging's.

Ketterl, im Zustande höchster Aufregung, ließ die kühne, immer gewaltiger werdende Alpenlandschaft, durch die sie fuhren, an sich vorübergleiten, ohne ein Auge dafür zu haben. Immer wieder blickte er auf die Uhr.

Schatten und Düfte der Bergwälder umfingen ihn, der würzige Geruch der Alpenwiesen, auf denen die Grillen zirpten — er merkte nichts davon.

Nach zweistündiger Fahrt gelangten sie an die Wegkreuzung, wo der Pfad zum Moserbauern abzweigte. Neben einem Bildstock warteten unter einer uralten Föhre drei Bauern mit gesattelten Haflingern. Zwei Gendarmen in Paradeuniform hatten seit einer halben Stunde, die Hand am Ohr, auf das Blasen des Posthorns gelauscht.

In eine Staubwolke gehüllt, kam die Postkalesche angefahren und parierte vor den Bauern. Ketterl sprang, den Brief in einer umgehängten Jagdtasche, heraus.

Der Gendarmeriepostenführer leistete die Ehrenbezeigung und rapportierte: „Melde gehorsamst, drei Haflinger gestellt. Die Stute Mara ist die schnellste."

Er zeigte auf einen feisten Falben, den Ketterl sofort bestieg.

Frau Schratt bügelte eben mit großer Aufmerksamkeit Nachtkorsetten. Sie runzelte die Stirn, wenn ihr eine Falte mißlang. Eben legte sie das zuletzt gebügelte Nachtkorsett genau zusammen, als Frau Nanni hereinkeuchte und mit schriller Stimme rief: „Gnä' Frau... Gnä' Frau... a Briaf, a Briaf vom Kaiser... der Herr von Ketterl..."

Ketterl trat total verstaubt über die Schwelle. Mit beiden Händen hielt er den Brief hoch. Er verbeugte sich und meldete: „Ich habe gnädiger Frau dieses allerhöchste persönliche Handschreiben zu überreichen."

Wortlos, mit zuckendem Gesicht, übernahm die Schratt den Brief. Die Tränen schossen ihr in die Augen. Plötzlich riß sie den Brief an ihren Mund und bedeckte ihn mit Küssen.

Ketterl trocknete sich die Augen.

Mit einem tiefen Seufzer der Erleichterung war Paula Wondrak in den Fond des Fiakers gefallen. Sie hielt den Pompadour an die Brust gepreßt. Ein seltsames Lächeln erblühte auf ihren Zügen. Immer wieder flüsterte sie leise: „Peterl, mein Peterl..."

Wie im Traum stieg sie in der Schwindgasse aus, entlohnte den Kutscher und ging trällernd die Stiegen empor, trat in ihre Wohnung, legte im Schlafzimmer den Pompadour mit der Bombe nieder, nahm den Hut ab, zog die großartige Robe aus. Im seidenen Unterrock dastehend, breitete sie vor dem Spiegel die Arme aus: „Leben, mein Gott, leben... mit'n Peterl leben... es muß doch noch ein Geld da sein..."

Sie leerte die Schublade des Nachtkästchens auf das Bett und zählte: „5325 Gulden, 14 Kreuzer... oh, das ist viel, das ist viel... warum der Peterl noch nicht da ist... er muß doch schon wissen, daß es nichts mit dem Blumenkorso war..."

Es ging gegen Abend. Ein Kammerdiener brachte Petroleumlampen in das Arbeitszimmer des Kaisers.

Der Monarch saß nervös am Schreibtisch und kam mit der Arbeit nicht weiter. Er stand auf, trat zum Fenster, blickte hinaus, seufzte auf, und als es leise an die Tür klopfte, drehte er sich jäh um und rief mit heiserer Stimme: „Herein!"

Ketterl erschien staubbedeckt.

„Majestät, darf ich die gnädige Frau anmelden?"

Franz Joseph machte einen schnellen Schritt auf ihn zu, beherrschte sich und sagte sehr freundlich: „Natürlich, Ketterl! Ich lasse bitten. Sie waren wirklich schnell."

Der Leibkammerdiener öffnete, die Schratt trat ein, Ketterl schloß die Tür und verschwand. Mit ausgebreiteten Armen eilte sie auf den Kaiser zu...

Frau Oppel öffnete die Wohnungstür, an der es geklopft hatte, und starrte die elegante Paula wie ein Gespenst an.

„Mein Gott, die Fräul'n Wondrak! Ah — so viel elegant. Daß sich d' Fräul'n amal anschau'n laßt. So viel guat schaun'n S' aus."

Paula sah sich in der Küche um. Sie war sichtlich enttäuscht, Mihajlowitsch nicht zu finden. Sie fragte rasch: „Ja, wo ist denn der Mihajlowitsch? Um die Zeit ist er doch immer z' Haus?"

Frau Oppel schlug die Hände zusammen: „Bitt' Sie, Fräul'n Paula, nehmen S' Platz, tragen S' mer nicht den Schlaf aus. Ja, der Mihajlowitsch is furt..."

Paula sank auf den Küchensessel.

„Kommt der abends z' Haus als ganz ein Aufgeregter. Schmeißt ein Abendblatt hin. Schreit: ‚Mir san verlur'n, de Vertrauten san hinter uns...' Das Duell, sagt er, war a b'stellte Sach'. Packt sein Kofferl, zahlt sein Zins für die nächste Woche und is vor der Torsperr' hinunter auf die Bahn..."

Paula Wondrak starrte Frau Oppel hilflos an: „Ja, wohin denn?"

„Nach Haus', nach Serbien, und dann in die Türkei... dort kann eahm ka Polizei finden. Der Mann war Ihnen so aufgeregt. Ganz weiß im G'sicht. G'schüttelt hat's eahm, wie er mir das ‚Extrablatt' zeigt hat..."

„Was für ein ‚Extrablatt'?"

„No, wo die G'schicht vom Duell im Prater war, von dem Prinzen, was Ihnen ausg'halten hat... Immer hat er g'jammert: ‚Die Polizei, die Polizei, die waß all's, i bin verlur'n…' "

Totenblaß stieß Paula die Frage hervor: „Und von mir hat er nichts gesagt?"

Frau Oppel zuckte die Schultern: „Na…"

Paula begann zu weinen.

Im langen, düsteren Gang, der von der Schank der Jaroschauer Bierhalle in die Speisesäle und zum Glassalon führte, wartete Paula. Die Kellner eilten, mit Bierkrügeln beladen, aus der Schank heraus und kehrten mit leeren Gläsern zurück. Endlich kam der Mann, auf den Paula wartete. Sie rief ihn mit gedämpfter Stimme an: „Was ist's denn, Herr Quederitsch, kennen Sie mich nicht mehr?"

Der Kellner sagte leise: „Oh, die Genossin Paula? Sie san no net furt? Alle san do furt, wia die G'schicht von dem Duell in der Zeitung war… der Mihajlowitsch und der Pospischil als erste…, und Ihne hab'n s' stocken lassen? Na ja, zu gefährlich. Sie hätt'n ja am Blumenkorso arbeiten soll'n… schaun S', daß S' verschwinden, Genossin Paula, i muaß renna…"

Er verschwand. Paula stand eine Weile wie erstarrt da, dann wankte sie fort.

Gedämpfte Beifallsstürme drangen bis in Paulas leere Garderobe. Endlich öffnete sich die Tür, und Paula erschien in einem Rokokokostüm, beide Arme voll von Blumensträußen. Sie legte sie auf den Schminktisch, versperrte die Tür und sank erschöpft auf ihren Sessel.

Plötzlich sagte sie laut: „Peterl, mein Peterl, wo bist du? Du Schuft, du, mein ein und alles…"

Es klopfte. Sie fragte: „Wer ist's denn?"

Die aufgeregte Stimme Wendls kam: „Herr Wendl persönlich. Ich muß Sie augenblicklich sprechen."

Paula stand mit einem Zug des Ekels im Gesicht auf und öffnete. Wendl trat mit einem enormen Rosenstrauß und

einer Visitenkarte in der Hand ein: „Der Baron Springer ...
der Baron Springer, der Präsident von der Kaiserin-Elisa-
beth-Westbahn! Der hat mehr wie der Prinz. Ihner Glück
is g'macht."

Paula Wondrak blickte regungslos auf die Blumen und
die Visitenkarte. Wendl legte beides auf den Schminktisch
neben den Pompadour mit der Bombe: „I bitt' Ihnen, Fräulein Wondrak, tummeln S' Ihnen... Sie können den Herrn
Baron Springer net lang' warten lassen."

Sie zuckte die Schultern: „Das wird sich halten. Aber
wie soll ich mich denn umziehn, solang' Sie in meinem
Zimmer sind?"

Wendl verschwand augenblicklich. Paula öffnete das Rokokokostüm und ließ es sinken, stieg aus dem Kleid. Sie
bewegte sich wie ein Automat. Endlich stand sie in reizenden Batistdessous und einem Pariser Spitzenkorsett vor dem
Spiegel. Sie ließ die Hände sinken, die Tränen rannen ihr
lautlos über die Wangen.

Einige Male seufzte sie: „Peterl..."

Plötzlich fiel ihr Blick auf die Rosen. Mit einem Wutschrei packte sie die Blumen und warf sie auf den Boden,
wühlte im Pompadour, bis sie die Bombe in der Hand hielt.
Und sie schleuderte die Bombe mit aller Gewalt an die
Wand. In einem fürchterlichen Knall verging, was sterblich
war von Paula Wondrak.

In der Halle des Hotels Sacher hatte sich nach dem
Mittagessen die „Auersperg-Clique" versammelt. Sie rekel-
ten sich in den großen englischen Klubsesseln, rauchten und
gähnten. Graf Festetics drückte seine Zigarette aus und
sagte: „Scheußlich fad, gar nichts kann man anfangen.
Keine Weiber, kein Rennen, und der Szemere steigt mit
dem Silberer im Ballon auf, statt daß er eine Kartenpartie hat..."

Ein junger Sportsmann sekundierte ihm: „Nicht zum Aushalten ist das, beim Sacher wird's jeden Tag ennuyanter..."

Anselm Auersperg gähnte laut. Der Pikkolo brachte die Abendblätter. Graf Festetics rief: „Komm her!"

Der Bub präsentierte unter tiefer Verbeugung die Abendausgabe des „Extrablatts". Festetics überflog sie gelangweilt. Plötzlich sagte er: „Interessant! Der Wendl am Döblinger Spitz ist in die Luft geflogen!"

Er las vor: „Eine der schrecklichsten Katastrophen in der Wiener Theatergeschichte hat gestern eine unserer ältesten Sommerbühnen teilweise zerstört. Im Garderobeflügel des Etablissements Wendl ist es offenbar durch eine schadhafte Leitung zu einer Leuchtgasexplosion gekommen, der die hoffnungsvolle junge Soubrette Paula Wondrak, der Star dieser Vorstadtbühne, zum Opfer fiel. Die bis zur Unkenntlichkeit verkohlten Reste der unglücklichen Künstlerin konnten von der Feuerwehr erst nach zweistündigem Kampf mit den Flammen geborgen werden..."

Graf Auersperg hatte sich aufgesetzt: „Wie heißt sie? Paula Wondrak? Das ist doch das Mensch des armen Grassalkowitsch! Die ist schuld an seinem Tod! Der Teufel soll sie holen!"